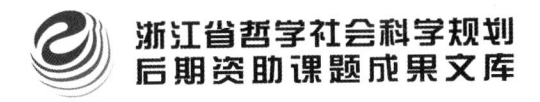

浙江省哲学社会科学规划
后期资助课题成果文库

唐宋禅录句式研究

Tangsong Chanlu Jushi Yanjiu

祁从舵 著

中国社会科学出版社

图书在版编目(CIP)数据

唐宋禅录句式研究／祁从舵著.—北京：中国社会科学出版社，2016.5
ISBN 978-7-5161-8368-7

Ⅰ.①唐… Ⅱ.①祁… Ⅲ.①禅宗-语言-句式-研究-中国-唐宋时期 Ⅳ.①B946.5

中国版本图书馆CIP数据核字（2016）第133306号

出 版 人	赵剑英
责任编辑	宫京蕾
特约编辑	大 乔
责任校对	石春梅
责任印制	何 艳

出　　版	中国社会科学出版社
社　　址	北京鼓楼西大街甲158号
邮　　编	100720
网　　址	http：//www.csspw.cn
发 行 部	010-84083685
门 市 部	010-84029450
经　　销	新华书店及其他书店
印刷装订	北京市兴怀印刷厂
版　　次	2016年5月第1版
印　　次	2016年5月第1次印刷
开　　本	710×1000　1/16
印　　张	15.5
插　　页	2
字　　数	250千字
定　　价	59.00元

凡购买中国社会科学出版社图书，如有质量问题请与本社营销中心联系调换
电话：010-84083683
版权所有　侵权必究

目　　录

绪论 …………………………………………………………… (1)
　一　研究对象 ………………………………………………… (1)
　二　研究现状及趋势 ………………………………………… (4)
　三　研究意义与思路 ………………………………………… (6)
　四　理论背景和研究方法 …………………………………… (9)
　五　主要内容与安排 ………………………………………… (15)

上编　单句篇

第一章　系词后置判断句 ………………………………… (22)
　第一节　引言 ………………………………………………… (22)
　第二节　句式特征 …………………………………………… (24)
　　一　句法特征 ……………………………………………… (24)
　　二　语义特征 ……………………………………………… (25)
　第三节　语用功能 …………………………………………… (28)
　　一　解释功能 ……………………………………………… (28)
　　二　指别功能 ……………………………………………… (29)
　　三　认同功能 ……………………………………………… (30)
　第四节　历时演变 …………………………………………… (30)
　　一　演变阶段 ……………………………………………… (30)
　　二　演变动因 ……………………………………………… (35)
　　三　演变机制 ……………………………………………… (36)
　第五节　结语 ………………………………………………… (37)

第二章　"莫非/不 X"测问句 …………………………… (38)
　第一节　引言 ………………………………………………… (38)

目　录

第二节　句式特征 …………………………………………… (40)
　　一　句法特征 ………………………………………………… (40)
　　二　语义特征 ………………………………………………… (40)
　　三　语体特征 ………………………………………………… (41)
第三节　语用功能 …………………………………………… (42)
　　一　猜测推测功能 …………………………………………… (43)
　　二　询求证实功能 …………………………………………… (43)
第四节　构式化过程 ………………………………………… (44)
　　一　"莫非"词汇化 ………………………………………… (45)
　　二　"莫不"词汇化 ………………………………………… (46)
　　三　"莫非/不 X"构式化 …………………………………… (47)
第五节　构式化机制与动因 ………………………………… (49)
　　一　类推机制 ………………………………………………… (49)
　　二　重新分析 ………………………………………………… (51)
　　三　主观化 …………………………………………………… (52)
第六节　结语 ………………………………………………… (54)

第三章　"VP 著"指令句 …………………………………… (56)
第一节　引言 ………………………………………………… (56)
第二节　句法结构 …………………………………………… (58)
　　一　(状)动+著 ……………………………………………… (58)
　　二　动+补+著 ……………………………………………… (59)
　　三　复杂动词短语+著 ……………………………………… (60)
第三节　语义特征 …………………………………………… (61)
　　一　可控性 …………………………………………………… (61)
　　二　使令性 …………………………………………………… (61)
　　三　非自觉性 ………………………………………………… (62)
第四节　语用功能 …………………………………………… (62)
　　一　指令功能 ………………………………………………… (63)
　　二　明示功能 ………………………………………………… (63)
第五节　演变过程 …………………………………………… (64)
　　一　动词+著+方所 ………………………………………… (64)
　　二　方所+动词+著(已然) ………………………………… (65)

三　方所+动词+著（未然） …………………………（66）
　　四　"VP+著"式 …………………………………………（66）
　　五　著（着、者、咱、则个） …………………………（67）
第六节　演变条件 ……………………………………………（68）
　　一　语义基础与句法环境 ………………………………（68）
　　二　转喻途径与重新分析 ………………………………（70）
第七节　结语 …………………………………………………（71）

第四章　"好"字规劝句 ………………………………………（72）
第一节　引言 …………………………………………………（72）
第二节　句式结构 ……………………………………………（74）
　　一　好V …………………………………………………（74）
　　二　V好 …………………………………………………（78）
第三节　语用特点 ……………………………………………（80）
　　一　劝行与劝止 …………………………………………（80）
　　二　内聚焦与外聚焦 ……………………………………（81）
　　三　行业色彩 ……………………………………………（82）
第四节　演变进程 ……………………………………………（83）
　　一　"好V"式 ……………………………………………（83）
　　二　"V好"式 ……………………………………………（88）
第五节　演变机制 ……………………………………………（91）
　　一　转喻 …………………………………………………（91）
　　二　重新分析 ……………………………………………（92）
第六节　结语 …………………………………………………（94）

中编　复句篇

第五章　"X即（则）不问"转折句 ……………………………（98）
第一节　引言 …………………………………………………（98）
第二节　句式特征 ……………………………………………（99）
　　一　句法特征 ……………………………………………（99）
　　二　语义关系 ……………………………………………（102）
第三节　语用功能 ……………………………………………（104）

一　勘验探测功能 …………………………………………（104）
　　二　话题转换功能 …………………………………………（105）
　第四节　演变历史 ………………………………………………（106）
　　一　构式化过程 ……………………………………………（106）
　　二　同源句式 ………………………………………………（110）
　　三　构式化动因与机制 ……………………………………（111）
　第五节　结语 ……………………………………………………（115）

第六章　"如Y相似"比拟句 ……………………………………（117）
　第一节　引言 ……………………………………………………（117）
　第二节　句式特征 ………………………………………………（118）
　　一　句法特征 ………………………………………………（118）
　　二　语义特征 ………………………………………………（120）
　第三节　演变历史 ………………………………………………（121）
　　一　南北朝以前 ……………………………………………（121）
　　二　南北朝时期 ……………………………………………（123）
　　三　唐宋时期 ………………………………………………（124）
　　四　元代以后 ………………………………………………（125）
　第四节　演变条件 ………………………………………………（125）
　　一　重新分析 ………………………………………………（125）
　　二　句法环境 ………………………………………………（126）
　　三　语义基础 ………………………………………………（126）
　第五节　结论 ……………………………………………………（128）

第七章　"（须）VP始得"条件句 ………………………………（129）
　第一节　引言 ……………………………………………………（129）
　第二节　句式特征 ………………………………………………（130）
　　一　结构特征 ………………………………………………（130）
　　二　VP …………………………………………………………（131）
　　三　主语 ……………………………………………………（132）
　　四　始得 ……………………………………………………（133）
　第三节　语用功能 ………………………………………………（134）
　　一　提示功能 ………………………………………………（134）
　　二　劝诫功能 ………………………………………………（134）

第四节　演变历史 ································· (135)
　　　一　词语连用 ··································· (135)
　　　二　跨层组合 ··································· (136)
　　　三　跨层结构 ··································· (136)
　　第五节　形成机制 ································· (138)
　　　一　句法紧缩 ··································· (138)
　　　二　结构类推 ··································· (139)
　　第六节　结语 ····································· (141)
第八章　"只X别/更有"选择句 ························· (142)
　　第一节　引言 ····································· (142)
　　第二节　句式特征 ································· (143)
　　　一　双项双框式 ································· (143)
　　　二　单项双框式 ································· (145)
　　第三节　语用功能 ································· (146)
　　　一　勘辨功能 ··································· (146)
　　　二　探究功能 ··································· (147)
　　第四节　演变阶段 ································· (148)
　　　一　"唯有/更有"是非问句 ······················· (148)
　　　二　"只X别/更有"选择问句 ······················· (149)
　　　三　(只)是X还是Y ······························ (150)
　　第五节　形成条件 ································· (151)
　　　一　形成机制 ··································· (151)
　　　二　形成动因 ··································· (154)
　　第六节　结语 ····································· (155)

下编　句际篇

第九章　"有·人名+VP"话题引入句 ···················· (160)
　　第一节　引言 ····································· (160)
　　第二节　句式特征 ································· (161)
　　　一　人名 ······································· (161)
　　　二　VP ·· (162)

  三　有 (163)

 第三节　语篇特征 (164)

  一　首现重要人物 (165)

  二　凸显事态新阶段 (166)

  三　确认事件可信性 (167)

 第四节　语用功能 (169)

  一　话题引入功能 (169)

  二　传信功能 (170)

 第五节　句法化 (173)

  一　句法化历程 (173)

  二　句法化条件 (176)

 第六节　结语 (177)

第十章　"是即（则）是P"话题承接句 (178)

 第一节　引言 (178)

 第二节　句式特征 (179)

  一　A式 (179)

  二　B式 (181)

 第三节　语用功能 (183)

  一　评判认定功能 (183)

  二　修正补充功能 (184)

  三　语篇衔接功能 (185)

 第四节　演变历史 (186)

  一　类似结构 (186)

  二　A式 (187)

  三　B式 (187)

 第五节　演变机制 (188)

  一　语境吸收 (188)

  二　重新分析 (190)

 第六节　结语 (190)

第十一章　"T且置"话题转移句 (192)

 第一节　引言 (192)

 第二节　句式特征 (193)

一　T且置 ………………………………………… (193)
　　二　后小句 ………………………………………… (194)
　　三　句式语义关系 ………………………………… (195)
　第三节　语用功能 …………………………………… (196)
　　一　话题转换功能 ………………………………… (196)
　　二　正向启发功能 ………………………………… (197)
　第四节　历史演变 …………………………………… (198)
　　一　演变途径 ……………………………………… (198)
　　二　形成动因 ……………………………………… (200)
　第五节　结语 ………………………………………… (201)
第十二章　"与么则Q"语篇推论句 ………………… (203)
　第一节　引言 ………………………………………… (203)
　第二节　句式特征 …………………………………… (204)
　　一　句法特征 ……………………………………… (204)
　　二　语义特征 ……………………………………… (206)
　第三节　语篇特征 …………………………………… (207)
　　一　语篇模式 ……………………………………… (207)
　　二　句际关系 ……………………………………… (209)
　第四节　语用功能 …………………………………… (210)
　　一　语篇延展功能 ………………………………… (210)
　　二　认知推导功能 ………………………………… (211)
　第五节　演变过程 …………………………………… (212)
　　一　A式 …………………………………………… (212)
　　二　B式 …………………………………………… (213)
　　三　C式 …………………………………………… (214)
　第六节　演变动因 …………………………………… (216)
　　一　语境影响 ……………………………………… (216)
　　二　结构紧缩 ……………………………………… (217)
　　三　重新分析 ……………………………………… (218)
　第七节　结语 ………………………………………… (220)
结论 ………………………………………………………… (221)
　　一　唐宋禅录句式体系 …………………………… (221)

二 本书的主要观点 …………………………………………（222）
三 创新之处 …………………………………………………（223）
四 理论价值和学术价值 ……………………………………（224）
五 尚存在的问题 ……………………………………………（225）

参考文献 ………………………………………………………（226）

绪　　论

主要介绍研究对象与范围；概述国内外研究现状；说明研究的意义与目的；研究的理论背景和研究方法；交代研究的主要内容及其章节安排。

一　研究对象

根据构式语法观点，构式是形式与意义的配对，整个语言系统的构式是一个抽象性、能产性程度不同、层级不同的连续统一体，任何一个语言表达式，只要它的形式、语义或功能的某个方面具有不可推导性，就是一个构式。① 从形式上看，不可变更、结构凝固的词、固定短语或习语等是构式，按语法规则组合起来的自由灵活的短语、句子、语篇等也是构式；从意义上看，约定俗成的意义属于构式，临时的或特殊的语用意义同样属于构式。

"句式是根据句子的局部特点划分出来的句子类型。"② 因此，句式是构式的一个次类，属于句子层面上的构式。

禅宗语言是指禅僧们在行业内部以及世俗社会的信众之中传递交流信息时使用的语言，以语录体形式为主。禅宗语言里存在大量的习见句式，或显示独具特色的话语结构形式，或带有特殊的语用含义。这些句式具有如下几个特点：

第一，在形式上至少存在两个组成部分，一般包括变换部分和不变部分。不变部分带有特殊的句法标志，包括词语标记或者结构标记，"变换成分有固定的位置，有一定的变换规则，这种成分的变换不会导致习用语

---

① Goldberg, Adele E. *Construction at Work：the Nature of Generalization in Language*, Oxford University Press, 2006：5.

② 邵敬敏：《现代汉语通论》，上海教育出版社2007年版，第206页。

的特定含义和形式分离"。①

例如：

（1）师指庭前牡丹花云："大夫时人见此一株花，如梦相似。"（《景》卷八，南泉普愿）

（2）师示众云："与摩时且置，不与摩时作摩生？"（《祖》卷十八，仰山和尚）

上面的例句出自唐宋禅录，本书引例中用《祖》《景》《五》分别简称三部代表性的作品《祖堂集》《景德传灯录》《五灯会元》。例（1）中"如梦相似"由两个以上组成部分构成，"如……相似"为不变部分，"梦"为可变部分。例（2）的问句由两个以上组成部分构成，"且置"为不变部分，"与摩时""不与摩时作摩生"为可变部分。

句法标志的词语标记包括习语、短语、词等各种实体性的固定标记，不具有能产性。② 例如：

（3）从上宗乘请益即是，不请益即是？（《祖》卷九，九峰和尚，请益：指学人受教后，就尚未透彻明白之处，再进一步请教）

（4）时有僧问："和尚如何？"师曰："什么处去来？"（《景》卷二十，荷玉光慧）

（5）又僧出众，提起坐具曰："请师答话。"师曰："放下著。"（《五》卷十七，东林常总禅师）

以上三例中，句法标志"什么处去来""……即是……即是""著"分别是句子、短语和词的固定标记。

句法标志的结构标记包括固定的结构成分位置或固定的结构关系顺序。例如：

（6）鹅者，鹅州也，今越州是。鸟者，鸣鹤县也，今诸暨县是。

---

① 邵敬敏：《汉语框式结构说略》，《中国语文》2011年第3期。
② 刘大为：《从语法构式到修辞构式（上）》，《当代修辞学》2001年第3期。

(《祖》卷二，菩提达摩和尚)

(7) 一毛头师子现即不问，百亿毛头百亿师子现，又作么生？(《五》卷九，仰山慧寂禅师)

例(6)中，"鹅者，今越州是"和"鸟者，今诸暨县是"的句法标志不仅仅有"是"，而且都必须与前面的不变部分构成"主语——宾语——(是)"的固定结构关系。例(7)中，不变部分"即不问"的位置必须处于整个句式的前分句句末，并引出后面的新话题。

第二，句式义不是形式和意义的临时匹配，而是相对固定的规约性的意义。包括与结构形式特征依从的相对稳定的语用信息以及规约化的情景和话语功能等信息。

(8) 云："只这便是，为别更有？"师云："更有则错。"(《古尊宿语录》卷一)

(9) 僧曰："为什么不施行？"师曰："什么处去来？"(《景》卷二十二，漳江慧廉)

例(8)中，"只X别更有"字面上意思表示排他性与涉他性的选择复句，在禅僧之间因常常涉及对禅法的探究，所以后一选择项涉及禅旨而不可说，于是省略成"别更有"实体构式。例(9)中，"什么处去来"的句式义显然不是表面上要求对方回答"上哪去了？"，而是禅僧之间机锋较量时使用的一种机语用法，带有讥斥或喝断的语气，表示给予对方讥刺严责[①]。两个例句中的句式义都含有语用义，是规约化的情景提供的。

第三，反复出现，在使用上有较高的频率。"任何语法型式都可被认为是构式，只要它的形式或功能的某些方面不能从它的组成部分或已存在的其他构式中得到完全的预测。此外，某种型式即使是可预测的，只要它

[①] 袁宾：《唐宋禅录语法研究》，《觉群·学术论文集》(第1辑)，商务印书馆2001年版，第296—310页。

具有足够高的使用频率，也被认为是构式。"①

（10）有僧举似雪峰，便问："只如古人与摩道意作摩生？"（《祖》卷六，投子和尚）

（11）师曰："长老房中有客，归去好！"（《五》卷三，百丈惟政禅师）

例（10）中，"只如"在非禅籍里常常用于肯定句，而在禅籍里常常用于疑问句，是禅录里的一种话头标记，具有提示所关注的疑问话题作用。例（11）中，行为动词短语后接句尾词"好"，带有劝告语气，以上句式在禅录里出现频率很高，拥有大量用例，但在禅籍之外的同时代作品中却很难见到用例，这些特殊句式本书都视为禅录句式。

因此，禅录句式是禅录中一些习见的固定句法结构形式（两个以上成分组成）和与之相依从的规约性意义的句子格式。从句式特点上看，需要考虑如下三因素：

第一，固定性。即句式内部带有特殊的形式标记或固定的句法位置与语序。

第二，规约性。即构式义不是形式和意义的临时匹配，而是相对固定的规约性的语用意义，包括与结构形式特征依从的相对稳定的语用信息以及规约化的情景和话语功能等信息。

第三，习见性。在禅籍里常常使用，拥有大量用例，而在禅籍以外却很难见到用例，包括此前或同时代的作品中。

只要一个句子格式具备以上一种属性，我们就认为它是一个禅录句式。如果同时具有各种属性，那就是典型的禅录句式。

二 研究现状及趋势

20世纪初，禅宗文献进入国内新文化人的视野。40年代初，语言研究的先行者吕叔湘先生率先发表了论文，实开以禅宗文献研究汉语发展之先河。而后数十年间，国内继续这方面的研究者极少，成果寥寥。至80

---

① Goldberg, Adele E. *Construction at Work: the Nature of Generalization in Language*, Oxford University Press, 2006: 5.

年代，随着国内"禅宗热"的出现，禅宗语言方面的探索迎来了新机，项楚、蒋绍愚、袁宾、曹广顺、孙锡信、李崇兴、李思明等学者利用禅录等材料，进行具有现代科学意识上的语言探索，在字词训诂、版本校勘、语言特色等个案方面的研究成果不断涌现。90年代，禅宗语言词汇、语法现象得到更多的深入讨论，并且出现了一些初具体系的禅宗语言研究专著，并奠定了禅宗语言研究的主要三个方向，即词汇学方向、语法学方向、语言哲学方向①。如袁宾《禅宗著作词语汇释》《禅宗词典》《禅宗语言与文献》、张美兰《禅宗语言概论》、周裕锴《禅宗语言》等。《禅宗语言与文献》比较有系统地论述了禅宗语言方面的主要问题。《禅宗语言概论》比较有系统地讨论了禅录的否定句、正说反说交叉的三句式、绕路说禅句型等语法现象。《禅宗语言》首次把语言研究与宗教研究成功地结合起来研究禅宗语言，对建构禅宗语言体系有极大的启示。这些研究展示了我国学者在词语考释、语汇研究、语法探索、方言比较、词典编纂及文献整理等领域获得了初步成果。

21世纪以来的一个突出现象是，一些硕博论文在禅籍语言研究中占有较大比重，且相应修改出版成书，张美兰《〈祖堂集〉语法研究》就是其中学术水平较高的一部专著，第一次系统研究了禅宗专书句法，用现代语言学理论方法进行多角度分析，扎实而厚重。另外，在高校开始形成了集中研究的学术团队，如四川大学、上海师范大学等。

台湾学者从语言学角度对禅籍研究相对较晚，成果相对集中在一批硕博论文上，硕士论文如郝慰光的《唐朝禅宗语录语法分析》（1985）、具熙卿的《宋代禅宗语录被动式语法研究——以被字句、为字句为例》（1997）、王文杰《〈六祖坛经〉句法研究》（2001）、李斐雯《〈景德传灯录〉疑问句研究》（2001）等，博士论文如王锦慧的《敦煌变文与〈祖堂集〉疑问句比较研究》（1997）、周碧香的《祖堂集句法研究——以六项句式为主》（2000）等，其特点是用西方理论方法探讨禅宗语言现象。

国外的研究最早开始于日本，18世纪上半叶就出现了研究禅籍语言的大家无著道忠，他对禅籍词语稽考精详，留下著作九百多卷。其间一段沉寂。20世纪60年代后期，在入矢义高、柳田圣山的引领下，日本禅学

---

① 周裕锴：《禅宗语言研究入门》，复旦大学出版社2009年版，第23页。

界掀起从语言和文献入手研究禅宗思想的热潮,在典籍整理、文本解读、词义考释等方面名家迭出,其方法和结论值得借鉴。而纯语言研究方面,以太田辰夫对中国学者研究禅宗语言的影响为最大,他在《汉语史通考》(1991)中首次较为系统全面地描述了《祖堂集》的语法现象。与太田氏一样,刘勋宁的一些论文也以《祖堂集》为研究对象。欧美对禅宗语言进行研究主要在法、英、美等国,如 Paul Demieville[法]、ArthurWaley[英]、Anderl Christoph[美]等,相对而言,梅祖麟[美]的成就较大,主要体现在《祖堂集》语言研究上。近年来,韩国也出现了一些禅籍语言为研究对象的硕博论文,如尹锺极《祖堂集》"把"字句分析(2001),任炳权《〈祖堂集〉"较"字差比句语法研究》(2003)等。

综上,禅宗语言的句式研究在为汉语史提供语料和例证方面取得了很大实绩,为本课题的研究奠定了良好的基础。但是,囿于历史文献考察的传统思路,国内外对禅宗语言句式进行专题研究的成果不多,而且局限于《祖堂集》等少数几部典籍,对禅录句式的本质及其规律的探究仍存在着不少的空间。

其一,在研究内容上,多数论文在研究历史句法现象时引用《祖堂集》上面的语例,而研究禅录句式的专题论文较少,从整体上对禅录句式进行系统研究的专著目前几乎不见。

其二,在研究方法上,不少论文局限在静态的结构描写与用法归类上,缺乏理论意识,如何积极利用现代语言学的研究成果来加深对禅录句式的研究,仍有待进一步提高。

其三,禅宗语言属于汉语史和禅学研究的交叉地带,至今的研究基本上是"禅宗"与"语言"划域分疆,仍未做到真正的融合,[①] 尚未出现真正意义上将禅宗语言与禅宗思想融合起来的系统研究。

三 研究意义与思路

(一) 研究意义

吕叔湘(1985)在《近代汉语指代词·序》中指出:"以晚唐为界,把汉语的历史分为古代汉语和近代汉语两个大的阶段是比较合适的。"且进一步指出,禅宗语录和敦煌变文代表着近代汉语的开端。

---

① 周裕锴:《禅宗语言研究入门》,复旦大学出版社2009年版,第73页。

禅宗是中国化的佛教，适应平民社会的需要，至唐宋时进入鼎盛期。禅宗弘法语言通俗、直白，口语化程度高，反映了汉语发展史上重要转折时期的语言实际面貌，而处于这一时期的口语文献大量佚失，因此禅宗语录成为研究该时期实际语言的珍贵材料。禅宗语录里存在唐宋时期口语程度较高的习见性特色句式，不仅与禅宗的思想、文化等认知因素相关，而且也与禅宗逐渐摆脱印度佛教范式的约束、自显其发展成熟的历史时代联系在一起。目前的研究现状表明从整体上对禅录句式进行全景式的考察还留下不小的空间，系统研究这些句式，一改过去偏重禅宗词语研究的局面，既是对禅录句式系统研究的一个补白，同时对汉语语法史的研究也有十分重要的意义。

句式是语言使用的外在形式，"有一定的层次构造和内部结构关系的抽象的词类序列"①，汉语句式研究一直是汉语语法研究的重点。目前，在构式语法引起国际语言学界的普遍关注下，对具体句式的研究也成为汉语学界的研究热点。"就汉语研究而言，按照句式语法理论，我们需要重视对一个个具体句式的研究，而且要从具体句式所表示的语法意义来考察分析句式内部词语之间的语法关系、语义关系。"②

鉴于如今构式语法研究绝大多数局限在共时方面展开的个案研究，我们选择汉语发展史上重要转折时期的唐宋禅录句式从历时角度展开，同时结合语用学等现代语言学理论方法对禅录句式探流溯源，揭示其产生理据、发展原因，并探讨其对近代汉语口语、后世文学语言的影响，将禅宗语言的句式研究引向深入，这在方法上也是一种新的尝试。

禅宗语言被公认为是中国典籍里最难识读的部分，"禅宗以其独特的思维方式和著述体裁，引起了人们的注意和重视"（季羡林）。"作为一种语言现象，禅宗语言与禅宗思想、禅宗史研究有别；而作为一种宗教精神的载体，它又不同于敦煌俗语词、诗词曲俗语词。鉴于禅宗语言的这种边界不明的跨学科的研究状况，目前的学术界尚未形成专门的学术范围和规则，因而从某种意义上说，还有较大的发展空间。"③ 本书以语言研究为基础，研究视野和方法不局限于语言学，而是结合文献学、宗教学、文化

---

① 朱德熙：《变换分析中的平行性原则》，《中国语文》1986年第2期。
② 陆俭明：《句式语法理论与汉语研究》，《中国语文》2004年第5期。
③ 周裕锴：《禅宗语言研究入门·前言》，复旦大学出版社2009年版，第2页。

语言学、认知科学等做更广泛、更深入的挖掘，克服禅宗语言与禅宗思想单向研究的弊端，在真正意义上加强语言学研究与禅学研究之间的联系，对禅宗语录句式的研究范式有所突破。在一定程度上不但有助于读者更好地解读禅籍，进一步加深对中国传统文化的理解，而且对禅宗思想史、哲学史、文化史等学科的研究都有相当重要的价值。

另外，我们选择禅录句式作为研究对象，还基于如下考虑：读博期间，受益导师对禅录语言有过精深的研究，在近代汉语句法方面也积累了丰富的经验，目前我们的研究团队基本上都在围绕着禅录语言进行研究，已取得了颇有特色、颇为厚重的群体性成果，但是对禅录句式系统进行全景式的研究尚待开掘。

（二）研究思路

一是以禅录句式的梳理为脉络，在系统研读唐宋禅籍的基础上，对禅录句式做深入的分辨考察，揭示其特点，提出识别标准，初步构建唐宋禅录句式体系；同时对构式语法理论和语法化理论做较深入的研究，广泛地查阅国内外相关句式研究方面文章，做好资料分类储备与调研工作，力求对禅录句式的梳理与归纳全面、客观、可靠。

二是根据对禅宗语言句式所掌握的事实是否充分、认识是否深刻，重点确立若干句式作为研究专题进行深入探讨，注重在理论指导下挖掘事实，在对事实客观分析中提升理论。以每一个专题句式的形式和意义之间的关系为核心，揭示禅宗语录中句式的同行语法特点，不仅考察句式意义对语言表达形式的影响。抓住禅录句式的语言特征，疏理其发展线索，并通过与不同时代的禅宗文献以及世俗文献进行比较，寻找禅录语言、佛经文献语言以及宋元以来的世俗文献之间的联系，为汉语语法史及汉语白话发展史研究提供有益的参考。

三是以禅录句式的语言研究为基础，突破禅宗语言研究单向度考察的局限，努力进行跨学科的综合性研究，结合文献学、宗教学、文化语言学、认知科学等拓宽研究视野，做更广泛、更深入的挖掘，深入探究禅宗语言的特殊表达形式所蕴含的语用意义，尝试解决禅宗语言一些悬而未决的问题，揭示禅录句式的本质及其发展演变规律，在真正意义上加强语言学研究与禅学研究之间的联系，对禅宗语录句式的研究范式有所突破。

四 理论背景和研究方法

（一）理论背景

"构式语法"是国内学界对 Construction Grammar 普遍认同的译名，类似的译名有"构块式语法""构造语法""构架语法""句式语法"等。构式语法来源于20世纪60年代的格语法以及菲尔墨（1972、1977、1982、1985）的框架语义学（Frame Semantics），是认知语法理论的重要发展，兴起于20世纪80年代，以 Lakoff（1987）、Fillmore、Kay 和 Connor（1988）、Fillmore（1990）等人为先导，*Constructions: A Construction Grammar Aproach to Argument Structure*（Adele E. Goldberg, 1995）的出版标志着该理论的确立。

构式语法是一种以用法为基础的语法体系，主张语言的每一个构式都是形式和意义相结合的一个对应体，其形式或意义的某些特征，不能完全从组成成分或另外先前已有的结构中推知。构式语法内部存在以下四个主流派别，一般以 Goldberg 的理论为构式语法理论的主要代表。

（1）合一构式语法。以 Fillmore 和 Kay 为代表，以习语研究来证明普遍语法为目的，将构式看成语法的基本单位，在意义上具有习语性特征，不仅仅包含句法信息，还包含词汇、语义和语用的信息。"所谓语法构式，我们指的是：语言中所有被赋予一种或多种规约功能的句式，外加对于包含这些语法格式结构的语义或用法起作用的各种语言规约化的表现形式。"①

（2）认知语法。以 Langacker 为代表，以描写语言的心理现实性为目的，认为构式是"由对应关系和范畴化关系联系起来的一系列象征结构，包括组成结构和因整合形成的组合结构"。②

（3）激进构式语法。以 Croft 和 Taylor 为代表，为了将构式语法理念贯穿到语言类型学的研究上，将构式的作用发挥到了极致，Croft 认为"语法格式才是句法表征的基本单位，而范畴则是从其所出现的那些构式

---

① Fillmore, Charles J. *The mechanisms of "Construction Grammar"*, Berkeley Linguistics Society, 1988 (14).

② Langacker, Ronald W. *Foundations of Cognitive Grammar* (2 vols.), 北京大学出版社 2004 [1991]: 548.

中派生出来的"。①

（4）认知构式语法。以 Goldberg 和 Lakoff 为代表，旨在建立描写与解释不同层面语言现象的统一分析方法，"C 是一个构式，当且仅当 C 是一个形式——意义的配对（Fi, Si），且 Fi 或 Si 的某些方面不能从 C 的组成成分或其他已存在的构式中得到完全的预测"②。后来进一步修改为"任何语法型式都可被认为是构式，只要它的形式或功能的某些方面不能从它的组成部分或已存在的其他构式中得到完全的预测。此外，某种型式即使是可预测的，只要它具有足够高的使用频率，也被认为是构式"③。

Goldberg 理论的基本观点是：（1）构式是语言形式与意义（功能）之间规约的匹配关系，是语法、语义和语用的统一体。（2）构式本身具有独立意义，构式意义不是从其中的组成成分或已有的构式中推导出的。（3）构式是语言中的基本单位，纵跨语言的各个层次，包括词素、词、习语以及抽象的句型等，其抽象程度不一，复杂程度有别。（4）语法是单层次的，任何所谓转换形式都是不同的构式，分别具有不同的构式意义和语用功能。（5）构式的形式与意义（功能）之间并非都是一一对应的，一个构式可能产生多个意义，可以通过派生、语义偏移、多重承继等方式形成一个相似性家族。④

由于构式语法理论注重对有特征构式的研究，并明确指出有标记的构式可以更清楚地显示语言中的问题，这对于一种语言语法的整体阐述提供了极大的方便，"可以帮我们解释一些先前不好解释、或先前想不到去解释的语法现象；有助于我们去进一步探索影响句子意思的因素，进一步探索句子意思的组成；有助于我们说明语言中各种不同句式产生的原因和理据；可以避免将句式的语法意义误归到某个虚词头上；扩大我们语法研究的视野，拓宽我们语法研究的新思路"⑤。

---

① Croft, W. *Radical Construction Grammar*, Oxford University Press, 2001：4.

② Goldberg, Adele E. *Constructions：Approach to Arugument Structure*, The University of Chicago Press, 1995：4.

③ Goldberg, Adele E. *Construction at Work：the Nature of Generalization*, Oxford University Press, 2006：5.

④ Goldberg Adele E.《构式：论元结构的构式语法研究》，吴海波译，北京大学出版社 2007 年版，第 4 页。

⑤ 陆俭明：《构式语法理论的价值与局限》，《南京师范大学文学院学报》2008 年第 1 期。

构式语法自1999年引入国内后,迅速成为我国汉语研究的一个热点领域。汉语学界有意识地利用这一理论来研究现代汉语的一些特殊句式和标记构式,且取得了初步显著的效果,如张伯江《现代汉语的双及物结构式》(1999)、《论"把"字句的句式语义》(2000)、沈家煊《"在"字句和"给"字句》(1999)、邵敬敏《"连 A 也/都 B"框式结构的争议及其框式化进程》(2004)、刘丹青《作为典型构式句的非典型"连"字句》(2005)等。

然而,任何语言理论方法都有其自身的局限性,构式语法理论也不例外,这种基于英语而创立的理论体系尚不完整,需要进一步发展和完善。目前,在运用该理论研究汉语的成果基本上都是共时方面的个案研究,涉及语篇的构式案例研究几乎没有。

语用学是关于语言使用的研究,源于哲学家对语言的探索,20世纪70—80年代确立为语言学一个相对独立的分支学科。国外语用学领域主要存在两大学派:英美派和欧洲大陆派。英美派以 Stephen Levinson 为代表,倾向于微观语用研究,认为语用学和句法学、语义学一样有自己的研究范围,目前,研究的主要内容有指示语、言语行为、会话含义、预设以及会话结构等。欧洲大陆学派以 Jef Verschueren 为代表,侧重宏观语用研究,主要依靠语境和语用推理过程,认为语用学只有跨出语言学学科范围,与社会、文化、心理、认知等结合起来进行研究,才能有效地发挥作用。不过,语用学的两个传统派别近年出现了一些趋同现象。[1]

国内的语用学理论研究基本上是从西方语用学理论的引进开始的,80年代主要引进的语用学理论涉及预设、言语行为理论、会话含义与合作原则、礼貌原则以及会话结构的语用分析等论题,90年代侧重于介绍关联理论、新会话含义理论、语言综观论和顺应论等新语用学理论。进入21世纪以来,国内语用学研究的发展趋势呈现如下几个特点:(1)研究对象越来越微观化;(2)跨学科的交叉研究大量涌现;(3)语言哲学与逻辑学的介入;(4)语料的选择越来越本土化、多样化;(5)研究方法日趋多样,实证研究大量涌现。[2]

---

[1] 黄衍:Re-systematizing pragmatics,《外国语》2012年第2期。
[2] 曾衍桃、赵庆龄:《21世纪以来的中国语用学研究》,《西藏大学学报》(社会科学版)2013年第4期。

沈家煊指出了今后语用学的发展趋向：宏观方面，总的趋向是把言语活动放在人类文化、社会活动的大背景下加以考察；微观方面，继续探讨语用法跟句法的关系，特别是探讨"语法化"的规律；宏观研究和微观研究两方面都很重要，不可偏废，应该互相促进，共同发展。①

"语法化"是语用学领域的重要议题。这一概念最早由中国人提出，周伯琦于13世纪在《六书正讹》中说："今之虚字，皆古之实字。"目前Hopper和Traugott对语法化的界定较具有代表性，"语法化是指处在某些特定情境中的词汇项或结构式获得语法功能的过程，或是指语法单位的语法功能增强拓展的过程"。②

20世纪50年代后，国内一些学者开始从理论高度上探讨汉语语法化现象，其研究核心主要集中在实词虚化上。1979年，作为西方语法化理论"启蒙思想"的集大成者，Givón提出"今天的词法曾是昨天的句法""单向性""章法化"等语法化思想后，随后西方语法化研究主要集中在语言形态的句法变化上。

Heine考察语法化过程中的语用和认知动因，指出语义变化往往引起形式变化。③ Hopper和Traugott对语法化研究做了概述，其中讨论了语法化的两个主要机制：类推与重新分析。重新分析与认知的转喻过程相关，发生在语言横组合层面，指的是表层相同的结构，其内部构造因语用或其他原因而被重新划分边界，从底层衍生出新的语法结构；类推与认知的隐喻过程相关，发生在语言纵聚合层面，原有结构没有发生变化，但因套用某个法则，类推出不同于原来的新结构，新结构表层不同于旧结构，改变语言搭配、拓展语法的应用范围，但两者的底层意义不变，不会产生新的语法结构。④

直到90年代，西方语法化理论传入我国，语法化研究才进入新的发展阶段。目前，语法化理论体系包括语法化发生的条件、动因和机制等重

---

① 沈家煊：《我国的语用学研究》，《外语教学与研究》1996年第1期。

② Paul J. Hopper, Elizabeth Closs Traugott. *Grammaticalization* (2nd), Cambridge University Press, 2003：15.

③ Bernd Heine, Ulrike Claudi, Friederike Hunnemeyer, *Grammaticalization: A Conceptual Framework*, The University of Chicago Press, 1991：27 – 31.

④ Paul J. Hopper, Elizabeth Closs Traugott. *Grammaticalization* (2nd), Cambridge University Press, 2003：39 – 70.

要组成部分。

沈家煊在评述国外语法化研究时，总结了两条主要的研究路子，一条是着重研究实词如何虚化为语法成分，另一条着重考察章法（discourse）成分如何转化为句法成分和构词成分。前者偏重于从人的认知规律来探究语法化的原因，后者偏重于从语用和信息交流的规律来探究语法化的原因。同时也归纳了四方面的制约因素：

（1）语用原因。从语言交流信息所要满足的条件出发来寻找语法化的原因，语篇的组织和交流的意图等语用因素是语法化的重要原因。

（2）认知原因。从认知心理的角度来寻找原因，"隐喻"是认知的主要方式。

（3）语言接触原因。从语言接触的角度考虑社会因素，Matisoff 指出，在东南亚的语言之间，借用和仿造语法成分的现象十分普遍。

（4）语言内部结构的原因。从语言结构类型上看，像汉语这样的分析型语言，实词虚化到一定程度后似乎不再继续下去，没有像屈折型语言那样虚化为屈折形态。另外，书面语和口语的互相影响可能也是一个因素。[1]

刘坚、曹广顺、吴福祥归纳了诱发汉语词汇语法化的机制：句法位置的改变、词义变化、语境影响、重新分析。[2] 孙锡信总结了汉语语法演变的机制：认同、弱化、移位、泛化、类推、诱化和暗喻。[3] 石毓智、李讷系统分析汉语语法化的形成动因和机制。[4]

语法化研究的目的是推导出语言形式的演变和形成过程。当代语法化理论在语言演变观上主要倾向功能主义，而功能主义者内部存在两大研究范式，Bybee 等声明 "Heine 等人的语法化观是动因主义的，而我们的语法化与其说是动因主义的，倒不如说是机制主义的"。两种范式差别主要体现为：语法化是一种过程还是结果，是语境自由诱发还是目标制导的，语法化可不可以预测，是基于转喻的重新分析作用大还是隐喻的类推作用

---

[1] 沈家煊：《语法化研究综观》，《外语教学与研究》1994年第4期。
[2] 刘坚、曹广顺等：《诱发汉语词汇语法化的若干因素》，《中国语文》1995年第3期。
[3] 孙锡信：《语法化机制探赜》，《纪念王力先生百年诞辰学术论文集》，商务印书馆2003年版，第89—96页。
[4] 石毓智、李讷：《汉语语法化的历程——形态句法发展的动因和机制》，北京大学出版社2001年版，第393—401页。

大，重历时还是共时。①

"语法化理论是当代最新的历史语言学分支，它提倡从历史事实中概括规律，重视一个语法现象产生的语义基础和句法环境，探索语法发展的动因和机制，研究一个实词如何一步步变成语法标记，一个语法标记又如何进一步发展成为其他标记，一个语法结构是如何产生的，等等。这一理论对指导历史语言学的探讨十分有效。"②

吴福祥指出，汉语语法化研究中尚未引起足够重视的四个领域：结构式语法化研究、语法化模式研究、话语标记语法化研究和语义演变研究，为国内汉语语法化研究指明了方向。③

（二）研究方法

主要运用功能主义语言学理论，以认知语言学和语用学理论为背景，坚持定量和定性、共时和历时、描写和解释相结合的原则。使用的具体研究方法如下：

（1）定量和定性相结合。立足于禅籍原典文献，以禅录句式的梳理为脉络，在系统研读唐宋禅籍的基础上，对禅录句式做全面的分辨考量，运用数量统计方法使个别语例的偶然性抵消，使习见语例的必然性显现出来。在定量分析的基础上，根据这些数据对禅语句式进行定性分析，做到认定句式言出有据，并选择不同时代的非禅籍文献进行外部比较，对禅录句式的梳理与归纳全面、客观、可靠。

（2）共时和历时相结合。将语义控制下的形式收拢在一起，从形式意义间的一致关系出发，一方面主要运用构式语法的方法分析每一个专题句式的结构特征、性质和功能，关注词义组合结构与句法语义结构的变化；另一方面主要运用语法化的方法，对每一个专题句式的句法与语义关系进行动态考察，勾勒其演变路径，探讨其历史发展条件与演变机制。

（3）描写和解释相结合。在分类系统描写和专题句式描写的基础上，加强与禅宗思想研究之间的联系，运用语用学领域的指称理论、会话分析、关联理论、语境理论等研究成果探讨禅宗会话语境中专题句式的行业

---

① Joan Bybee, Revere Perkins, etc. *The Evolution of Grammar: Tense, Aspect, and Modality in the Languages of the World*, University of Chicago Press, 1994: 298.

② 石毓智:《语法化理论——基于汉语发展的历史》，上海外语教育出版社 2011 年版，第 5 期。

③ 吴福祥:《汉语语法化研究的当前课题》，《语言科学》2005 年第 2 期。

意义或语用功能，同时结合宗教学、文化语言学、认知科学等做更广泛、更深入的挖掘，对禅语句式在发展变化中的稳定部分和不稳定部分给出比较合理的解释。

五　主要内容与安排

运用构式语法理论，对《祖堂集》《景德传灯录》《五灯会元》等唐宋禅录里的句式进行全面调查，比较系统地建构这一历史时期的禅录句式体系，归纳其内部类别，以句式的形式和意义之间的关系为核心，重点探讨其中若干禅录句式的结构特点、行业意义和语用功能，并通过与不同时代的佛禅文献以及世俗文献的比较，上溯下推，探讨其历史发展条件与演变机制，寻找禅录语言与佛经文献语言以及后世文学之间的联系，突破禅宗语言研究单向度考察的局限，努力进行跨学科的综合性研究，尝试解决禅宗语言一些悬而未决的问题。具体内容如下：

本书除了绪论和结论之外，主体部分共分为三编12章。

绪论主要介绍研究对象与范围；概述国内外研究现状；说明本书研究的意义与目的；研究的理论背景和研究方法；交代本书研究的主要内容及其章节安排。

结论主要基于主体部分专题研究的归纳和总结；指出本书研究的创新与不足之处。

上编分为四章，主要研究系词后置判断句、"莫非/不 X"测问句、"VP 著"指令句、"好"字规劝句四种单句构式。一般将语义控制下的形式收拢在一起，从形式意义间的一致关系出发，分析每一个专题句式的句法与语义特征，接着在对话语境中剖析语用功能，然后历时关注词义组合结构与句法语义结构的变化，探讨句式产生条件与演变机制。

中编分为四章，主要研究"X 即/则不问"转折句、"如 Y 相似"比拟句、"（须）X 始得"条件句、"只 X 别/更有"选择句四种复句构式。从复句之间逻辑语义关系出发，以形式与意义的关系为中心，接着在对话语境中剖析语用功能，然后历时考察句式演变中的形式与功能之间对应与不对应的因素，考察构式化的路径（从字面意思发展为意义非字面意思的过程），探讨其产生条件与演变机制。

下编分为四章，主要研究"有 + 人名 + VP"话题引入句、"是即（则）是 P"话题承接句、"T 且置"话题转移句、"与么则 Q"语篇推论句四种句际构式。一般以形式与意义的关系为中心分析句法与语义特征，接着分析语用信息和语篇功能，然后考察构式化和语法化演变历程，探讨其产生条件与演变机制。

第一章从构式语法角度对唐宋禅录里的系词后置判断句进行探析，认为这类判断句表示对定指事物的同一性做出肯定判断，主宾语之间在指别度、可及度、显着度等语义特征上存在差异，具有指别功能、解释功能和认同功能。该句式起源于上古汉语同指式判断句，至迟在东汉佛经文献之前就出现了早期用例，受信息前景化的驱动，在重新分析的机制下形成的，唐宋禅录反映了早期近代汉语这种语言现象的实际情况，其演变轨迹表明是沿着汉语基本语序的历史方向发展的。

第二章从构式语法角度探讨"莫非/不X"测问句的句法、语义和语用特征，继续关注"莫非""莫不"等语气副词的来源及其产生条件，探讨句式形成的动因与语法化机制。认为："莫非/不X"测问句的句式义表达言说者对某种半事实性的事件或事态期待对方证实，具有表达猜测和求证的基本语用功能。两类测问句最早在唐宋禅录里得到使用，"莫不X"测问句比"莫非X"测问句的形成略早，元代两种测问句都获得了充分的发展，句式的形成过程大体分为两个阶段：从初始的全然判断句演变为或然测度句，再由或然测度句演变为"莫非/不X"测问句。主观化需要是"莫非/不X"测问句形成的动因，重新分析与类推是演变过程中的重要机制。

第三章从构式语法角度，对汉语史上唐宋禅录里的"VP著"指令句进行探讨，在描写句式的句法与语义特征之后，接着在对话语境中剖析语用功能，然后探讨句式产生的历史条件与演变机制。认为"VP著"式祈使句的早期形式出现于初唐时期的佛禅文献，"动+方所+著"与"方所+动+著"的差别对"著"的虚化不产生直接影响，两种结构都有可能发展为祈使句。在"动+著+方所→方所+动+著"发展演变过程中，句法语义的重新组合和宗教对话语境因素是其重要诱因，认知转喻为其重要机制。

第四章从构式语法角度，全面考察唐宋禅录里"好"的两种祈使句特征及其形成发展机制，并提出同源句概念。文中认为"V好"式和"好V"式都经过了由直陈句到虚拟句到祈使句的转变过程，前者源自上古汉语，形成于东晋时期，在与佛禅相关的作品中出现的，具有行业性色彩，后者形成年代更早一些，但是早期也大多见于与佛教禅录相关的作品里，在近代汉语里具有明显的口语化色彩。两种祈使句的演变不仅受语用环境诱发，也与标记词"好"的语义演变以及言说者的心理视点密切相关。

第四编分为四章，主要研究"有+人名+VP"话题引入句、"是即（则）是"话题承接句、"T且置"话题转移句、"与么则Q"语篇推论句四种句际构式。从语义逻辑关系出发，以形式与意义的关系为中心分析句法与语义特征，接着分析语用信息和语篇功能，然后考察构式化和语法化演变历程，探讨其产生条件与演变机制。

第五章从语义逻辑关系出发，以形式与意义的关系为中心，描写唐宋禅录里的"X即（则）不问"转折句，接着在对话语境中剖析语用功能，然后在此基础上探讨其构式化的历时演变过程。研究表明："即（则）不问"式是一种表示让步转折的复句，具备话题转移功能，带有典型的禅录对话语色彩。该句式的源头可追溯到上古，六朝时期萌芽于与佛教相关的文献里，在晚唐五代的禅宗重要作品《祖堂集》里发展已趋成熟。

第六章从语义逻辑关系出发，以形式与意义的关系为中心，对唐宋禅录里的"如Y相似"比拟句特征进行探讨，然后比较从中古到近代各个不同发展时期的结构与功能。认为上古出现"如Y相似"比拟句的同形结构，在中古时期的佛经译文里发生了重新分析，唐宋时期"如Y相似"比拟句基本成熟，其表达功能的变化反映了句式结构发展的历史进程。

第七章从语义逻辑关系出发，以形式与意义的关系为中心，分析唐宋禅录里"（须）VP始得"条件句的句法与语义特征，接着在对话语境中剖析语用功能，关注词义组合结构与句法语义结构的历时变化，探讨句式产生条件与演变机制。认为该句式具有行业色彩，句式义表示要求实施行为事件意图的必要条件，具有提示和劝告的语用功能，其形成不迟于晚唐，与句法结构紧缩、类推机制、隐喻认知方式等有关。

第八章从语义逻辑关系出发，以形式与意义的关系为中心，研究佛禅文献中的"只X别/更有"选择句。研究表明，该句式表示对行为事件本身及其相关事物的存在是排他性还是涉他性选择，存在单项双框式和双项双框式两种形式，前者常用于禅录对话中，发展成为一种供僧侣集团内部使用的、富有行业色彩的句式，侧重探寻虚幻世界的有无问题，具有特殊的意义及用法。大约在东晋时期的汉译佛经文献里出现该句式的早期用例，经过中古时期的初步发展，到了晚唐五代已在同一性的基础上整合而形成的句式，省略、紧缩是句式形成的主要机制，这种复句式的整合程度不高，明代以后就逐渐消失了。

第九章从语篇角度对唐宋禅籍里的"有·人名+VP"句式进行了全面的考察，认为该句式表达语篇中确定人物出场时的一种已然事件，出现于上古，至迟于唐五代在叙事语篇里发展成熟，其形成是语篇结构句法化的结果，其中叙事性语境是其句法演变的动因。

第十章从语篇角度主要对唐宋禅录里的"是即（则）是P"句式进行考察，认为该句式的句式义表示对某种行为事件的保留性肯定，但是还存在某种局限性，具有评判认定、修正补充、语篇衔接等语用功能。"是即（则）是P"受汉译佛经影响，在唐宋时期的禅籍里产生并常常使用，具有A式和B式两种具体的表达形式，基本语用功能一致。其中A式专用于禅籍文献，是禅家参禅实践活动中一种特殊句式，B式在南宋后来的世俗文献里也常常可见，反映了佛禅文献的传播对近代汉语的发展演变的影响。

第十一章从语篇角度对"T且置"话题转移句进行考察，认为该句式是禅宗对话语体里转移话题的一种常用句式，带有行业性色彩，表示"某事暂且搁下不问而问其他的事"的意义，具有正向启发的功能，也有负向纠缠意味。该句式萌芽于唐代之前的佛经文献，五代时定型于禅宗文献，其时代性和行业性特征显著。

第十二章从语篇角度对近代汉语里的推论句式"与么则Q"进行考察，认为该句式是一种表示推论关系的紧缩句，表示言说者在某种语境下根据已知情况推断出所体认到的未知情况，与语篇前项组成对话语篇模式IRF（M）"问题—应答—推论—（验证）"，具有语篇延展和认知推导两项主要功能。"与么则Q"形成于晚唐五代，由假设复句发展而来，其同源句演变过程中的主要机制是重新分析。

上编　单句篇

单句构式指表示单一意义的独立句子格式。如果我们用 S 代表一个单一句子形式，P 代表其句式义，那么单句的格式表现为：S 含有 P。

根据单句式表达的语用功能，可分为陈述类、祈使类、疑问类三种情况，各种情况分述如下。

陈述类单句式可分为判断句、直陈句和引述句三小类，判断句的谓语部分主要是名词性词语，直陈句的谓语部分主要是动词性词语，引述句的谓语部分是用言说动词引述别人的话语。禅录里常用的陈述类单句式主要有判断句和直陈句两小类。例如：

（1）此童子非他，即大势至菩萨是也。（《景》卷二，不如密多）
（2）师著麻一切了，于天宝初方届衡岳。（《祖》卷四，石头和尚）
（3）僧参，师举拂子，僧曰："今日败缺。"师放下拂子。僧曰："犹有这个在。"师便打。（《五》卷十一，临济义玄禅师）

例（1）的后面小句是判断句，谓语部分由具有名词性词语"大势至菩萨"与系词"是"构成。例（2）前面小句的谓语部分由动词性词语"著麻"及"一切了"构成，是叙述句。例（3）叙述句一般由谓语前面"犹"和句尾"在"构成。

祈使类单句式可分为指令句、建议句、请求句三小类。[①] 禅录里常用的这三小类句式试各举一例如下：

（4）师唤维那："安排向明灯下著。"（《祖》卷七，夹山和尚）
（5）兄弟，行脚人亦须著些子精神好。汝还知大唐国内无禅师？（《祖》卷十六，黄檗和尚）
（6）（乳源和尚）上堂云："西来的的意不妨难道。大众莫有道得者，出来试道看。"（《景》卷八，韶州乳源）

例（4）的祈使句以句尾"著"为标记，言说者直接命令听话人，语气坚决而直率，属于指令句。例（5）的祈使句以句尾"好"为标记，言

[①] 袁毓林：《现代汉语祈使句研究》，北京大学出版社 1993 年版，第 14—16 页。

说者不直接支配听话人，而是从听话人角度出发劝告听话人做某事，语气温和，属于建议句。例（6）的祈使句以"试……看"为标记，表示请求对方做某事，语气谦恭委婉，属于请求句。

疑问类单句式可分为一般问句（是非、选择、特指）、测度问句、反问句三小类。禅录里常用的各小类句式依次举例如下：

（7）师有时拈起帽子，问："会摩？"对曰："不会。"（《祖》卷十五，归宗和尚）

（8）江西椑树和尚，因卧次，道吾近前牵被覆之。师云："作么？"道吾云："盖覆。"师云："卧底是，坐底是？"道吾云："不在这两处。"（《景》卷八，椑树和尚）

（9）问："童子不坐白云床时如何？"师曰："不打水，鱼自惊。"（《五》卷五，石霜庆诸禅师）

（10）语僧云："汝道来生莫不会佛法么？"僧无语。代云："和尚幸是大人。"（《古尊宿语录》卷十七）

（11）（慧颙禅师）上堂："赤肉团上，壁立千仞。"僧问："赤肉团上，壁立千仞，岂不是和尚道？"师曰："是。"僧便掀倒禅床。师曰："这瞎驴乱作。"僧拟议，师便打。（《五》卷十一，南院慧颙禅师）

例（7）至例（9）中，句尾标记为"会摩（么）""X 是 Y 是""S 时如何"，三种句式依次属于是非问句、选择问句和特指问句类型。例（10）、例（11）含有标记词"莫不"和"岂不是"分别构成测度问句和反问句。

本编将从禅录单句式里选择系词后置判断句、"莫非/不 X"测问句、"VP 著"指令句、"好"字规劝句四种句式进行探讨。

第一章

系词后置判断句

本章从构式语法角度对唐宋禅录里的系词后置判断句进行探析，认为这类判断句表示对定指事物的同一性做出肯定判断，主宾语之间在指别度、可及度、显著度等语义特征上存在差异，具有指别功能、解释功能和认同功能。该句式起源于上古汉语同指式判断句，至迟在东汉佛经文献之前就出现了早期用例，受信息前景化的驱动，在重新分析的机制下形成的，唐宋禅录反映了早期近代汉语这种语言现象的实际情况，其演变轨迹表明是沿着汉语基本语序的历史方向发展的。

第一节 引言

在中古和近代汉语里，存在一种特殊语序的判断句，以"是"或"是也"位于句尾①，而判断内容出现在前置宾语的位置上：

（1）尔时忍辱道人者，我身是也。（东汉·昙果、康孟详译《中本起经》卷上）
（2）公，制襄州延庆寺祖师堂双声碑文者是也。（《祖》卷十九，王敬初常侍）
（3）那个人道："我并不是什么蓉大奶奶，乃警幻之妹可卿是也。"（《红楼梦》第一一一回）

本书将这类判断句称为系词后置判断句，其中学界对"是"有系动

---

① 蒋绍愚：《也谈汉译佛典中的"NP1，NP2是也/是"》，《中国语言学集刊》2009年第2期。

词、判断词、判断动词、同动词等不同称名,这里统一为系词,至于句尾"是"或"是也"不影响句法性质,我们也不另行区分。系词后置判断句是汉语史研究中的一项重点课题。王力(1937)就提及这种句式。① 刘世儒认为这种句式是判断句的变式,"是"是系动词。② 袁宾注意到它的特殊性,认为来源于汉译佛经,"是"是系词。③ 张华文认为这种前置宾语"是"字判断句是原始汉藏语 SOV 结构的遗留,"是"是判断词。④ 江蓝生在考察元明白话文献里特殊判断句的基础上指出,这类句式需要根据情况做具体分析,"是"结尾的句式很可能是受梵文影响而产生的,"是也"结尾的句式是对上古汉语的沿袭仿用。⑤ 张美兰在描写《祖堂集》中这类判断句的基础上,结合历史演变的情况分析了"是"由代词发展为判断系词的过程,认为魏晋时期出现的这类判断句是佛经原文判断句与汉语自身类似表达方式结合的产物。⑥ 蒋绍愚专门考察汉译佛典中的这类句式,认为它源于西汉后期、东汉、魏晋南北朝汉语中的"NP1,NP2 + 是(系词)也"的句式。⑦ 对这类句式进行专题探讨的论文还有陈秀兰、朱冠明、龙国富、解植永、向德珍、杨琳、姜南、曹广顺等。

以上研究表明学界对这种句式的语法特征、历史来源以及与汉语文献里相关句式联系等方面的讨论较为深入,成果甚丰。但是至少对以下认识还存在明显分歧:(1)关于"是"的性质,王力、袁宾、张华文、蒋绍愚等认为是系词,洪心衡、⑧ 姜南等认为是非系词(代词、语气词等);(2)关于句式的来源,刘世儒、解植永、蒋绍愚等认为来源于上古汉语,袁宾、张华文、江蓝生、陈秀兰(2003、2013)等认为存在其他来源。此外,对这种句式的语义特征、产生途径、形成动因等方面的研究仍需要

---

① 王力:《中国文法中的系词》,《王力语言学论文集》,商务印书馆 2000 年版,第 113—124 页。
② 刘世儒:《略论魏晋南北朝系词"是"字的用法》,《中国语文》1957 年第 12 期。
③ 袁宾:《敦煌变文语法札记》,《天津师范大学学报》(社会科学版)1989 年第 5 期。
④ 张华文:《试论东汉以降前置宾语"是"字判断句》,《云南师范大学学报》2000 年第 1 期。
⑤ 江蓝生:《语言接触与元明时期的特殊判断句》,《语言学论丛》2003 年第 28 期。
⑥ 张美兰:《〈祖堂集〉语法研究》,商务印书馆 2003 年版,第 52—68 页。
⑦ 蒋绍愚:《也谈汉译佛典中的"NP1,NP2 是也/是"》,《中国语言学集刊》2009 第 2 期。
⑧ 洪心衡:《〈孟子〉里的"是"字研究》,《中国语文》1964 年第 4 期。

作进一步探讨。为表述方便，下面用 NP1 代表主语，用 NP2 代表宾语，将这种判断句标记为"NP1 + NP2 + 是（也）"，简称为系词后置式，我们选择唐宋禅录为主要文献，并结合在不同时期的汉译佛经、中土相关文献等里面使用的实际情况，进一步思考系词后置式特征、功能及其演变的问题。

第二节　句式特征

一　句法特征

系词后置式是由主语部分和谓语部分构成的整句[①]，主语部分之后以停顿或带停顿标记"者"为常见，有时候也可以省略，谓语部分由前置宾语和"是"组成，可受副词"即""只"等修饰，句尾通常带有语气词"也"。例如：

(4)"而生其心"者，知心无住是。（《神会语录》。住：执着）
(5)（四祖）曰："道信禅师，贫道是也。"（《景》卷四，法融）
(6)五百者即你五阴身是。（《古尊宿语录》卷三，黄檗断际禅师宛陵录）

例（4）中，"而生其心"是判断句的主语部分，"者"为停顿标记，"知心无住是"是谓语部分，宾语"知心无住"前置，"是"是系词。例（5）中，判断句的主语部分是"道信禅师"，谓语部分是"贫道是也"，句尾带语气词"也"。例（6）中，判断句的主语部分"五百（菩萨）者"，"者"为停顿标记，谓语部分是"即你五阴身是"，副词"即"修饰限制前置宾语"你五阴身"。

我们在唐宋禅录里选择《祖堂集》《景德传灯录》《五灯会元》三部文献为代表，统计其中的系词后置式共 63 例，其中包括《祖堂集》高丽雕刻板的注解部分、第二十卷五冠山端云寺和尚部分和《景德传灯录》

[①] 沈家煊：《"零句"和"流水句"——为赵元任先生诞辰 120 周年而作》，《中国语文》2012 年第 5 期。

文中的注解部分的用例，三部禅录语例依次为31例、18例、14例。主语部分不带停顿标记"者"为常见（47例，约占75%），谓语部分带副词"即、只、亦"等为常见（39例，约占62%），主要位于宾语前面，句尾带与不带语气词"也"的现象几乎均等。

我们检查了以上三部禅录，除了一例表现为疑问句外，即"上来密意，即这个是，为当别更有意旨？（《祖堂集》卷十八，仰山和尚）"，后置式基本上都使用肯定形式，从语法结构上，"NP1"和"NP2"都是体词性成分的有55例，约占87%。鉴于现有的研究成果，把"是"看作代词或语气词等非动词，在对历史文献的分析以及论证方面还存在一些问题（详见后面），将"是"定性为联系前面主语和宾语两项成分的系词，比较切近语言事实。

系词后置式判断句所处的句法环境主要以独立句形式（如例4、例5、例6、例9）或自立小句形式（如例7、例8）存在。自立小句在句法上自足，表现为具有自己的时和体标记，主语的所指不依赖其他小句，并可以不依赖其他小句而进入语篇。[①]

二 语义特征

系词后置式由二价动词"是"系联起事（NP1）和止事（NP2）形成的语义结构，NP1表示定指的实体（事物或事态），NP2表示与NP1具有同一性的指称、属性以及其他相关物，为句子的语义焦点，"是"是对NP1和NP2同一性关系的肯定判断，[②] 没有否定形式。根据NP2与NP1的同一性关系，我们以前面三部禅录里的所有例句分为三种类型具体讨论：

1. 指称判断（20例）：同一实体存在两个指称NP1和NP2，句式判断NP2和NP1具有同一性，前后可以调换位置。NP2具有［定指］、［区别］的语义特征，其指别度（相近于可别度）高于NP1[③]，以专名形式为常见，所肯定的指称相当于"谁"或"哪个"。

[①] 方梅：《由背景化触发的两种句法结构——主语零形反指和描写性关系从句》，《中国语文》2008年第4期。

[②] 祁从舵：《〈祖堂集〉框架句研究》，上海师范大学博士学位论文2012年，第28—40页。

[③] 沈家煊、完权：《也谈"之字结构"和"之"字的功能》，《语言研究》2009年第2期。

（7）鹅者，鹉州也，今越州是。鸟者，鸣鹤县也，今诸暨县是。（《祖》卷二，菩提达摩和尚）

（8）初参芙蓉，蓉见曰："吾非汝师，汝师江外黄檗是也。"（《五》卷四，千顷楚南禅师）

例（7）中，"越州"与"鹉州"、"诸暨县"与"鸣鹤县"分别指称同一个处所，在时间上，前者比后者指别度高。例（8）"黄檗"是专名，与"汝师"同指一个人物，前者与其他人物的界限更明确，指别度更高。

2. 属性判断（15例）：同一实体存在指称NP1和属性NP2，句式判断NP1在形体、组成、功效等方面的属性NP2。NP2具有[可及]的语义特征，即NP2所指的内容从记忆或环境中识解的容易程度，可及度高于NP1，[1] 从属于NP1，所说明的内容相当于"是什么"或"怎么样"。

（9）一切诸法，唯一心是，然后乃为佛乘也。（《景》卷九，黄檗希运）

（10）（汝受吾教宜处深山，未可行化当有国难）心中虽吉外头凶是也。（《景》卷三，慧可）

（11）佛者心清净是，法者心光明是，道者处处无碍净光是。（《五》卷十一，临济义玄禅师）

例（9）中判断句表示的意思是，一切诸法都从心生起，后者揭示前者存在的根源，从形成上说明前者的本性，相对听话人来说，可及度高。例（10）"心中虽吉外头凶"解释"汝受吾教宜处深山，未可行化当有国难"所指的内容，揭示其含义，便于理解。例（11）用心清净光明说明"佛""法""道"功能上的特点，易于识解，表明佛、法、道三者的属性没有根本差别。

3. 关系判断（28例）：可分辨的两个实体NP2和NP1共享相关属性，句式判断两者具有同一关系（排除两者之间的否定及不相关联系），主要表现为等同、种属、相交三种关系。NP2具有[显著]的语义特征，其

---

[1] 沈家煊：《转指和转喻》，《当代语言学》1999年第1期。

显著度高于 NP1,① 所判断的内容相当于"（相关性）是什么"。

  （12）从生至死，只这个汉是。(《祖》卷十五，五泄和尚)
  （13）门人法海者，即禅师是也。(《景》卷五，韶州法海)
  （14）野客无乡可得归，今日山僧只这是。(《景》卷三十，《道吾乐道歌》)
  （15）汝行与道合，诸佛心即是。(《五》卷一，八祖佛陀难提尊者)
  （16）所言露地白牛者，露地是所证之法故，即遮那是也；白牛是能证之人故，即是文殊是也；白牛运转，不住此处故，即普贤是也。(《祖》卷二十，五冠山瑞云寺和尚)

  例（12）是石头大师对超脱了现实态的五泄和尚的开导，意思是说：现在的你就是本性的你。"这个汉"是禅林用语，"自性"的代名词，是现实态的人与本性的人统一起来的真我。这里，用判断句判断本性的人与现实态的人等同，表明两者合而不可分。类似的禅语说法，如"从生至老只是这个。又回头转脑作什么？(《景德传灯录》卷七，五泄灵默)"例（13）的"门人法海"是个体事物，"禅师"是集合体事物，判断句用来断定前者在类属上同一于后者，整体比部分显著，所以后者显著性更高。后面三个例子的判断句中，主宾语所指的事物之间具有相似关系、（空间）相邻关系或（时间）相因关系，可以笼统地称为相交关系，与前面的例子相同，主宾语之间都具有同一性，宾语更具显著的典型特征。例（14）的"这"指"野客"，当下境况与"山僧"相似，主宾语之间存在相似即同一关系。例（15）判断句主语"汝心（省略）"和宾语"诸佛心"存在距离，如果具备"汝行与道合"的前提条件，那么"汝心"就会成为"诸佛心"，相邻即同一。例（16）的三个并列分句都是判断句，主宾语之间存在因缘关系，因相因性而判断为同一。

  总括上述情况，系词后置式的内容是判断实体的指称、属性以及与相

---

① 王冬梅：《现代汉语动名互转的认知研究》，中国社会科学院研究生院博士学位论文2001年，第53—54页。

关事物的关系，其句式义表示对定指事物的同一性做出肯定判断，我们设立［定别］、［可及］、［显著］三项语义特征，对句中主宾语的语义特征进行分析，并进行量化比较，结果见表1-1。

表1-1　　　　　　　系词后置判断句的语义类型

语义类型＼语义特征	指别度	可及度	显著度
指称判断	NP1 < NP2	+	+
属性判断	+	NP1 < NP2	+
关系判断	+	+	NP1 < NP2

以上三类判断句以"NP1 < NP2"的语义特征差异为界，每一类型左边的"+"为NP1具有的语义特征，右边的"+"为NP2具有的语义特征，句式通过两者的同一性来判断定指事物的指称、属性以及其他相关性。

第三节　语用功能

系词后置式在禅宗文献的说明性语篇里多见，与判断句的语义类型相对应，该句式的判断说明功能主要表现为解释功能、指别功能和认同功能。

一　解释功能

吕叔湘指出，一般判断句具有两个用处：一是解释事物的含义；二是申辨事物的是非。[①] 在禅录文献里，佛祖禅师在传法时往往涉及经文、禅言、偈语等不熟悉的、事物，需要用熟悉的、已知的信息来进行解释，以方便于僧侣更好地理解领悟禅法义理。系词后置式的句法语义特征适合于用来表达这样的事物，前置宾语是句子的语义焦点，高显着性的语义信息超过主语，并通过说话人用"是"肯定而使主语部分的未知信息变得熟悉可知，因此在禅录文献里，系词后置式具有利用受话人已知的、熟悉的信息帮助对方认识定指事物的解释功能。

---

① 吕叔湘：《中国文法要略》，商务印书馆1956年版，第61—62页。

(17) （离乡日日敷）马大师归至洪州南昌寺敷演大教是也。（《祖》卷二，菩提达摩和尚）

(18) 所言果后普贤者，遍行三昧是也。（《祖》卷二十，五冠山端云寺和尚）

(19) 公曰："后句'妄'字莫是从'心'之'忘'乎？"曰："从'女'者是也。"（《五》卷二，保唐无住禅师）

例（17）中，"离乡日日敷"是判断对象，对于听话人来说存在未知成分，"马大师归至洪州南昌寺敷演大教"是判断内容，显著度高，前置于"是"之前，并通过说话人对同一性的断定而用已知的信息释解前者。同样，例（18）的"遍行三昧"指普遍修行念佛三昧，现种种色身化益众生，句式利用已知的修行实际功效解释"果后普贤"在修得佛果之后的含义。例（19）是无住禅师对杜公提问的回答，答语意谓"后句'妄'字是从'女'的'妄'字"，判断句用后者的高显著性提示对前者属性特征的理解。

二 指别功能

禅家认为，世俗的万事万物都可以依靠某种因缘而转变，同一事物在不同的场合下会因因缘不同而表现不同，异名同体。禅师们为了让学僧认识事物的本体，常常在口头讲述故事时，使用系词后置式将话语中的事物绑定在现场，以便从纷繁复杂的现象界认清真相。在这种场合下，系词后置式的主要目的不是传递新信息，而用指别度高的事物来识别定指事物，具有指别功能。

(20) 十劫坐道场者，十波罗密是。（《镇州临济慧照禅师语录》）
(21) （乃召第一座开堂说法。）即云门偃和尚法嗣雪峰是也。（《景》卷十一，灵树如敏）

例（20）是禅师对学僧问题的解答，"十波罗密"是佛禅用语，指菩萨修满佛教所立的道法，指别度高，可用来指认修炼时间漫长的行为过程"十劫坐道场"。例（21）中，对于听话人来说，"第一座"所指对象的指别度不很高，专名"雪峰"提高对象的指别度，提高了受话人对同类对象的识别程度。

三 认同功能

禅宗的哲学根基是佛教的"缘起说"（"缘"泛指事物之间相涉关系的种种可能性，核心关系是人和佛的关系），强调事物之间的共同性，对佛界与俗界中事物的本性问题，通过"心"所表现出来的现象界来认识"心"自身。禅宗说教常常借助因缘、譬喻、故事等，以"缘起说"为基础，建立事物之间的同一性，用一种事物来说明另一事物，对事物表面的现象不加区别。由于宾语与主语的语义距离最近，适宜表现有共同性的事物之间关系，因此系词后置式可以使禅法义理得到更具体、形象、贴切的表达，具有强调事物之间同一性的认同功能。

（22）宝山者，吾身是也；出光明者，汝智慧也；从屋而出者，入道也；山顶泉者，无上法味也。（《祖》卷一，提多迦尊者）

（23）师云："将得马师真来否？"泉云："只这是。"（《景》卷七，东寺如会。师真：师传的真法）

（24）若识得释迦即老凡夫是，阿你须自看取，莫一盲引众盲，相将入火坑。（《五》卷五，丹霞天然禅师）

例（22）是佛祖的现身说法，用"吾身"隐喻故事中的"宝山"，两者都属于有生有灭的现象界，故存在相似即等同关系，用更具体的"吾身"认同"宝山"。例（23）判断句的意思是，师传的真法就是这个（与佛法"不即不离"的人），这里将"这"即主人，与佛法等同，是得道之人的回答，识得自性就是识得佛法，"这"更突出当下的现实性。例（24）"释迦"代表佛，"老凡夫"代表俗人，人与佛本无差别，只缘迷悟不同，本性同一，判断句对两者的关系具有断定认同作用，强调人的自我修悟。

第四节 历时演变

一 演变阶段

上古时期，在谈到某类事物（或现象）需要用已知的事例解释说明的时候，通常使用一种较为普遍的例证式判断句。句子一般是较复杂的整句，前面的类事物（或现象）是不定指的，是句子的语义表达重心，由短语或小句充当，后面提供具体实例与"是"构成主谓结构共同说明前面的类事物（或现象），是依附小句。①"是"在句尾用如指示代词，相当于"就是这类、这样"，一般与语气词"也"合用。王力指出，"是"在这里用于"是认"某一些例证，"先说出某一类的事物，然后举一两个实例来证明"，之所以不能被认为是系词，一是因为它的用途仅限于举例，二是因为它还没有联系两"项"的效能。②

（25）臣闻七十里为政于天下者，汤是也。（《孟子·梁惠王下》）
（26）以至智说至圣，未必至而见受，伊尹说汤是也；以智说愚必不听，文王说纣是也。（《韩非子·难言第三》）

"七十里为政于天下者""以至智说至圣，未必至而见受""以智说愚必不听"等是不定指的类事物（或现象），"汤是""伊尹说汤是""文王说纣是"等都是主谓结构，"是"回指前面话题，"是"前面的说明成分提供具体实例，在语义范围上比前面的类事物（或现象）小，主要构成类型与例证的关系。这一时期的体词性话题，如果与后面具体实例的语义范围相接近时，那么句子表达型例关系的例证功能就不太明显，如"若昔三代圣王，尧舜禹汤文武者是也。（《墨子·天志中》）"等。

石毓智曾考察这一时期判断词出现之前的句法环境，认为具体实例是光杆名词时，80%左右的用例都采用的是倒转语序。③通过对句尾"是"判断句的调查，本书认为这种句式不是光杆名词使用下产生的倒装句式，而是代表一种较常见的例证式判断句类型。

例证式判断句的特点是：（1）通常在论述性语篇中以复杂句形式出现，句子表达重心在前段，一般由短语或命题小句引出不定指的类事物（或现象），后段由主语与谓语"是"构成依附小句进行说明；（2）"是"

---

① 方梅：《由背景化触发的两种句法结构——主语零形反指和描写性关系从句》，《中国语文》2008年第4期。
② 王力：《中国文法中的系词》，《王力语言学论文集》，商务印书馆2000年版，第113—124页。
③ 石毓智：《语法化理论——基于汉语发展的历史》，上海外语教育出版社2011年版，第76—91页。

用为代词，回指前段话题，与语气词"也"合用，话题与说明之间具有类型与例证的语义关系。

西汉时期，出现了同指式判断句，这是系词演变的关键阶段。句子前段通常由存现句引出，引出的主要信息不是事物（或现象）的"类"，而是"个"，[①] 与"是"前面的成分在语义上同指，"是"作为回指代词似乎显得多余。例如：

（27）天有五行，木、火、土、金、水是也。（《春秋繁露》卷十）

（28）（钩弋夫人）得幸武帝，生子一人，昭帝是也。（《史记》卷四九）

（29）臣闻往者秦有十失，其一尚存，治狱吏是也。（《说苑》卷五）

（30）治国有二机，刑德是也。（《说苑》卷七）

以上例句都是同指式判断句，"是"具有联系前后两项成分的作用，这类判断句的特点是：（1）一般在叙说性语篇里依附于前面的存现句（句子表达重心）；（2）存现句引出的不定指事物（或现象）与"是"的前面成分在语义上同指；（3）"是"向系词转变，具有联系主语和宾语之间同一性关系的作用。在这种情况下，只要"是"指示的词性减轻，说明的词性加重，就有可能转变为系词了。[②]

蒋绍愚认为西汉后期开始出现系词后置式，所举的一例是上面的例（28）。我们认为，该例与系词后置式只是在功能上一脉相承，但是尚不足以证明是系词后置式，因为句子语义重心仍在"生子一人"上，所引出的主要信息"一人"是不定指的，"是"前面的说明成分"昭帝"在叙说性语篇里不体现事件的过程，是否是宾语尚不明确。不过，在该书引例的同一卷上倒是出现了系词后置式的例子：

[①] 蒋绍愚：《也谈汉译佛典中的"NP1，NP2 是也/是"》，《中国语言学集刊》2009 年第 2 期。

[②] 王力：《中国文法中的系词》，《王力语言学论文集》，商务印书馆 2000 年版，第 113—124 页。

(31) 尹夫人望见之，曰："此真是也。"(《史记》卷四九)

该例的"真"指邢夫人真身，与上文"此非邢夫人身也"形成对比，即"此是邢夫人真身也"。

系词后置式判断句的形成阶段。据目前语料所及，至迟在东汉以前的中土文献里就出现了系词后置式的早期用例。这些句式叙说语篇中多见于以独立的判断句形式出现；主语是定指的实体，宾语与主语具有同一性关系，是句子的语义焦点；"是"成为联系主语和宾语两项成分的系词，由指示代词演变为系词的现象符合类型学上的普遍趋势。①

(32) 国之所以存者，仁义是也；人之所以生者，行善是也。(《淮南子·主术训》)
(33) (国之)柱，相国是也。(《列女传》卷六)
(34) 其合相当如袭辟（璧）者，日既是也。(《论衡·说日》)
(35) 许在颍川，今许县是也。(《潜夫论》卷九)

例（32）的"国之所以存者"和"仁义"具有相因关系的同一性，例（33）的"柱"和"相国"具有相似关系的同一性，例（34）的"其合相当如袭辟（璧）者"和"日既"具有相因（条件）关系的同一性，例（35）的"许"和"今许县"同指一实体，这些例句都符合后置式的基本特征，比最早的汉译佛经出现的年代早。东汉以降，系词后置式在佛经译文、禅宗文献以及相关的中土文献里用例有明显增加，以前两种文献为主，后者受其影响。

对于汉译佛经中出现"是"结尾的判断句，袁宾曾指出：这种判断句很可能来源于佛经，佛经的翻译者（有外国或外族人，也有汉族人）既然在句尾使用了"是"，那么表示判断的语气助词"者"或"也"就不是非用不可的了。② 蒋绍愚也认为句尾"是"和"是也"的用法相同，但

---

① Bernd Heine, Tania Kuteva. *World Lexicon of Grammaticalization*, Cambridge University Press, 2002：94 - 109.

② 袁宾：《近代汉语概论》，上海教育出版社1992年版，第216—222页。

是句式来源于上古汉语。① 江蓝生认为，这种以单个"是（也）"结尾的判断句在此前和同时期的其他汉语文献中还未曾见到，其出现有特殊的背景，都是在强调事实真相时的解释说明，不是一般的陈述介绍，而是强调式，并推断：以"是也"结尾的句式是出于对先秦汉语的仿用，以"是"结尾的很可能是译者受梵文影响而产生的句式。② 姜南通过系统的梵汉对勘和异译比较，认为佛经译文里的特殊判断句尾的"是"（"sah"阳性、单数、主格）是直接对应原文的指代词，是"延续先秦汉语固有的'是'字后置用法"③。祁从舵对东汉时期安世高（小乘佛教代表）、支娄迦谶（大乘佛教代表）、支曜、严佛调、安玄、昙果、康孟详、竺大力、法兰念等十人的79部译经进行考察，认为佛经译文里使用的类似句式与东汉时期没有本质上的差异，既没有改变这一句式的基本特征，也没有扩展该句式使用的功能。④ 陈秀兰对勘四种汉译佛典中的"NP$_1$ + NP$_2$ + 是（也）"用例，作出论断：系词后置式是梵文判断句的对译。⑤

至于元明时期使用的"NP$_1$是NP2是（也）"这一叠加结构形式，江蓝生指出，很可能是汉语的判断句和阿尔泰语的判断句句式相叠加的结果，"便是"充当句末语气词，与先秦和汉译佛经里的类似句式没有直接来源联系。⑥ 黄斌、解植永等对"便是"的性质表示赞同，⑦ 周崇谦、雷冬平、向德珍等持有异议。⑧ 语料显示，"NP$_1$是NP2是（也）"这种叠加式在中古汉译佛经、唐宋禅录以及中土相关文献里已有不少

---

① 蒋绍愚：《也谈汉译佛典中的"NP1，NP2 是也/是"》，《中国语言学集刊》2009年第2期。
② 江蓝生：《语言接触与元明时期的特殊判断句》，《语言学论丛》2003年第28期。
③ 姜南：《汉译佛经"S，N是"句非系词判断句》，《中国语文》2010年第1期。
④ 祁从舵：《〈祖堂集〉框架句研究》，上海师范大学博士学位论文2012年，第34—36页。
⑤ 陈秀兰：《汉译佛典"S，N是"句的"是"表示判断》，《中国俗文化研究》（第8辑），2013年。
⑥ 江蓝生：《语言接触与元明时期的特殊判断句》，《语言学论丛》2003年第28期。
⑦ 黄斌：《元、明口语中的"判断句+'（的）便是'"结构》，《古汉语研究》2001年第1期；解植永：《中古汉语"是"字后置式判断句的来源》，《汉语史研究集刊》（第9辑），2006年。
⑧ 周崇谦：《"N，+N（的）+便是"的句法分析》，《古汉语研究》2005年第2期；雷冬平：《语气助词"便是"的语法化及相关结构研究》，《语言教学与研究》2007年第2期；向德珍、杨琳：《近代汉语特殊判断句"S（+是）+N（的）+便是"》，《宁夏大学学报》（人文社会科学版）2008年第4期。

用例。

（36）欲知尔时净复净王发道意者，岂是异人？莫造此观。所以者何？则是今现莲华首菩萨是。（西晋·竺法护译《正法华经》）

（37）彼时饶财瞋骂菩萨，即是今此不思议光菩萨是也。（东晋·鸠摩罗什译《不思议光菩萨所说经》）

（38）时绕四城毒蛇者，即是共杀酸陀利四臣是也。（南朝宋·求那跋陀罗译《佛说大意经》）

（39）尔时后来求乞得女婆罗门者，即是我身是也。其先来婆罗门看星宿稳便者，即是提婆达多是也。（唐·义净译《根本说一切有部毗奈耶破僧事》卷十九）

（40）行之人即是无漏真智，不守果位，随缘利物，名为行人，亦名化身佛是也。（《祖堂集》卷二十，五冠山端云寺和尚）

（41）分别色者，如言光明，即是智慧是也。（《宗镜录》卷三十八）

（42）以此气遇此时，是他命好；不遇此时，便是有所谓资适逢世是也。（《朱子语类》卷四）

以上例句说明：叠加式"NP_1是NP2是（也）"并非首见于元人杂剧，在中古佛经文献以及中土相关文献里就已经存在，与系词后置式的基本功能是一样的，认为两者没有直接来源联系的看法似可商榷。中古时期在佛经译文的影响下使用频率大幅度提高，到了元代时期，可能受到阿尔泰语的影响，叠加式判断句再一次膨胀起来，然而在与各种语言接触碰撞的过程中，汉语判断句的发展始终没有离开自身的运行轨迹，源于上古的系词后置式最终让位于现代汉语"是"字判断句句式。

二　演变动因

在上古汉语的论述性语篇中，受认知主体的动机、语篇功用等影响，例证式判断句的话题表示谈论的观点，是被前景化了的信息，说明部分提供已知实例，用来说明观点，作为语篇背景化信息，回指代词"是"以有标形式存在，强调话题，如前面例（25）、例（26）。在叙述性语篇中，同指式判断句不是用来体现事件的过程，一般都是依附于前面的存现句

（句子的语义重心），表示语篇背景化信息。① 在后置式判断句中，说明部分变成句子的语义重心，说明内容成为焦点信息，被前景化，表示语篇前景信息，而"是"不必回指已经熟悉的话题，"是"转变为系词，使常规主谓结构变异为宾语前置的动宾结构。因此，系词后置式判断句偏离常规的语法结构，这种偏离对整个语篇的意义有所贡献，是"有动因的突出"，是在语篇信息前景化的驱动下产生语言性质偏离的特征句式。② 如：

（43）许在颍川，今许县是也。［见例（35）］

上例中，"（许）今许县是也"是系词后置式判断句，在叙述性语篇中主要起判断作用，其中话题"许"是背景信息，说明内容"今许县"表示前景信息，是句子的语义焦点，"是"为系词。

三　演变机制

Harris 和 Campbell 认为"重新分析是改变一个句法结构内在关系的机制，一般不会立刻引起表层形式的改变。句法格式内在关系的改变涉及的方面有：a. 结构成分；b. 结构层次；c. 成分的词性；d. 成分之间的语法关系；e. 结构的整体特性。"③

在叙述性语篇里，同指式判断句一般以不完整的依附小句出现，如果话题是定指的事物（或现象），"是"前面的成分在语义上与之同指，那末句尾的"是"就没有必要回指话题成分，而有可能被重新分析为系联话题成分。"是"处于由指示代词到系词的"两可的过渡状态"，④ 给同指式判断句的重新分析提供了可能性：在句法结构上，"是"的词性具有系联性，"NP2＋是"可以分析成主谓结构，也可以分析成倒装的动宾结构；

---

① 方梅：《由背景化触发的两种句法结构——主语零形反指和描写性关系从句》，《中国语文》2008 年第 4 期。

② Halliday M. A. K. *Linguistic Function and Literary Style: An Inquiry into the Language of William Goldingps' The Inheritors*, In S. Chatman (ed.), *Literary Style: A Symposium*, OUP, 1971: 330 - 368.

③ Alice C. Harris, Lyle Campbell. *Historical Syntax in Cross-Linguistic Perspective*, Cambridge University Press, 1995: 61.

④ 唐钰明：《上古汉语判断句》，《古汉语研究》1993 年第 4 期。

在语义结构上，两种句法结构中成分 NP1 和 NP2 都具有语义相关性，在前一种结构里两者具有同指关系，在后一种结构里两者具有说明被说明关系。因此，同指式判断句的表层结构存在两种不同的句法组合形式，在历时语用条件下重新构建新的结构意义，发生了重新分析的演变机制。例如：

(44) 单父吕公善相，见高祖状貌，奇之，因以其女妻高祖，吕后是也，卒生孝惠王、鲁元公主。（《论衡·偶会》）
a.（其女），吕后（主语）+是（谓语，回指"其女"）也
b.（其女），吕后（前置宾语）+是（谓语，系词）+也

"NP1，NP2（主语）+是（代词谓语）也——NP1，NP2（宾语）+是（系词谓语）也"的重新分析过程显示出同指式判断句由例证式判断句向后置式判断句发展中的过渡状态，在语法结构上反映了句子由"复杂句→依附小句→自立小句（整句）"的演变趋势，包括复指成分的消失，其实质是语言经济原则影响下结构趋简的表现。

第五节 结语

系词后置式表示对定指事物的同一性做出肯定判断，主宾语之间在指别度、识解度、显着度等语义特征上存在差异，句式通过两者的同一性来判断定指事物的指称、属性以及其他相关性，具有指别功能、解释功能和认同功能。

该句式萌芽于上古汉语，至迟在东汉佛经文献之前就出现了早期用例，其形成过程大体经过三个阶段：例证式（复合句）→同指式（依附小句）→后置式（自立小句）。唐宋禅录反映了早期近代汉语这种语言现象的实际情况，该句式的产生受前景化需求的驱动，在重新分析的机制下形成的，其演变轨迹表明是沿着汉语基本语序的历史方向发展的。

在使用过程中受到了中古佛经译文和元明通俗文学作品的巨大推动，前者主要表现在提高这种句式的使用频率上，后者主要表现在形式上叠加已有的两种判断句，两者都充分利用该句式的指别功能，但是都没有改变后置式的基本性质与功能。

第二章

"莫非/不 X"测问句

本章运用构式语法理论探讨"莫非/不 X"测问句的句法、语义和语用特征，继续关注"莫非""莫不"等语气副词的来源及其产生条件，探讨句式形成的动因与语法化机制。认为："莫非/不 X"测问句的句式义表达言说者对某种半事实性的事件或事态期待对方证实，具有表达猜测和求证的基本语用功能。两类测问句最早在唐宋禅录里得到使用，"莫不 X"测问句比"莫非 X"测问句的形成略早，元代两种测问句都获得了充分的发展，句式的形成过程大体分为两个阶段：从初始的全然判断句演变为或然测度句，再由或然测度句演变为"莫非/不 X"测问句。主观化需要是"莫非/不 X"测问句形成的动因，重新分析与类推是演变过程中的重要机制。

第一节 引言

"莫非"在现代汉语里是一个疑问副词，"莫不（是）"的基本意义和用法与之相同，都可以表示猜测语气，相当于"别不是"。[①] 例如：

（1）莫非他造塔的时候，竟没有想到塔是终究要倒的么？（《鲁迅全集》第 1 卷）

（2）我怀疑我莫不是作梦呢！（《老舍作品经典》中卷）

（3）"那个小憨呆，莫不掉进河里去了？"小玉嘀咕道。（《白先勇文集》第 3 卷）

[①] 北京大学中文系 1955 级、1957 级语言班：《现代汉语虚词例释》，商务印书馆 1982 年版，第 333—334 页。

第二章 "莫非/不 X"测问句

以上例句中的问句都是测问句,"莫非""莫不""莫不是"是句式的固定标记,表示猜测语气,"莫不"等同于"莫不是",为了说明简便,我们用"莫非/不"标记测问语气词,将这一独立句子的整个部分标记为 X,即"莫非/不 X"测问句。

吴福祥研究表明,测度疑问副词"莫"在唐代以前只见零星用例,中唐以后大量出现,变文除"莫"之外,还有"莫非""莫不是""非是""应莫(同义复合)"等形式。① 叶建军对疑问副词"莫非"的来源做了进一步探究,认为至迟在宋元之际就已产生,它并非直接由义为"没有谁/什么不是"的跨层结构"莫非"衍生而来,而是与测度疑问副词"莫""莫是""莫不""莫不是"有渊源关系:疑问副词"莫非"生成的语境是疑问句,生成的机制是类化;元代以降,"莫非"在"莫"系疑问副词中逐渐占有明显的优势,用于 NP 前的功能在逐渐消失,基本上只用于 VP 前。② 杨万兵则认为"莫非"的句法环境是促使这一跨层结构演变的决定性条件,而句子的语义表达和理解模式促成了"莫非"的词汇化。③ 卢烈红详细考察自古至今"莫非"的各种用法,并就其语气副词用法的来源问题进行讨论,认为大约从唐代起,"莫非"产生了表示测度语气,由语气副词"莫"加上否定副词"非"融合而成,而与跨层结构的"莫非"没有渊源关系。④

以上数篇论文已对语气副词"莫非""莫不"形成的年代、来源、条件等进行了较深入的探讨,但是观点上的分歧还明显存在。本书以"莫非/不 X"测问句为研究对象,将以唐宋禅籍为主要语料,对"莫不""莫不是"的关系不再区别讨论,另外,本书测问句中也不一一区分测问与反诘两种语气,我们拟在前修时贤研究成果的基础上继续关注以下几个问题:(1)"莫不"和"莫非"的来源与词汇化条件;(2)"莫非/莫不 X"句式的特征与表达功能;(3)句式形成的动因与语法化机制。

---

① 吴福祥:《从"VP-neg"式反复问句的分化谈语气词"麽"的产生》,《中国语文》1997年第1期。
② 叶建军:《疑问副词"莫非"的来源及其演化——兼论"莫"等疑问副词的来源》,《语言科学》2007年第2期。
③ 杨万兵:《"莫非"的功能差异及其历时演变》,《汉语学习》2008年第6期。
④ 卢烈红:《"莫非"源流考》,《南开语言学刊》2012年第2期。

第二节　句式特征

一　句法特征

"莫非/不 X"测问句中，X 是一个整句，测度副词"莫非/不"充当句子状语，通常见于句首。一般地，"莫非"后接名词性词语，"莫不"后接动词性词语。例如：

（4）僧云："学人如何领会？"师云："莫非摩利支山？"（《祖》卷十二，禾山和尚）

（5）莫不是语言谭笑时，凝然杜默时，参寻知识时，道伴商略时，观山玩水时，耳目绝对时，是汝心否？（《景》卷二十五，宝塔绍岩）

（6）师云："汝从何处来？"对云："江西来。"师云："莫不谩语不？"对云："终不谬言。"（《宗镜录》卷十五。谩语：说谎话）

例（4）中，"摩利支山"是名词性词语在句中充当宾语，"莫非"位于宾语之前，句子承上文前省略主语"阿育王"，意思是，阿育王的样子或许是摩利支山吧。例（5）中，"莫不是"位于句首，"语言谭笑时，凝然杜默时，参寻知识时，道伴商略时，观山玩水时，耳目绝对时，是汝心"是一个由并列词语作主语的长句子。例（6）中，"莫不"位于谓语前面，修饰动词性词语"谩语"，对话中的主语"汝"被承前省略了。

二　语义特征

"莫非/不 X"测问句的主语是定指的，所涉及的事件或事态是有一定的事实基础，可以说具有半事实性，句式义表达言说者对某种半事实性的事件或事态期待对方证实。例如：

（7）慧可曰："我已息诸缘。"师曰："莫不成断灭去否？"可曰："不成断灭。"（《景》卷三，菩提达磨）

（8）佛说有真我佛性之理，诸菩萨等皆申忏悔："我等无量劫来，常被无我之所漂流。"今广说无我者，莫不违涅槃之教不？（《宗镜录》卷六十七）

（9）山僧如今看见诸上座，怎么行脚，吃辛吃苦，盘山涉涧，终不为观看州县，参寻名山胜迹，莫非为此一大事？如今且要诸人，于本分参问中通个消息来。（《五》卷八，佛山奥知默禅师）

例（7）的"莫非/不X"是龙回和尚测问侍者的话，主语定指，未来不可知，期望对方对佛法加以护持。例（8）中，学僧对禅师"无我理"的疑惑，因此测问禅师是不是"违涅槃之教"了，希望不要违背。例（9）是对奥知默禅师上堂对诸上座的禅法实践活动目的的测问，也希望寄予期待的"为此一大事"能得到诸上座的证实。

三 语体特征

"莫非X"和"莫不X"两种测问句的意思和用法基本相同，都偏口语化色彩，常见于问答对话中，但是在具体使用场合上两者存在差异。我们统计了《祖堂集》《景德传灯录》《宗镜录》《五灯会元》四部唐宋禅录发现，"莫非X"测问句一般出自禅师之口，也可能使用"莫不X"测问句，学僧一般只使用"莫不X"测问句。如上面的例句，这里再举两例如下：

（10）沩便吃，曰："犹带酸涩在。"师曰："酸涩莫非自知？"沩不答。（《五》卷九，仰山慧寂禅师）

（11）问："知师洞达诸方旨，临机不答旧时禅。如何是新奇？"师曰："若到诸方，不得错举。"曰："学人伯阐于座右，莫不只此是新奇？"师曰："折草量天。"（《五》卷十，定山惟素山主）

我们就此扩大范围，选择了近代汉语几种代表性作品做了进一步调查，对"莫非X"和"莫不X"两种测问句形式的用例进行比较统计，结果如表2-1所示。

表2-1　近代汉语"莫非 X"与"莫不 X"用例统计

文献名	莫不 X	莫非 X	合计
唐宋四部禅录	9	8	17
朱子语类	6	0	6
全元散曲	39	2	41
三国演义	0	61	61
水浒传	56	39	95
警世通言	4	18	22
红楼梦	6	8	14
鲁迅杂文全集	0	14	14

统计结果表明,《三国演义》《警世通言》《鲁迅杂文全集》等倾向使用"莫非 X"式问句,《朱子语类》《全元散曲》《水浒传》等倾向使用"莫不（是）"式问句。"莫非 X"式问句偏书面色彩,一般用词较规范典雅,"莫不 X"测问句更加口语化,一般用词较灵活通俗。再举几例如下：

（12）山门外呐喊摇旗，莫不是俺哥哥至了。(《西厢记·崔莺莺夜听琴》)

（13）那少年慌忙答礼曰："将军莫非刘豫州，欲见家兄否？"(《三国演义》第三十七回)

（14）芳体违和，莫非为此？(《聊斋志异》第十卷)

（15）据这样看起来，这人不止是甚么给强盗作眼线的，莫不竟是个大盗，从京里就跟了下来？(《儿女英雄传》第五回)

第三节　语用功能

"莫非/不 X"测问句以是非疑问句为主要形式，这是由言语表达目的决定的，言说者对行为事态既不是一无所知，也不是确信无疑，这种信疑参半的内容较适宜使用是非疑问句表达。测问句既然介于疑问句和肯定句之间，是半信半疑，其基本的语用功能可分为两类：一类是表示猜测推测；一类表示询求证实。

一 猜测推测功能

"莫非/不 X"基于某种事实情况,半信而问,提出某种倾向性问题,希望符合心理预期的事件或事态成为事实。以信求实,信大于疑。例如:

(16)问:"如何是世尊密语?"师曰:"阿难亦不知。"僧曰:"为什么不知?"师曰:"莫非仙陀?"(《景》卷二十一,妙济传心)

(17)云:"某甲七千里来,莫作心行。"师云:"据你者一问,心行莫不得么?"此僧一宿便去。(《古尊宿语录》卷十三)

例(16)中,禅师既然在前面说"阿难亦不知",可见后面学僧追问"为什么不知",禅师也只能进行推测了,"莫非仙陀"意思是或许他很聪明,具有猜测的语用功能,希望符合心理预期的事态是事实。例(17)是赵州禅师根据学人前述话语所做的推测,信大于疑。

二 询求证实功能

"莫非/不 X"基于某种事实情况,半疑而问,提出某种倾向性问题,期待对方给予证实。例如:

(18)师上堂,偏立告云:"莫不要升此座摩?"云禅大师云:"人义道中。"自代云:"大众还体悉摩?"(《祖》卷十一,齐云和尚)

(19)学人问大梅和尚:"师常言'神性独立',学人不识,乞师指示。"答:"阿谁教汝问?"问:"莫不问者便是不?"答:"若不是,是阿谁能如是问?"(《宗镜录》卷二十三)

例(18)是齐云和尚对要不要"升此座"表示疑惑,因此上堂提出来以求大众证实。例(19)的"莫不问者便是不"的大概意思是,或许就是问的人吧?学人要禅师指示,禅师的追问使学人醒悟,因为在禅家看来,道果只能自证自悟,看他人吃饭终不能抵饱,所以学人接着用的测问句表达了求证的语用功能。这类例子说明了在对现实中的某种情况疑大于信时,使用测问句期待对方证实,以询问达求证之目的。

第四节　构式化过程

唐代之前,"莫非/不"一直以"否定+否定"的结构形式出现在叙述句中。如"尺地莫非其有也,一民莫非其臣也,然而文王犹方百里起,是以难也"(《孟子·公孙丑上》)、"支通一义,四坐莫不厌心。许送一难,众人莫不抃舞"(《世说新语》卷上之下)等。唐代开始,随着句子表达功能的变化,"莫"在语义内容不确定的肯否结构中表示测度语气。关于测度词"莫"的来源问题,叶建军认为,在口语化程度较高的汉译佛经、唐宋禅录中,上古汉语表示禁止义的"莫"得到了广泛使用,表示测度的疑问副词"莫"就是源于这种用法。[1] 李宇凤也认为源自劝止词"莫",所引早期例证是《敦煌变文集》和《祖堂集》。[2] 我们不完全赞同这种看法,源自劝止词"莫"的观点说明了测度词"莫"产生的句法环境是表达具体行为的,然而唐代早期禅录中出现的测度词"莫"一般是表达对事件或事态认识的。例如:

(20) 有小师耽源,行脚回,于祖前画个圆相,就上拜了立。祖曰:"汝莫欲作佛否?"曰:"某甲不解捏目。"(《马祖道一禅师广录》)

(21) 南泉下来,问:"定慧等学,明见佛性,此理如何?"师云:"十二时中不依倚一物。"泉云:"莫便是长老见处么?"师云:"不敢!"(《黄檗断际禅师宛陵录》)

(22) 后沩山举此因缘问仰山:"莫是黄檗构他南泉不得么?"仰山云:"不然!须知黄檗有陷虎之机。"(同上)

(23) 隐曰:"有一机人,不要拈槌竖拂,亦不用对答言辞。居士若逢,如何则是?"士曰:"何处逢?"隐把住。士乃曰:"莫这便是否?"蓦面便唾。隐无语。(《庞居士语录》)

---

[1] 叶建军:《疑问副词"莫非"的来源及其演化——兼论"莫"等疑问副词的来源》,《语言科学》2007 年第 2 期。

[2] 李宇凤:《也论测度疑问副词"莫"的来源》,《语言科学》2007 年第 5 期。

以上例句中，后三例的测度词"莫"均表现为判断句，例（20）尽管表达行为事件，但是行为事件不是由行为主语控制的。因此就这些例句上看来，我们认为测度词"莫"来自对事件或事态真实性的认识，如果句子由确定的传信语气转向半信半疑，那么言说者对事件或事态真实性就不能完全认识，其否定辖域变得模糊，从功能决定意义的观点来看，否定副词"莫"便成了测度副词。

一 "莫非"词汇化

中唐之后，"莫是"时常连在一起，使测问句带有一定程度的肯定倾向，后面除了接体词性谓语外，还可以接谓词性谓语甚至小句，这时候跨层结构的"莫是"其间界限逐渐消失，可以算做一个前偏后正的短语词，表示"大概是、或许是"的意思。例如：

（24）山僧未肯言根本，莫是银河漏泄无？（《全唐诗》卷七一七，曹松）

（25）铅华不可弃，莫是薰砒归？（《全唐诗》卷三二八，权德舆）

（26）我昨夜梦中见一神人，入我宅内，今日见此生口，莫是应我梦也。（《敦煌变文集新书·庐山远公话》）

（27）师曰："莫是湖南去不？"对曰："无。"（《祖》卷五，云岩和尚）

以上例句中，"莫是"都位于谓词性短语之前，"是"其实在这里充当焦点标记。[①]

离"莫是"测问句形成的年代不远，否定词"非"与测度词"莫"之间也出现了词连现象，在形成初期，"莫非"也许以跨层结构出现在句中。相对于"莫是"测问句，"莫非"中的"非"本来就是副词，比"是"更容易与"莫"结合，不过否定的语义还存在，可以理解为从反面进行测问，即相当于"别不是"的意思。

晚唐至宋时期，"莫非"开始连用，其间的句法界限不断模糊，发生

[①] 石毓智、李讷：《汉语语法化的历程》，北京大学出版社2001年版，第12—52页。

词义引申现象,① 以至于凝固成短语词,可理解为"或许是"。例如:

(28) 孩童虽生宫内,以世绝伦,莫非鬼魅妖神?莫是化生菩萨?心中疑误,决定审详,善恶二途,分明解说。②(《敦煌变文集新书·太子成道变文三》)

(29) 亮惊问:"莫非南军至乎?"(《三朝北盟会编》卷二四一)

以上两例中的"莫非"已凝固起来,"非"的否定义已隐退,这与唐五代以后"非"在判断句中的作用逐渐衰退相关,我们可以从后来的发展中"莫非"带上"是"看得更为清楚。如:

(30) "谁是赵孝、赵礼?""小生二人便是。""莫非是汉朝中三请不至的么?""然也,然也。"(《全元杂剧·秦简夫》)

(31) 吴用道:"柴大大人,莫非是江湖上称为小旋风柴进的么?"(《水浒传》第十八回)

(32) 莫非不是个正道人罢?(《儿女英雄传》第十二回)

二 "莫不"词汇化

刘坚等在谈到"莫不"出现时仅举了下面的例句:

(33) 公曰:"诸葛所正令兵士独种蔓青者何?"绚曰"莫不是取其才出田者生啖,一也;叶舒可煮食,二也……"(《刘宾客嘉话录》上)

例句中"莫不"的结构被分析为"莫 + 不是",是测度词"莫"和"不是"的一种叠用,到后来才凝固成词的。③ 另如:

---

① 袁宾:《近代汉语概论》,上海教育出版社1992年版,第96页。
② 江蓝生:《八卷本〈搜神记〉语言的时代》,《中国语文》1987年第4期;蒋礼鸿:《敦煌变文字义通释》,上海古籍出版社1988年版,第487页。
③ 刘坚、江蓝生等:《近代汉语虚词研究》,语文出版社1992年版,第263—264页。

(34) 殿上索朕拜舞者，应莫不是人？（《敦煌变文集新书·唐太宗入冥记》）

(35) 仰山来参，师云："已相见了，更不用上来。"仰山云："怎么相见莫不当否？"（《景》卷七，东寺如会）

(36) 有僧问："和尚何处人？"师曰："陇西人。"曰："承闻陇西出鹦鹉，是否？"师曰："是。"曰："和尚莫不是否？"师便作鹦鹉声。（《五》卷十一，虎溪庵主）

不过，晚唐五代禅籍及相关文献里，疑问副词"莫不"最先出现，其词汇化过程至宋基本完成。类似的例子在宋代俗家文献特别在元代文献里得到了大量的运用。① 例如：

(37) 问："若无明自然者，莫不同于外道自然耶？"答："道家自然同，见解有别。"（《神会和尚禅话录》）

(38) 还有甚人？莫不是诸方菩萨各门舍利弗等游此会中。（《敦煌变文集新书·双恩记》）

(39) 有人问："中时如何？"师云："莫不识痛痒摩？"（《祖》卷七，岩头和尚）

(40) 某又问："李膺赦后杀人，莫不顺天理？"曰："然。士不幸遇乱世，不必仕。如赵台卿乃于杜子宾夹壁中坐过数年，又如蔡邕，更无整身处。"（《朱子语类》卷一一八）

(41) 我且问你：你往常间件件不烦恼，事事不动情，我想起来你都是佯诈，今日莫不是对景伤情么？（《琵琶记》第十五出）

以上例句中的"莫不（是）"已凝固成词，"不（是）"的否定义素已消退，句子是从肯定方面测问的。

三 "莫非/不 X"构式化

随着"莫非/不"凝固成词，"莫非/不 X"测问句即已形成，两种测问句在晚唐五代的禅宗文献里都已出现，相对来说，"莫非 X"测问句形

---

① 孙锡信：《近代汉语语气词》，语文出版社 1999 年版，第 59 页。

成时期稍早。本书前面已对唐宋禅籍里的测问句作了分析，这里再举几例如下：

（42）莫非北邙后，重向洛城生？[①]（《全唐诗》卷四六八，刘言史）

（43）可几日："春秋之世，与茆茨土阶之时莫不同否？"曰："也不然。如黄帝以师为卫，则天子卫从亦不应大段寡弱也。"（《朱子语类》卷七十八）

（44）问："扬子'避碍通诸理'之说是否？"曰："大概也似，只是言语有病。"问："莫不是'避'字有病否？"曰："然。少间处事不看道理当如何，便先有个依违闪避之心矣。"（《朱子语类》卷一三七）

例（42）意谓：或许是人死葬到北邙之后，又重新转生到洛阳城吧？卢烈红认为该例中的"莫非"已词汇化，我们姑且持赞同看法。例（43）由答句的"异"知道，测问重在"同"，"莫不"是测问词。例（44）针对对方提及到的"言语有病"进一步问，测问的重点已肯定"言语有病"，因此"莫不"也是词形式。

元明时期"莫非/不 X"测问句使用较为普遍，以至于现在一直在使用。例如：

（45）莫不是将咱故意相迤逗，特教的露丑呈羞？（《全元杂剧·关汉卿》）

（46）莫不他七个头八个胆，敢往太师府中寻咱们去？（《金瓶梅》第八十一回）

（47）如今林姑娘死了，莫非倒不如晴雯么，死了连祭都不能祭一祭。（《红楼梦》第一〇四回）

（48）莫非走迷了路，找不到家了吗？"（《老舍短篇小说集·贫血集》）

（49）咱兀的做夫妻三个月时光，你莫不曾见您这歹浑家说个谎？

[①] 卢烈红：《"莫非"源流考》，《南开语言学刊》2012 年第 2 期。

(《全元杂剧·关汉卿》)

(50) 看这光景，莫不是就要做官？(《儒林外史》第一回)

第五节 构式化机制与动因

一 类推机制

类化是语言演变的重要机制，可分为同类化和异类化两类。[①] 同类化机制使一种语言现象在反复多次使用中，逐渐朝相同或统一的方向发展，在此语言现象和它的主要功能之间逐渐系起一条便于人脑记忆储存的纽带。从以上分析可知，测度副词"莫非"和"莫不"的形成是同类化机制起作用的结果。这种结构形式由于长期使用而形成一种能产的格式，从而在"莫"与"非"连用满足条件时便类化成词：（1）"莫"像"得、将"等一样具有测度副词的用法；（2）"得非、得无、得不、将非、将无、将不"等在"莫非"使用之前已完成词汇化过程；（3）在是否疑问句中，否定语气副词的有无不影响句子的表达功能，在长期与测度副词连用过程中固化为双音节词。

"莫"表示测度疑问，其语义的实质是表示不确定的肯定，并非真性疑问。"莫"在测问句中与"将""得"等副词用法相近，但是确定程度有别："将"表示大概，"得"表示可能，"莫"表示或许（参见《汉语大词典》）。三个词都可以与否定词构成测度副词，如"得非、得无、得不（是）""将非、将无、将不（是）""莫非、莫不（是）"等。它们在成词之前都含否定义，成为测度词时否定义消失了，其词汇化过程中发生同步引申现象。[②] 例如：

(51) a. 楼缓言不媾来年秦复攻王，得无更割其内而媾。(《战国策》卷二十)

b. 使东井在极旁侧，得无夜常为昼乎？(《论衡·说日篇》)

c. 昔武王伐纣，迁顽民于洛邑，得无诸君是其苗裔乎？(《世说

[①] 袁宾：《"蒙"字句》，《语言科学》2005 年第 6 期。

[②] 袁宾：《近代汉语概论》，上海教育出版社 1992 年版，第 96 页。

新语》下卷)

(52) a. 梁殿得非萧帝瑞,齐宫应是玉儿媒。(《全唐诗》卷六二四,陆龟蒙)

b. 帝曰:"得非景行之谓?"(《北史》卷四十三)

c. 及行,途中遇大雨,憩一屋下,路人盈塞,乃思曰:"教住莫住,得非此耶?"(《搜神记》卷三)

(53) a. 人奴之道,得不笞骂足矣!(《论衡·骨相篇》)

b. 由此观之,汲长孺可卧见卫青,何抗礼之有!向之所谓风节者,得不谓此乎?(《魏书》卷四十八)

c. 昔晋武暴疾,程和应增封;辛疢数朝,钱爵大坠。况疾深于曩辰,业难于畴日,得不重加陟赏乎?宜顺群望,锡以山河。(《魏书》卷九十一)

(54) a. 主贤明,能听汝;不明,将不汝听。(《韩非子·外储说左下》)

b. 融应声曰:"观君所言,将不早惠乎?"(《后汉书》卷七十)

c. 彬戏曰:"卿礼有过陆纳,将不为古人所笑乎。"(《梁书》卷五十三)

(55) a. 淮南之地,将非国有。(《陈书》卷三十)

b. 欲让之辞,将非虚设?(《陈书》卷十九)

c. 将非江表王气终于三百年乎?(庾信《哀江南赋》)

(56) a. 王行此,十年之内,诸侯将无异民,而王何为爱爵而重复乎?(《商君书·徕民》)

b. 太保居在正始中,不在能言之流;及与之言,理中清远。将无以德掩其言?(《世说新语·德行》)

c. 太尉王夷甫见而问曰:"老庄与圣教同异?"对曰:"将无同?"(《世说新语·文学》)

(57) a. 洞达如之,莫非一切。(《祖》卷十五,归宗和尚)

b. 莫非他不肯通报?我自过去。(《全元杂剧·关汉卿》)

c. 李万道:"莫非书房在那西边,我且自去看看,怕怎的。"(《喻世明言》卷十一)

(58) a. 雪峰蒸饭次,师问:"今日蒸多少?"峰云:"二石。"师曰:"莫不足么?"(《雪峰义存禅师语录》卷上)

b. 三人大惊："莫不走漏了消息，这件事发了？"(《水浒传》第十八回）

c. 三藏道："莫不是怠慢了你，你干的这个勾当？"(《西游记》卷十六）

以上各例中，例 a 的"语气副词+语气副词"为非词形式，例 b、c 中都凝固成语气副词。晚唐五代以前，"得非、得无、得不（是）""将非、将无、将不（是）"都由非词形式发展为测度副词，而"莫非""莫不（是）"尚未成词，此后才逐渐发展成为测度副词的，演变路径为"跨层结构（副词+否定词）→测度词（测度词+后附成分）"。

异类化机制则使两种相关的语言现象在反复多次使用中，逐渐向不同或对立的方向发展，使这两种语言现象的主要功能之间形成分工或互补。[①] 异类化机制使测度副词"莫非"在语义上与"莫是"形成类似的组合关系，形成初期两者在测问角度上形成分工互补，"莫是"倾向肯定方面，"莫非"倾向否定方面，在确定程度上也存在差异：莫是+X＞莫非+X。例如：

（59）如是经一月，其家厌患有语。善友闻声不乐，即自思惟。明日早辞欲去。牧牛人曰："莫是我家小幼！"（《敦煌变文集新书·双恩记》）

（60）送终之器，皆得如约，今已百年矣。仙师之兆，莫非今宵良会乎？此乃宿分，非偶然耳。（《太平广记》卷六十九）

前例从肯定方面测问，其确定性程度强些。后例从否定方面测问，其确定性程度弱些。

二　重新分析

重新分析是"莫非""莫不（是）"式问句形成过程中的重要机制。重新分析是不涉及句法表面形式改变的一类表达式的结构变化。"莫"与

[①] 袁宾：《"蒙"字句》，《语言科学》2005 年第 6 期。

"非"和"不"原来是非结构成分,当主语具体明确时,"莫"不必用来指代主语,于是主谓之间的结构与组合关系发生重新分析:大主语,莫+(非/不 + NP/VP)→主语+[莫+(非/不 + NP/VP)]。在"莫"虚化为测度副词之后,由于经常在问句中处于"非/不 + NP/VP"前端,当言说者关注事件或事态的真实性时,"非/不"渐渐淡出而与前端的"莫"发生同义引申(或词义沾染),这样状语与谓语之间的结构与组合关系又发生重新分析:莫+(非/不 + NP/VP)→(莫+非/不)+ NP/VP。例如:

(61)明日,遣其子邀李生,从容诘之曰:"奉大人咨问,此卷莫非秀才有制乎?"(唐·刘肃《大唐新语》卷十三)

例子中的问句句意为"这份诗卷恐怕不是秀才自己写的吧","非/不"的否定义弱化,肯定测度与否定测度的边界开始消失,即"莫非/不 X = 莫 X"。[①]"莫不要升此座摩"的结构语义关系既可以理解为"莫|不要升此座摩",也可以理解为"莫不|要升此座摩",前者"莫不"为非结构成分,后者结合成测度词。言说者对事件或事态的真实性不确定,句子从正面还是反面测问似乎都可以。

三 主观化

句子表达功能与语义特征的变化是诱发"莫非/不 X"测问句形成的主要动因。在文言里,"莫非"和"莫不"一样,是两个否定词连用成跨层结构,语义上肯定,表示"皆"字意。[②]这种作为遍指类现象的用法在中古汉语之前使用较为广泛,前面有话题主语提供范围,后面通常断定该范围内所遍指的事件或事态,具有一定的群体认识基础。例如:

(62)普天之下,莫非王土;率土之滨,莫非王臣。(《春秋左氏传·昭公》)

---

① 叶建军:《疑问副词"莫非"的来源及其演化——兼论"莫"等疑问副词的来源》,《语言科学》2007年第2期。

② 吕叔湘:《中国文法要略》,商务印书馆1956年版,第247页。

（63）古之圣王莫不设井田，然后治乃可平。（《汉书》卷二十四上）

例（62）中的"莫"为否定代词，分别指"没有哪块土""没有哪方滨"，"非"否定后面体词性谓语，例（63）中的"莫"也是否定代词，指"没有哪个圣王"，"不"否定后面谓词性谓语，二例中的判断都以群体认识为基础。

这类句子与"莫非/不 X"测问句并无直接关系，但是为转向对明确事件或事态的认知提供了句法条件。这种判断句在特定的语境中随着对象变为具体的事件或事态，句法内部结构发生重组，"莫"遍指功能退化，不再行使主语职能，句子判断基础转向个体认识，判断内容的未知性成分相应提高，"莫非/不 X"句式由传信转向传疑。例如：

（64）殿上索朕拜舞者，应莫不是人？（《敦煌变文集新书·唐太宗入冥记》）

（65）时有人问："中时如何？"云："莫不识痛痒？"（《祖》卷十一，保福和尚）

（66）师曰："更与二十年行脚，也不较多。"曰："莫不契和尚意么？"（《五》卷七，泐潭宝峰禅师）

（67）问：人心所系著之事果善，夜梦见之，莫不害否？曰：虽是善事，心亦是动。（《近思录》卷四）

以上例句中的判断对象或者指向某一明确的事物，如例（64）的"拜舞者"，或指向某一明确的现象，如例（65）的"中时如何"，这些例子中的"莫"处于明确的主语与否定性谓语之间，随着句子内部结构关系的变化而发展成为测度副词。

"莫非""莫不"在问句中，由于语义内容转向言说者自己的心理期待：期待顺意的事件或事态存在而不期待逆意的事件或事态存在。"非"和"不"与"莫"一样最终退居句子表达中心，丧失否定义，这种语用意义经过高频使用而最终凝固成词。例如：

（68）有僧问："师百年后，向什摩处去？"师提起一足云："足下看。"师问侍者:"昔日灵山会上,释迦牟尼佛展开双足,放百宝光。"师却展足云:"吾今放多少?"对云:"昔日灵山,今日和尚。"师以手拨眉云:"莫不辜负摩?"(《祖》卷十二,龙回和尚)

(69)其夜展足问侍者曰:"昔释迦如来展开双足,放百宝光明,汝道吾今放多少!"侍者曰:"昔日鹤林,今日和尚。"师以手拂眉曰:"莫孤负么?"(《景》卷二十三,婺州明招德谦禅师)

以上两例句,通过比较得知,"莫不 X = 莫 X",上例所处的语境与表达功能与下例一样,这说明"莫非/不 X"测问句形成是句子表达功能与语义特征变化的结果。

我们统计了元代以来的几种代表性文献用例,比较"莫非 X"和"莫不 X"测问句中表达对逆意现实不期待的语例所占的比率如下:《关汉卿戏剧全集》"莫不(是)"式 15 例中占 86%,"莫非"式 4 例中占 75%;《警世通言》"莫不(是)"式 4 例中占 50%,"莫非"式 18 例中占(72%);《儿女英雄传》"莫不(是)"式 12 例中占 75%,"莫非"式 9 例中占 83%;现代语料库里"莫不(是)"式 22 例中占 77%,"莫非"式 90 例中占 70%。统计数据表明,元代以来,"莫非""莫不(是)"式问句表达言说者不期待逆意现实的发生的语例普遍高于期待顺意现实发生的语例。

第六节 结语

以上我们从句式特征、功能、历史演变等方面对"莫非/不 X"测问句进行了分析探讨。认为:

(1)"莫非/不 X"测问句的句式义表达言说者对某种半事实性的事件或事态期待对方证实,具有表达猜测和求证的基本语用功能。

(2)"莫非/不 X"测问句很可能在晚唐五代的问答对话体中形成的,最早在唐宋禅录里得到使用,"莫非 X"测问句的形成略早,元代两种测问句都获得了充分的发展,现代汉语里两类测问句都还一直被使用。句式的形成过程大体分为两个阶段:从初始的全然判断句演变为或然测度句,再由或然测度句演变为"莫非/不 X"测问句。

(3)主观化需要是"莫非/不 X"测问句形成的动因,重新分析与类推是演变过程中的重要机制。句子表达功能与语义特征的变化诱发句法内部结构发生重组，特征词语在语法类化、重新分析的机制下发生位置与性质的改变，言说者对未知的事实寄予心理期待是句式形成的直接动因。

第三章

"VP 著"指令句

本章运用构式语法理论,对汉语史上唐宋禅录里的"VP 著"指令句进行探讨,在描写句式的句法与语义特征之后,接着在对话语境中剖析语用功能,然后探讨句式产生的历史条件与演变机制。认为"VP 著"式祈使句的早期形式出现于初唐时期的佛禅文献,"动+方所+著"与"方所+动+著"的差别对"著"的虚化不产生直接影响,两种结构都有可能发展为祈使句。在"动+著+方所→方所+动+著"发展演变过程中,句法语义的重新组合和宗教对话语境因素是其重要诱因,认知转喻为其重要机制。

第一节 引言

"祈使句往往有一些形式上的标志,这些标志多半位于句尾,也有在句首或句中的。"[①] "VP 著"就是以语气助词"著(着)"结尾的祈使句,吕叔湘称为"殿句之著",用来"助全句之语气"。[②] 唐人已有用例,如:

(1) 裴尚书休为谏议大夫,形质短小。诸舍人戏之曰:"如此短,何得向上立?"裴对曰:"若怪即曳向下着。"(《因话录》卷五)
(2) 试留青黛著,回日画眉看。(《本事诗·情感第一》)
(3) 井中水满钱尽,遣我出着。(《敦煌变文集新书·舜子变》)

---

① 袁宾:《近代汉语概论》,上海教育出版社1992年版,第232页。
② 吕叔湘:《释景德传灯录中在、著二助词》,《汉语语法论文集》,商务印书馆1984年版,第63页。

太田辰夫认为，表示祈使语气"著"的来源还说不清楚。① 罗骥在《试说句末语气词"著"在北宋的使用及来源问题》中探讨语气词"著"的来源时指出，语气词"著"来源于表处所的"著"，句尾"著"由于受祈使语气的影响，不能虚化为表进行词尾而逐渐虚化为句末祈使语气词。② 孙锡信对祈使语气"著"的来源及发展进行了深入细致的考察，认为"着"是从唐代开始用作表示命令、役使的语气词的，"'者'和'着'语用上的差异源于它们有不同的来源。'者'在上古汉语中是助词，附了实词后指人、指物，进而虚化为语气词表示提顿、假设等，再衍生出表示命令的语气；而'着'本是动词，表'附着'义，可独立运用，也可附于动词后，构成'动+着+宾''动+宾+着''动+（宾）+补+着'几种格式。……'动+宾+着'式经久使用，则使'着'虚化为表命令义的语气词。"③ 曹广顺、梁银峰等与罗骥看法接近，也认为语气词"著"与六朝"动（宾）着+方所"格式有关（如"埋玉树著土中《世说新语》""送著寺中《六度集经》"），唐代以后，由于语用因素的诱发，方所词移置于"著"字之前，"著"字处于句末，具备了虚化为语气词的句法条件。④ 例如：

(4) 师便索三个钞罗盛水著，讨蚁子便抛放水里。(《祖》卷三，慧忠国师)

(5) 师唤维那："安排向明灯下著。"(《祖》卷七，夹山和尚)

例（4）是叙述句，连动结构还有动词性"附着、放置"；例（5）是祈使句，这时候如果句中无方所词，或虽出现但不是位移的终点论元，如"拽出这个死尸著"(《祖》卷十六，石霜性空和尚)，"著"就虚化为祈使语气词了。

---

① [日] 太田辰夫：《中国语历史文法》，蒋绍愚、徐昌华译，北京大学出版社1986年版，第333—334页。

② 罗骥：《试说句末语气词"著"在北宋的使用及来源问题》，《云南教院学报》1993年第2期。

③ 孙锡信：《近代汉语语气词》，语文出版社1999年版，第85—158页。

④ 曹广顺、梁银峰等：《〈祖堂集〉语法研究》，河南大学出版社2010年版，第349—350页。

于涛对"V+著(着)"自中晚唐以来的发展特点进行了概括:(1)动同语音形式的缩小;(2)动词语义特征的变化;(3)句中谓语结构的形式的变化。①

以上学者对语气词"著"产生的年代都认为大约产生于唐代,而对于语气词"著"的来源问题大致有两种看法:一是六朝时表方所"著"所在的结构为句式产生的源头;二是六朝时"动+宾+著"为句式产生的源头。语气词"著"出现的最早文献是否在中唐之后?"VP著"的句法形成条件是否主要与上面所提到的两种结构直接相关?本章将对这些问题做进一步的思考。

第二节 句法结构

吴福祥统计《祖堂集》表祈使语气的"著"14例,② 张美兰统计23例,③ 我们统计《祖堂集》有15例,无"着"用例。各例中"著"均位于祈使句尾,句子在结构形式上分为"(状)动+著"(5次)、"动+补/宾+著"(5次)、"复杂动词短语+著"(5次)等三种结构形式。我们统计了《景德传灯录》共有37例,按三种结构依次为10例、5例、22例。

一 (状)动+著

这种结构形式的特点是:句子结构简短,"著"前面以过程或状态动词为常见,谓语之前还可以带状语成分,包括否定副词。例如:

(6)师将出笠子,云岩问:"用这个作什摩?"师云:"有用处。"岩云:"黑风猛雨来时作摩生?"师云:"盖覆著。"岩云:"他还受盖覆也无?"师云:"虽然如此,要且无漏。"(《祖》卷五,道吾和尚)

(7)保福拈问长庆:"既尽眼勿标,为什摩不许全好手?"庆云:"还与摩也无?"福云:"好手者作摩生?"庆云:"不当即道。"保福云:"谢和尚领话。"自云:"礼拜著!"(《祖》卷七,雪峰和尚)

---

① 于涛:《〈祖堂集〉祈使句研究》,上海师范大学博士学位论文2005年,第102—104页。
② 吴福祥:《敦煌变文语法研究》,岳麓书社1996年版,第305—308页。
③ 张美兰:《〈祖堂集〉语法研究》,商务印书馆2003年版,第94页。

(8) 夹山上堂，云："前日到岩头石霜底阿师出来，如法举著。"其僧才举了，夹山云："大众还会摩？"众无对。(《祖》卷七，岩头和尚。如法：按佛法)

(9) 有人报和尚处，和尚便唤来，师便上来。香严云："进问著！"(《祖》卷八，疏山和尚)

(10) 隔数年后，仰山有语，举似师云："切忌勃窣著。"师闻云："停囚长智。"(《祖》卷十六，沩山和尚。勃窣：盘桓不进、迟缓貌)

以上例句中，例(6)、例(7)都是单个动词与"著"直接构成祈使句，"盖覆""礼拜"是过程动词，例(8)、例(9)的动词"举""问"也是过程动词，前面分别带有状语成分"如法"和"进"，例(10)的"勃窣"是状态形容词，与状语"切忌"形成否定形式的祈使句。

《景德传灯录》里这种结构出现了否定形式，如：

(11) 僧礼拜，师曰："不要动著，动著即打折汝腰。"(《景》卷十二，宝寿沼)

(12) 智不到处切忌道著。(《景》卷十四，道吾圆智)

二　动+补+著

这种结构形式的特点是："著"前面的谓语动词以过程动词为主，[①]但是一般带有表示行为结果、方所等补语。例如：

(13) 师云："老僧不出头，为什摩不会？"别僧云："无。"师云："吐却著！"(《祖》卷七，雪峰和尚)

(14) 又别僧云："和尚问作什摩？"师云："吐却著！"(《祖》卷七，雪峰和尚)

(15) 师示众云："我寻常道钝汉，还有人会摩？若也有人会，出来呈似我，我与你证明师问僧："你还有父母摩？"对云："有。"

[①] 祁从舵：《动词的情状对持续体"着"使用的语义制约》，《淮北煤炭师范学院学报》(哲学社会科学版) 2006年第3期。

师云："吐却著。"(《祖》卷七，雪峰和尚)

(16) 僧云："未委按剑时，还存也无？"师云："拽出著。"(《祖》卷一三，报慈和尚。未委：不知)

(17) 师唤维那："安排向明灯下著。"(《祖》卷七，夹山和尚)

以上例句中，前四例单音节动词后面都带副词作结果补语或方所补语，后一例的"向明灯下"是介词短语充当补语。

三 复杂动词短语+著

复杂动词短语主要指除了带有宾语之外，还带有其他成分的动词短语结构，这种结构形式的特点是：动词一般为过程动词，后面带有宾语，动词与"著"之间距离较远，除了宾语外还可能有其他成分隔开。例如：

(18) 师曰："倒却门前刹竿著！"(《祖》卷一，大迦叶尊者)

(19) 僧东话西话，师唤沙弥："拽出这个死尸著。"(《祖》卷十六，石霜性空和尚)

(20) 师唤沙弥，沙弥应喏，师云："添净瓶水著！"(《祖》卷五，道吾和尚)

(21) 师问道吾："老兄家风作摩生？"吾曰："教汝指点著，堪作什摩！"师云："无这个来多少时？"吾云："牙根犹带生涩在。"(《祖》卷五，龙潭和尚)

(22) 师问僧："诸方行来道我知有，且与我拈三千大千世界向眼睫上著。"学人应喏。(《祖》卷十一，云门和尚)

以上例句中，"倒却门前刹竿"和"拽出这个死尸"为动补结构带宾语，"添净瓶水"为双宾语结构，"教汝指点"为兼语结构，最后一例"与我拈三千大千世界向眼睫上"为状中结构，其中"拈三千大千世界向眼睫上"为动宾结构后面带有补语。

相对于《祖堂集》，《景德传灯录》里的这种结构更多，如：

(23)（夹山）曰："冷灰里有一粒豆子爆。唤维那来，令安排向明窗下著。"(《景》卷二十，杭州佛日)

(24) 曰："和尚怎么道。教学人如何扶持得。"师曰："你急手托虚空著。"(《景》卷二十八，南泉普愿)

第三节 语义特征

由第二节句法结构分析得知，"VP 著"句的谓语核心一般是由过程动词或状态动词充当，句子表达行为事态中一个有限的阶段状态，这一阶段处于过程的始端、中间或终端都有可能，因此句式的基本义是表示言说者明确要求听话人实施某行为事态的意图。

一 可控性

首先，VP 的核心动词都具有述人的特点。其次，VP 所表示的行为状态也是听话人有能力实施的，听话人可以控制这类行为状态，即具有可控性。例如：

(25) 有人报和尚处，和尚便唤来，师便上来。香严云："进问著！"(《祖》卷八，疏山和尚)

(26) 又别僧云："和尚问作什摩？"师云："吐却著！"(《祖》卷七，雪峰和尚)

例（25）"问"和（26）"吐"都是专门陈述人物的动词，例（25）言说者要听话人进入"问"的过程之中，例（26）言说者要听话人进入"吐却"（吐掉）的过程终端，祈使目的都是要求进入某一行为状态，而这一类行为状态都是听话人完全可以控制的。

二 使令性

"著"在祈使句中可以在持续性动词后，也可以在非持续动词后，还可以在带有终结点的动词性短语后，要求听话人（行为当事人）实施某行为事态的意图，表明使令意味，起着语气助词的作用。例如：

(27) 阿难问师："传佛金襕外，别传个什摩？"师唤阿难，阿难应喏。师曰："倒却门前刹竿著！"(《祖》卷一，大迦叶尊者)

(28) 问:"如何得出三界?"师曰:"唤院主来趁出这僧著。"(《景》卷十七,越州乾峰)

上例中的"著"不可能说是动词后面的时态助词,不表示行为事态的持续,也不表示完成,在句中起到语气作用,要求听话人付诸行动,因此是一个祈使语气词了。

三 非自觉性

在通常情况下,"VP著"的主语并不出现,因为听话人就是行为主语,这类句子主语的特点与大作数祈使句一样,是具有非自觉性的,即在言说者明示其行为事态之前,听话人是不知道这么做的,无论愿意不愿意做的行为事态,还是允许不允许做的行为事态。例如:

(29) 智不到处,切忌说著。(《祖》卷十六,南泉和尚)
(30) 问曰:"光吞万象从师道,心月孤圆意若何?"师曰:"抖擞精神著。"(《景》卷二十六,光庆遇安)

例(29)"切忌说"和例(30)"抖擞精神"和都是听话人不觉悟的行为,在言说者的明示下,听话人才会有意识进入这一行为事态的。

第四节 语用功能

奥斯汀的新言语行为理论将言语行为分为叙事行为、施事行为、成事行为三类。塞尔修订了奥斯汀的言语行为三分说,提出了成功执行施事行为的四大构成规则:命题内容规则、预定内容规则、真诚规则和本质规则。[①] 根据塞尔的理论,祈使句"VP著"表达的命题内容是言说者试图要听话人做某事,预定条件是言说者的权威高于听话人,听话人对于这一指令,没有拒绝执行的权利,真诚条件是言说者想使指令行为得以实施,本质条件是言说者通过发出话语试图使听话人实施特定的行为。从语用的

---

① Searte, John R. *Indirect Speech Acts*, *In Cole and Morgan*(eds),*Syntax and Semantics* Vol. 3: Speech Acts, 1975: 59-82.

角度来看,"VP 著"祈使句有如下两个明显的特点:

一 指令功能

"VP 著"祈使句句式较短,主语通常隐去,语力相对较强,句末语气词"著"虽然使语调缓和一些,但是命令的意图更加显明。唐宋禅录里这种祈使句被用来直接教化僧徒实施当下的行为事态,属于指令祈使句,语气强度较重。① 例如:

(31) 因师说文殊院是报慈主山,僧拈问:"和尚寻常道:'祖佛向这里出头不得。'为什摩却以文殊为主?"师云:"为他善能按剑。且留与后来。"僧云:"未委按剑时,还存也无?"师云:"拽出著。"(《祖》卷一三,报慈和尚)

(32) 僧问:"如何是佛?"师曰:"高声问著。"(《景》卷二六,光孝道端)

例(31)中"拽出"表示对提问僧的斥责,由于禅学注重实践,而这个学僧刨根问底,想直接从别人那里获得认识,因此禅师发火了,命令把这个僧徒拖出去。例(32)中"高声问"也是一种指令行为,表示喝断语气。

二 明示功能

在禅僧对话中,交际双方都信仰佛教,这是维系彼此关系的一种十分重要的信念,是这一群体构成的重要文化因素。得道禅师为了弘扬禅家思想主张,他们往往通过生活中的行为向学徒传递禅旨大意,显示不立文字的示教作风。禅师的这种权威性其实来自一种文化的力量,是禅法的传授者,也是重要的文化传承人,因此在僧众中享有一定的威信,而僧徒对其所示意的行为不敢违抗,也是出于对宗法制度的维护。例如:

(33) 师问僧:"你还有父母摩?"对云:"有。"师云:"吐却著!"别僧云:"无。"师云:"吐却著!"(《祖》卷七,雪峰和尚)

---

① 孙锡信:《近代汉语语气词》,语文出版社 1999 年版,第 86—87 页。

例句中"吐却著"意谓把所说的话吐掉，求佛学禅目的是识得本真自性，抛弃凡尘杂念，对学僧的"有""无"回答统统给予否定，直接明示，当下实践，这其实是受教规的使命驱使，其用意是要求学僧改掉这种不良言谈行为。

第五节 演变过程

一 动词+著+方所

中古前期，"著"可以依附于前动词，表示因动作行为使涉及物体附于某方所，动词一般为静态动词。"方所"是句中的一个必要成分，"著"表示"附着、依附"义，从词义上看，"著"所表示的动作性已经减弱，但还具有明显的动词性特征。① 例如：

（34）凡可憎恶者，若溅墨漆，附着人身。（东汉·王充《论衡·四讳》）

（35）取仁王尸及首连之以金薄，其身坐著殿上。（三国·康僧会译《六度集经》卷二）

（36）犹如花朵缠著金柱。②（北凉·昙无谶译《佛本行经》卷二）

（37）豫掩一灯，藏著屏处。③ （北魏·慧觉等译《贤愚经》卷三）

后来"动词+著+方所"这一格式用例迅速增多，"著"所黏附的动词语义范围扩大，动态动词也可以进入，表示某种动作实施后，物体到达某处。这时候，动态动词后面"著"的语义相当于"到"。④ 例如：

（38）难陀寻至，牵著道侧。（东汉·竺大力、康孟详译《修行

---

① 吴福祥：《敦煌变文语法研究》，岳麓书社1996年版，第184—185页。
② 同上。
③ 同上。
④ 同上。

本起经》卷上)

（39）举著右掌移著无量诸佛世界，无所损耗。(西晋·竺法护译《度世品经》卷三)

（40）排著井中，喷喷有声。(西晋·陈寿《三国志·魏书》)

（41）城南美人啼著曙。(陈·江总《乌栖曲》)

这时候，在带"著"的动词中出现了好多不能造成"附着"状态的，如上述例句中的"牵""移""排""啼"等，一方面，"著"不用作谓词；另一方面，在许多不能造成"附着"状态的动词后其"附着"义逐渐消失，只充当介绍处所的功能。①

二　方所+动词+著（已然）

中古后期，"著"可以进入"动词+方所+著"的句法格式中，这时候"方所"以修饰成分出现，句子突出已然的行为事件在某方所存留的结果状态，"著"在句尾频繁使用中逐渐虚化为事态助词。例如：

（42）儿生堕地坐著。(东晋·竺佛念译《中阴经》卷上)

（43）九年春三月辛丑，诏郡国死罪囚减罪，与妻子诣五原、朔方占著。(南朝宋·范晔《后汉书》卷二)

（44）又以四瓶满盛香水并插好花，近于四边神处安著。(梁·失译《牟梨曼陀罗咒经》)

（45）龙王被诸咒师咒已，逼迫救彼不得，即以神力，将渔师儿及诸咒师等裹为一服，将往药叉住处旷野之中安著。(唐·义净译《根本说一切有部毗奈耶破僧事》卷一九)

（46）诵陀罗尼一百八遍，安劫波罗中，即于尸林中埋著。(唐·不空译《速疾立验魔醯首罗天说阿尾奢法》)

（47）惠能亦作一偈，又请得一解书人，于西间壁上题著，呈自本心。(《六祖坛经》)

---

① 王力：《汉语史稿》，中华书局1958年版，第308页；吴福祥：《敦煌变文语法研究》，岳麓书社1996年版，第184—185页。

吴福祥认为，大约在中唐前后，"著"在动词后开始由表示空间概念的介词进一步虚化成表达时间概念的动态助词，表示持续。① 这种观察结果在我们看来，似乎还可以往前推移，至迟在入唐时候已经存在，可以用来表示行为结果的存留，相当于"了"。

三 方所+动词+著（未然）

在初唐的佛经文献里，"著"在"方所+动词+著"中可以表示行为状态的持续，格式用来表示未然的事态，具有示教意味。其语例句以阿地瞿多于初唐时（公元653年）翻译的《陀罗尼集经》最为集中，例如：

（48）左手掌中立金刚杵，其一端者从臂上向外立著。（卷一）
（49）先舒右手五指于右膝上仰著，即舒左手五指仰之。以小指侧横著于脐下，即名伏魔印。右手背在髀上，屈著。（卷三）
（50）以两手臂相交叉著，以右押左附入腋间。（卷三）
（51）次其门外边直画著。（卷五）
（52）其右手画作说法手，左手正当胸上仰著。（卷六）
（53）起立正面向东，从身左边，以左脚头在前竖著。（卷七）
（54）大小行时离身放著，不得共身上屏大小行。（卷十）

与上一小节中的语例不同的是，这些例句中的动词表示姿势、搁置等概念，含有持续或结果状态，"著"在"方所+动词+著"中无须受"方所"限制，即"动词+著"可以脱离方所成分。这样，句子的语义表达重心落在行为事件上，至于行为状态是静态还是动态，是持续还是瞬间，并不重要，因为说话人关注的是实施未然的行为事件，因此，这时候的句子可以视为祈使句的初期形式。

四 "VP+著"式

唐代早期，佛经文献里出现的祈使句"VP+著"，句中不一定出现方所成分，即使出现也是前动词的直接成分。例如：

---

① 吴福祥：《敦煌变文语法研究》，岳麓书社1996年版，第184—185页。

（55）此米留著，汝当且去。（唐·义净译《根本说一切有部毗奈耶》卷十六）

（56）洪州水老和尚初参祖，问："如何是西来的的意？"祖云："礼拜著。"（《江西马祖道一禅师语录》）

（57）栋梁君莫采，留著伴幽栖。（《全唐诗》卷四四〇，白居易）

（58）径须刚捉著，遮莫造精神。（《游仙窟·宁州襄乐县尉张文成作》）

（59）裴曰："若怪，即曳向下着。"（《因话录》卷五）

（60）才见人有些少病，便与他人说："尔只放下著。"（《黄檗断际禅师宛陵录》）

以上例句都是表示指令语气的祈使句，句中动词不一定具有附着意义，或者具有附着意义但是句中没有出现方所成分，后两例的趋向补语是前动词的直接成分。这样"著"的附着意义荡然无存，成为言说者明示听话人实施未然行为事件的语气词。

吕叔湘指出，唐人这一类用例中的"著"都是表示命令语气的，可概括为："宣达发言者之意志，而尤以加诸彼方，以影响其行为为其主要作用。"[①] 罗骥曾对"著"进行了探源，认为北宋的语气词"著"可能就来源于南北朝表方所的"著"，大约产生于中唐之后。[②] 根据上面分析，我们认为表示祈使语气的"著"在初唐时就已经出现，是在时态助词的基础上发展而来的，五代时候已发展成熟，在口语里到普遍运用。

五 著（着、者、咱、则个）

关于"著"的发展情况，吕叔湘认为，唐宋金元时"者，着（著），咱，则个"为同一语助词的不同形式，"'者'字用于祈使、命令语气在宋元时期广泛运用，并在元代音变而产生'咱''则个'，更为习见"[③]。

[①] 罗骥：《试说句末语气词"著"在北宋的使用及来源问题》，《云南教育学院学报》1993年第2期。

[②] 吕叔湘：《释景德传灯录中在、著二助词》，《汉语语法论文集》，商务印书馆1984年版，第61—62页。

[③] 同上书，第66—68页。

孙锡信认为，唐以后的"者"表示敦促、命令、请求的用法得到普遍的推广，呈现出与"著"合流的趋势，和"著"在宋、金、元时期继续沿用，表现出趋同的趋势。①"明清时期，'者'作语气词用，仅见于戏曲作品，小说中几乎不见；而'着'表命令、祈使等语气，则散见于戏曲、小说等多种文体的语料中。"②"《红楼梦》和《儿女英雄传》中均不见祈使语气词'着'的运用，看来到清代中叶以后，'着'已完全被'罢'取代了。"③

第六节　演变条件

一　语义基础与句法环境

曹广顺等认为，语气词"著"与六朝"动（宾）著+方所"格式有关，唐代以后，由于语用因素的诱发，"著"位于句尾，具备了句法条件。④"'诱化'是伴随着语义环境的变化而发生的。一个实词在毗邻同义（或近义）词语的语义环境下表示的是某个实词意义，但在毗邻词语并不同义（或近义）的环境下，由于相邻词语语义特征的影响，逐渐失去本来的词义，演变为表达抽象理念的概括的范畴义，这时该实词便被相邻词语诱化为一个语法成分。"⑤刘坚认为："当一个动词经常在句子中充当次要动词，它的这种语法位置被固定下来之后，其词义就会慢慢抽象化、虚化，再发展下去，其语法功能就会发生变化：不再作为谓语的构成部分，而变成了谓语动词的修饰成分或补充成分，词义进一步虚化的结果便导致该动词的语法化：由词汇单位变成语法单位。"⑥ 这些研究都说明了语用环境和句法位置是"著"虚化的基本条件，从另一方面也说明了语气词"著"的形成反过来类化了句式的语用功能。

---

① 孙锡信：《近代汉语语气词》，语文出版社1999年版，第85—87、199页。
② 同上书，第157页。
③ 同上书，第158页。
④ 曹广顺、梁银峰等：《〈祖堂集〉语法研究》，河南大学出版社2010年版，第349—350页。
⑤ 刘坚、曹广顺等：《论诱发汉语词汇语法化的若干因素》，《中国语文》1995年第3期。
⑥ 同上。

第三章 "VP 著"指令句

语气助词"著"最先常处在带有附着义的动词与方所之间,语义结构关系逐渐固定,原来的"附着"义开始虚化,随着方所成分的前移,"著"直接依附于前动词而表示前行为事件产生的状态。一旦脱离方所成分之后,"著"与前动词关系更为紧密,一旦位于句末,语义焦点在动作的行为状态本身,而非行为附着的场所或结果,所以"著"既可以在持续性动词后表示存留状态,也可以在非持续动词后或动词性短语后表示结果状态,这样,句法结构"方所+V+著"给"著"的虚化创造了前提条件。句法位置改变的结果,"著"既脱离了原来的方所,也不一定紧跟在原来的动词之后,使得"著"由原来表示实在的附着义逐步由空间而抽象化为表示时间的语法形式。

蒋绍愚认为六朝时动词后的"著"有两种意思:一是在带结果状态义动词后表示存留状态,相当于"在";二是在非结果状态义动词后表示位移的完成,相当于"到"。两种用法经过由空间向时间的认知域投射,在唐代分别表示状态持续和完成的时态助词。起先,时态助词"著"紧紧依附在动词之后,后来随着使用场合的扩大以及满足各种表意的需要,它不再限于动词之后了,可以出现在动词性短语甚至体词性词语后面了。[①] 与时态助词"著"不同的是,语气词"著"的句法使用条件并不直接受到动词的限制。

在"著"由动词变为语气助词的过程中,句式的句法语义基础与使用环境起着重要的作用。在佛经文献中,法师教示僧徒做各种印契时是这一句式使用的前提条件,听说双方一般在句中不必出现,行为动作以姿势类动词为主,如例(48)至例(54),具有传授性特点,即言说者使听话人实施行为动作,因此句子的表达接近祈使句,都表示现场中待发生的行为事态,都是言说者明确要求听话人做出相应的动作行为。在这样的语境下,由于行为事态往往是没有实现的,位于句尾的"著"不需要也不一定能够表现行为事态的持续或完成,在语义上,表示姿势类、搁置类等动词都具有持续或完结的语义特征,以至于后来"著"演变成只表示祈使语气的标记词,[②] 句式的形成是语用语法化的结果。

[①] 蒋绍愚:《近代汉语研究概况》,北京大学出版社1994年版,第168页。
[②] 李小军、曹跃香:《语气词"着(著)"的形成及相关问题》,《江西师范大学学报》(哲学社会科学版)2011年第6期。

二 转喻途径与重新分析

Sweetser 在《从语源学到语用学：语义结构的隐喻和文化内涵》（1990）中提出区分三种不同的语义域：行域（content domain）、知域（epistemic domain）和言域（speech-act domain）；行域义是反映客观世界的事态、事理的基本意义，知域义和言域义较为抽象，是从基本的行域义引申出来的。Traugott 等认为语义演变的主要途径是转喻的邻接关系。[①]

汉魏六朝时期"VP 著"用来陈述已发生的客观行为事件，属于行域，凸显客观事物依附的结果状态。入唐之后，"VP 著"可以表示未发生的客观行为事件，言说者告知听话人，使其理解如何实现未然的行为事态，实现认知域的转移，由行域转向知域。随着句子主观化的增强，语用焦点转移到传递实施未然行为事态的意图上，在"实施未然行为事态"的同一概念基础上，"VP 著"实现相邻认知域之间的语义变化，由"理解怎么做"到"要求怎么做"，达到以言行事的目的。由于言说者明确表达要求听话人实施行为事件的目的，句子模式也在语用焦点变化后发生了变化：动+著+方所→方所+动+著。"方所+动+著"在这一语用环境下表达祈使行为，句子用言语完成某种行为实现向言域的转移，因此，"VP 著"使令句是依据距离相邻关系对语言系统内部重新调整而形成的，认知转喻是演变的主要途径。例如：

(61) a. 九年春三月辛丑，诏郡国死罪囚减罪，与妻子诣五原、朔方占<u>著</u>。（《后汉书》卷二）　　[行域]

b. 先舒右手五指于右膝上仰<u>著</u>，即舒左手五指仰之。（例49）[知域]

c. 各请敛心合掌<u>著</u>，能加字数唱将来。（《敦煌变文集新书·金刚般若波罗蜜经讲经文》）　　[言域]

以上例句中，"著"所在的句子结构都以姿势动词为核心动词，例（61）a 与例（61）b 结构相同，但是前句陈述已发生行为事态的事实，

[①] Traugott E C., Dasher R. B. *Regularity in Semantic Change*, Cambridge University Press, 2002: 27.

属于行域；后句表述将出现的行为事态，以告谕知晓为目的，属于知域；例（61）c 句中并没有方所成分，行使祈使的言语行为，属于言域。三种句式的差异是在不同语用环境下产生的。

而例（61）b 是一个在语法化演变过程中重新分析的句法结构。这就是说，如果表达已然的行为事件，那么句子指向客观的事态、物理，可以用陈述语气表示行域义；如果传递未然的行为意图，那么句子指向实现使令意图的言语行为，可以用祈使语气表示言域义。

<u>仰</u> + <u>著</u>（于）右膝上→于右膝上 + <u>仰著</u>

因此，"VP 著"使令句的形成是在重新分析机制下产生的结果。

第七节　结语

以上我们用《祖堂集》为主要语料对汉语史上的"VP 著"式祈使句作了共时与历时的考察，赞同学界六朝时表方所"著"所在的结构为句式产生的源头这一观点，对其形成的时代与条件作了进一步的探讨，结论如下：

（1）"VP 著"式祈使句的早期形式出现于初唐时期的佛经译文，法师在说法示教中最早采用了这种句式。

（2）"动 + 方所 + 著"与"方所 + 动 + 著"的差别对"著"的虚化不产生直接影响，结构差异由方所成分在句中的作用引起，表示位移的终点论元常位于动词后，表示位移的起点论元常位于动词前，两种情况下都可以发展为祈使句。[①]

（3）在"动 + 著 + 方所→方所 + 动 + 著"演变过程中，姿势类动词是句子的语义基础，句法语义的重新组合和对话语境因素是其重要诱因，句式由指向客观事实、物理的行域演变为指向实现使令意图的言域，转喻为其重要机制。

[①] 曹广顺、梁银峰等：《〈祖堂集〉语法研究》，河南大学出版社 2010 年版，第 349—350 页。

第四章

"好"字规劝句

本章运用构式语法理论全面考察唐宋禅录里"好"字的两种祈使句特征及其形成发展机制,并提出同源句概念。笔者认为,"V好"式和"好V"式都经过了由直陈句到虚拟句到祈使句的转变过程,前者源自上古汉语,形成于东晋时期,在与佛禅相关的作品中出现,具有行业性色彩;后者形成年代更早一些,但是早期也大多见于与佛教禅录相关的作品里,在近代汉语里具有明显的口语化色彩。两种祈使句的演变不仅受语用环境诱发,也与标记词"好"的语义演变以及言说者的心理视点密切相关。

第一节 引言

祈使句是言说者用来表达对行为者做某事的要求或阻止的句子,含有命令、建议、劝告等语气。唐宋禅录里拥有类型丰富的祈使句,其中包括一些逐渐形成固定的结构形式,承载明确的祈使功能,"好"字祈使句就是其中的一类。例如:

(1) 和尚好速向南去,在后大有人来趁和尚,待道明尽却指回。(《祖》卷十八,仰山和尚)

(2) 曰:"为什么如此?"师曰:"也须相悉好。"(《景》卷十九,安国弘瑫)

(3) 老和尚莫探头好。(《古尊宿语录》卷四)

袁宾将唐宋禅录里的"好"字句分为"好V"式和"V好"式两类,前一类的"好"用作副词,置于动词性词语前面,表达劝告语气,如例

(1)；后一类的"好"本是个形容词，由于一律置于祈使句句末、动词性词语之后，并都带有劝告语气，似可看作虚化了的祈使句语法标志，略相当于现代汉语句末助词"吧"，如例（2）、例（3）。后者主要使用于禅僧之间，带有禅宗行业色彩，在唐宋时代的发展实际上是跟禅宗、特别是跟禅宗语录的发展大体同步的。① 张美兰曾从语用学角度，将《祖堂集》中的祈使句分为"命令句/禁止句、请求句/劝诫句、希望句/商量句"六种，"好"字祈使句归入希望句一类。②

孙锡信对"V好"中"好"虚化为语气词的过程进行了深入探讨，认为语气词"好"仅见于五代和宋代，一般用于句末，主要表示感叹或祈使的语气，元代以后便消失了，并进而推测，"呵"是后来代兴的语气词。③ 李小军、朱习文《语气词"好"的形成过程及机制》对此做了进一步的描写分析，发现"好"经历了从静态描绘到动态评价，而后衍生出劝慰、感叹等语气，最后发展出祈使语气，认为"V好"形成源于形容词"好"的主观化，而后经过一个语用推理过程"V很好→希望（受众）V"，"好"的主观化过程与"V好"格式的主观化同步，虚化后才较多出现在祈使句中。④ 江蓝生《"VP的好"句式的两个来源——兼谈结构的语法化》也曾讨论过这种祈使句，认为决定"好"虚化程度的关键因素是祈使句的语义，凡祈使句中不含比较义的（有的有祈请动词、情态助动词或禁止词），"好"就容易虚化为句末语气词。⑤

张定、丁海燕在考察现代汉语助动词"好"的句法表现的基础上，刻画其语法化的历程，解释其语法化的机制。认为助动词"好"产生于六朝时期，它的形成是"外置"和"难易移位"句法操作先后作用的结果，即"[V NP] 好（移位前）→好 [V NP]（外置）→NP [好 V]（难易移位）"，而"适合、适宜"义则是其语法化过程中语

---

① 袁宾：《唐宋禅录语法研究》，《觉群·学术论文集》，商务印书馆2001年版，第296—310页。

② 张美兰：《〈祖堂集〉语法研究》，商务出版社2003年版，第69—96页。

③ 孙锡信：《近代汉语语气词》，语文出版社1999年版，第113—116页。

④ 李小军、朱习文：《语气词"好"的形成过程及机制》，《江西师范大学学报》（哲学社会科学版）2008年第6期。

⑤ 江蓝生：《"VP的好"句式的两个来源——兼谈结构的语法化》，《中国语文》2005年第5期。

义演变的关键。①

本章将在以上学者们研究的基础上,拟从构式角度全面考察唐宋禅录中"好"的两种祈使句特征及其形成发展机制,并提出同源句概念。②

第二节 句式结构

一 好V

"好V"的句法结构主要由三个成分组成：N+好+V,其中N指听话人,几乎都是第二人称对象,代表将来行为的发出者。例如：

(4) 师说此偈已,乃告众曰："其性无二,其心亦然。其道清净,亦无诸相,汝莫观净及空其心,此心本净,亦无可取。汝各努力,随缘好去。"(《祖》卷二,惠能和尚)

(5) 兄弟若能如是,则不可。未得如此,直须好与,莫取次发言吐气,沉坠却汝无量劫。(《祖》卷十三,山谷和尚)

(6) 遂辞洞山,拟入岭去。洞山曰："善为飞猿岭峻好看。"(《景》卷十七,北院通)

(7) 沩至晚,上堂曰："大众！米里有虫,诸人好看。"(《五》卷五,石霜庆诸禅师)

例(4)"好去"的主语承前面省略了"汝(众僧)"；例(5)"好与"的主语也是承前省略了"兄弟"；例(6)"好看"的主语省略了对话中的听话人"你(北院通禅师)"；在例(7)中,"诸人"是名词类短语充当的主语。

V代表句子谓语部分,谓语核心基本上都是行为动词,且多数为光杆动词,不过已有一部分动词与"好"凝固成词,且少数后面还可以带有宾语成分。例如：

---

① 张定、丁海燕：《助动词"好"的语法化及相关词汇化现象》,《语言教学与研究》2009年第5期。
② 祁从舵：《〈祖堂集〉框架句研究》,上海师范大学博士学位论文2012年,第62页。

（8）僧才礼拜，师云："好问，好问。"（《祖》卷十八，赵州和尚）

（9）师曰："汝是甚么处人？"曰："新罗人。"师曰："未跨船舷，好与三十棒。"（《五》卷七，德山宣鉴禅师）

（10）谢庄主上堂云："一不做二不休，不风流处也风流。若要公私济办，好看露地白牛。"（《古尊宿语录》卷二十）

以上三例中，例（8）的"问"是单音节动词，以光杆动词形式作为谓语核心成分，后两例的"好"分别同"与"和"看"凝固成词，表示"小心，留神"的意思，例（10）在"好看"后面还带有宾语"露地白牛"。

"好V"式也时常带有状语等修饰或限制成分，基本上都位于"好"之前。例如：

（11）因长庆在招庆时，法堂东角立次，云："者里好置一个问。"时有人便问："和尚为什摩不居正位？"（《祖》卷十，安国和尚）

（12）奉劝诸人，快好究取。（《古尊宿语录》卷三十一）

以上例句中，方位短语"者里"和副词"快"分别在"好"之前充任句子状语。

上述分析表明，"好"在句法祈使中不是独立性的句法成分，紧附于谓语核心动词之前，句法位置并不像助动词"须"等或者其他副词那样比较自由，而是在句中表达祈使语气作用的副词。试比较：

（13）（师）过江了，向行者云："你好去。"（《祖》卷二，弘忍和尚）

——？（师）过江了，向行者云："你去。"

（14）师问雪峰："汝去何处？"对曰："入岭去。"（《祖》卷六，洞山和尚）

——？师问雪峰："汝好去何处？"对曰："入岭好去。"

从上面的比较可以看出：（1）形容词"好"在动词性词语前面作为

祈使语气副词，不可以用于直陈句中；（2）这类祈使句没有"好"，虽然句子的基本结构不变，但是句子形式与功能之间的关系不明确，即使表示祈使其语气也存在差异，因此"好"可视为"好 V"式祈使句中显明句子功能的指示标记。

"好 V"式代表一个主谓结构，一般不充当句子成分，可以独立成句，也可以作为复句中的小句出现。其句法环境具体分为独立句与小句两种情况，依次各举一例如下：

（15）因长庆在招庆时，法堂东角立次，云："者里好置一个问。"时有人便问："和尚为什摩不居正位？"（见例8）

（16）僧才礼拜，师云："好问，好问。"僧云："谘和尚。"师云："今日不答话。"（《祖》卷十八，赵州和尚）

（17）师示众曰："南山有鳖鼻蛇，是你诸人好看取！"众无对。庆代云："和尚与摩道，堂中多有人丧身失命。"玄沙代云："要那南山作什摩？"（《祖》卷七，雪峰和尚）

（18）此心本净，无可取舍。各自努力，随缘好去。（《景》卷五，慧能）

（19）上堂曰："大雄山下有一大虫，汝等诸人也须好看。百丈老汉今日亲遭一口。"（《五》卷四，黄檗希运禅师）

统计《祖堂集》中的例句，除了前两例为独立句或复叠句之外，后两例都用于复句的小句中。各种句子表现其结构没有否定形式，一律以肯定形式出现。

在语义特征上，"好 V"式的行为主语指第二人称或包括第二人称在内的人物，V 表示主语可控制下的行动事件，两者之间是施动关系，无这种施动关系的结构不属于"好 V"式祈使句。如：

（20）a. 汝各努力，随缘好去。（《祖》卷二，惠能和尚）

b. 时有人问："如何是君王剑？"师云："不伤万类。"学云："佩者如何？"师云："血溅梵天。"学云："大好不伤万类。"（《祖》卷十二，黄龙和尚。大好不伤万类：最好不要伤害一切）

c. 师游南州时与王太傅一房坐，时有一沙弥揭帘欲入，见师与太傅，便放帘抽身退步。师云："者沙弥好吃二十棒。"太傅云："与摩则延彬罪过。"师云："无佛法不是这个道理也。须子细好！"（《祖》卷十，玄沙和尚。好吃二十棒：该挨二十棒）

d. 问："万里无云犹是傍来日，如何是本来日？"师曰："今日好晒绫。"（《祖》卷五，道吾和尚。好：适宜）

e. 师问安和尚："只这一片田地，合著什摩人好？"安和尚云："好著个无相佛。"师云："早是污却也。"（《祖》卷十九，观和尚）

以上例句中，"好 V"式前面的主语依次是施事、工具、受事、时间、地点，除了例（20）a 是"好 V"式祈使句外，其他例句均不是。其中例（20）d 的"绫"为校录之误，原刻本作"夌"，即"麦"之俗写，"今日好晒麦"是今日禅宗常用的机锋语。[1] 吕叔湘认为，"今日好晒麦"这种用法的"好"表示"容易"，用在动词前面，作用类似助动词。[2] 这说明了"好 V"式与前面主语的语义关系是祈使句的语义条件之一。

"好 V"式结构的语义焦点落在谓语部分，行为主语通常可以不出现，其核心动词为行为主语控制下的未然行为事件。[3] 例如：

（21）a.（僧问）"如何是不要放底事？"招庆云："好与二十打。"（《祖》卷十六，黄蘖和尚）

b. 者个子好吃一顿棒，且放过。（《祖》卷十，镜清和尚）

以上两例中，"好 V"式的语义结构相同，但是语义表达意图有别：同样应该挨打，在例（21）a 中，言说者警示听话人，"好与二十打"应视为学僧即将提防的可控事态；在例（21）b 中，言说者陈述已然事态，表明"者个子（这家伙）应该吃一顿棒"被免除了。因此两相比较，只有例（20）a 具备祈使句动词可控性和未然性的语义特征，而例（21）b "吃"不符合进入祈使句的语义特征。

"好 V"式所表示的行为状态是言说者向听话人提出的，由于听话人

---

[1] 张美兰：《〈祖堂集〉语法研究》，商务印书馆2003年版，第439页。
[2] 吕叔湘：《现代汉语八百词》，商务印书馆1999年版，第256—258页。
[3] 袁毓林：《现代汉语祈使句研究》，北京大学出版社1993年版，第25页。

没有实施这种行为状态，或者根本没有想到这种行为状态，因此对这种行为状态 V 而言，听话人具有非觉悟的语义特征。例如：

（22）a. 问云居："你爱色不？"对曰："不爱。"师曰："你未在，好与。"（《祖》卷六，洞山和尚）
b. 问："寸丝不挂时如何？"师云："不挂什摩？"僧云："不挂寸丝。"
师云："太好不挂！"（《祖》卷十八，赵州和尚）

例（22）a 中的"未在"意谓不对、未契禅机的意思，"好与"意谓多加努力的意思，这是洞山和尚对云居和尚的提醒，由于云居和尚本人（"你"）尚未觉悟。例（22）b 中的"太好不挂"字面意思是：好一个没穿一件衣服，实际上表达禅师对学僧没有荡尽妄情俗念的讥刺，"不挂"在对话中由学僧先说出来的，说明学僧已意识到这一行为状态，尽管觉悟不高，但已不属非觉悟范围之内了。因此，两相比较中，只有例（22）a 的行为主语具备进入祈使句的语义特征。

二 V 好

"V 好"的句法结构主要由主语和谓语两个部分组成：N + V·好，其中 N 指行为事件的主语，大多数为第二人称，代表将来行为事件的发出者。主语通常以省略形式存在，各部禅籍也都有主语存在的。例如：

（23）进曰："不问不答时如何？"师云："你亦须别头好。"（《祖》卷十三，招庆和尚）
（24）莫错会好。（《景》卷二十五，天台德韶）
（25）莫道骑者不鉴好！（《五》卷六，涌泉景欣禅师）

例（23）"好"字句的主语是代词"你"，后两例"好"字句的主语省略。

与"好 V"式不同，"V 好"中的 V 不能用光杆动词，主要由动词或形容词性短语出现，例如：

第四章 "好"字规劝句

（26）僧问："十二分教是背后赞言，请师当赞便赞。"师云："当不当？"云："还得全也无？"师云："莫呓语好。"（《祖》卷十一，保福和尚）

（27）识弁相访好。（《祖》卷十，长庆和尚）

（28）莫乱说，子细好。（《景》卷七，五泄灵默）

（29）汝等既称行脚，亦须著些精神好。（《五》卷四，黄檗希运禅师）

（30）因僧人事一个书筒。师问曰："是个什么？"僧云："和尚识取好。"师云："元来是个漆桶。"僧云："请和尚收。"师云："棺木里努眼。"（《古尊宿语录》卷二十三）

以上例句表明，"V好"祈使句有肯定形式，也有否定形式，否定词在谓语部分前面而不在"好"之前；"好"失去充当谓语核心的资格，一律位于句末，前面是谓词性词语或小句，且在通常情况下，删去"好"并不影响句子的结构及意义的表达。因此，"V好"中的"好"在句法结构中既不是独立性的句法成分，也不是依附性的句法成分，而是成为固定的句末助词，在"V好"祈使句中起到显明语用功能的标记作用。

"V好"代表一个主谓结构，独立性强，主要以单句形式出现，在《祖堂集》中计有14例，其余3例以复句中的小句存在。下面仅举出在复句中出现的例子：

（31）有人问："摩腾入汉，一藏分明；达摩西来，将何指示？"师云："上座行脚底事作摩生？"僧云："不会。"师云："会取好，莫傍家取人处分。"（《祖》卷十一，保福和尚）

（32）长老房内有客，且归去好。（《祖》卷十四，百丈政和尚）

（33）其僧叉手进前退后，师便喝出，云："将为是作家。若与摩见知，更须行脚遇人去好。"别僧代良久，师肯之。（《祖》卷十三，报慈和尚）

以上例句表明，"V好"以独立的单句形式使用为主，即使在复句中也是以主句形式出现，其他小句或者以否定形式辅之，或者提供"V好"式使用的具体条件，因此"V好"祈使句具有较强的独立表意功能。

在语义特征上,"V 好"的主语一般情况下指听话人,需要区别或强调行为状态的主语时不省略,V 表示 N 可控制下的行动状态,两者之间通常是施动关系。例如:

(34) 惭愧!大须努力好!(《祖》卷七,雪峰和尚)
(35) 和尚莫怎么粘腻好。(《景》卷十八,龙册道怤)
(36) 老和尚莫探头好。(《古尊宿语录》卷四)

例(34)是禅师上堂时的劝告语,听众一般都为接受劝告的僧众,因此句子主语"你们"(僧众)可以省略。而例(35)针对状态"粘腻"强调主事,例(36)针对行为"探头"强调施事,所以句子分别出现主语"和尚"和"老和尚"。

相对于"好 V"式,"V 好"中的行为内容在语义上并不受"好"的限制,其行为内容可以含有正面义特征,也可以含有负面义特征,句中一律置于句末的"好"含有劝告语气,略相当于现代汉语句末助词"吧"。

第三节 语用特点

一 劝行与劝止

袁宾指出:"祈使句可分为肯定性和否定性两大类,前者的句义为要求或使令别人这样做,后者则阻止或禁止别人这样做。就劝告语气来分,前者为劝行,后者为劝止。"[1] 这种劝告语气很适合禅宗在教化僧徒时使用,由于习禅是每个禅徒自身的事情,禅师引导僧徒没有必要采取发号施令的方式,更没有必要采取乞求的方式,因此禅师在要求僧徒做什么事时,通常采取直接提出正面建议的形式——劝行,当然不可排除劝止语气的存在,两种祈使语气都介于指令句和请求句之间。

在"好 V"式祈使句中,受"好"的语义影响,"V"表达的语义内容不具有负面义,因此"好 V"式一般是劝告对方去实施某种令人满意的

---

[1] 袁宾:《唐宋禅录语法研究》,《觉群·学术论文集》,商务印书馆 2001 年版,第 296—310 页。

行为事件，仅有肯定性用法，表达劝行语气。而在"好V"式祈使句中，"好"的词汇义几乎不存（见前面分析），因此"V"表达的语义内容不受"好"的组合限制，"V好"式祈使句既有肯定性用法，表达劝行语气；亦有否定性用法，表达劝止语气，否定基本形式是"莫V好"。

二　内聚焦与外聚焦

视点是人们提出命题的角度或态度。Roger Fowler 把视点划分为三类：时空视点、观念视点、叙述视点，其中观念视点涉及价值观和信仰体系，与情态具有密切的联系。[①] 提议类祈使句多在对话体中出现，且多使用自称或对称的形式，而在言说者的地位或觉悟比听话者高的情况下，行为事件的实施者由听话人承担。

"V好"和"好V"式两种祈使句出现的语用场景大体相同：言语双方是在场的关系较接近的人，言说者的地位以高于听话人为多见，听话人在常规情况下不会自觉实施某种行为事件，而这种行为事件的目的对言语双方的利益来说是一致的。

在唐宋禅录里，言说者可以是地位高的禅师，听话人以地位较低的僧徒为常见，有时候也涉及地位高的禅师或其他同道；言语目的具有共同一致性，言说者建议习禅中需要引起注意并付诸行动的事件，行为主语都是愿意接受法师指点的对象，因双方关系密切，句中以省略主语为常，如果使用主语时，则表明场合较严肃或对对方尊重。例如：

（37）和尚好速向南去，在后大有人来趁和尚，待道明尽却指回。（《祖》卷十八，仰山和尚）

（38）有老宿见日影透窗问师曰："为复窗就日日就窗。"师曰："长老房内有客归去好。"（《景》卷六，百丈惟政）

（39）僧问："如何是玄妙之说？"师曰："莫道我解佛法好！"（《五》卷七，天皇道悟禅师）

以上三例中，例（37）的行为主语是"和尚"，指向地位高的六祖慧能；例（38）省略了行为主语"汝（老宿）"，地位低于百丈；例（39）

[①] Fowler, R. *Linguistic Criticism*, Oxford University Press. 1986：127.

省略了行为主语"汝",指地位低的僧徒。三者都是在场的、与法师关系较为接近的人。"速向南去""有客归去""莫取次"等行为事件都是言说者建议在常态下对方未曾注意将做的事情,然而对对方都有益处。

当言说者拥有讲述的权威的时候,他就希望并且通常能得到听者的信任。"好V"式和"V好"两种祈使句在使用中体现出不同的心理视点。"好V"式祈使句以听话人为视点,语用上选择第二人称为视点,言说者直接传递行为意图,即"(你应该)……"的意思。"V好"祈使句以言说者为视点,言说者间接传递行为意图,并希望对方付诸行动,即"(我建议)……"的意思。如上述例(37)中,"和尚好速向南去"的视点是"和尚",从对方着眼,直接要求对方付诸行动;例(38)、例(39)中,"须自检责"和"莫取次"的视点都是言说者(禅师),从己方着眼,在表明态度后,希望对方付诸行动。

三 行业色彩

唐宋时代,"好V"式常出现在与佛经、禅录、敦煌变文等讲唱类作品里,唐诗、宋词、唐宋传奇等作品里也能够看到,就是在一般口语性强的文献里也出现了用例。例如:

(40)好好善思量。(《寒山诗》)

(41)好生供养观音,还要虔恭礼拜。(《敦煌变文集新书·妙法莲华经讲经文》)

(42)及期而至,郎中并在傍,番官至辞,英公攒眉谓之曰:"汝长生不知事尚书侍郎,我老翁不识字,无可教汝,何由可得留,深负愧。汝努力好去。"(《朝野佥载》卷五)

(43)洞山问:"如何是凤山境。"师曰:"好生看取。"(《景》卷二十三,延庆归晓)

(44)上堂曰:"大雄山下有一大虫,汝等诸人也须好看。百丈老汉今日亲遭一口。"(《五灯会元》卷四,黄檗希运禅师)

这些语例所在的文献都偏向口语化,因此"好V"式祈使句在关系较接近的人们之间使用,具有明显的口语色彩。

"V好"式祈使句在唐宋禅录里出现频率很高,拥有大量用例,但在禅籍之外的同时代作品中却很难见到用例，纵然有可能发现，也只是零星偶然之例，与禅录里大量的分类型、成系统的使用难以相提并论，因此可以认为，"V好"式祈使句主要使用于禅僧之间，是带有禅家行业色彩的句式。[1] 唐宋时期的儒家语录、唐宋诗词和传奇小说等语料支持这一论断，即使出现极少数例句，也是或者与佛禅相关内容的例句，或者是非能产的凝固格式使用于当时的口头语。如"晴寺野寻同去好，古碑苔字细书匀。"(《全唐诗》卷六三〇，陆龟蒙)、"我劝髯张归去好，从来自己忘情。"(《全宋词·苏轼》)等，这类例子仅限于离别等有限场合，"好"前面的动词以"去"(离开)这一实体形式存在(详见后面分析)。

第四节 演变进程

一 "好 V" 式

先秦汉语里，"好"常用为动词，在直陈句里表示爱好或擅长做某事的意义。例如：

(45) 必也临事而惧，好谋而成者也。(《论语》卷四)
(46) 周巩简公弃其子弟，而好用远人。(《春秋左氏传·定公元年》)

例(45)的"好谋"意谓善于谋划，其主语指一起共事的人，例(46)的"好用远人"意谓喜欢任用疏远的人，主语是"巩简公"。二例中的"好"都带动词性词语为宾语，主语为第三人称，这类表达客观陈述的"好 V"式可记为"好 V" A 式。

西汉时期，"好 V"式出现了可以表达主观意愿或看法的语例，"好"当作副词使用，在动词性词语前面表示对未然事件的一种主观行为方式。例如：

---

[1] 袁宾：《唐宋禅录语法研究》，《觉群·学术论文集》，商务印书馆2001年版，第296—310页。

（47）子路撜溺而受牛谢，孔子曰："鲁国必好救人于患。"（《淮南子·齐俗训》）

（48）三十三年，宋襄公欲为盟会，召楚。楚王怒曰："召我，我将好往袭辱之。"遂行，至盂，遂执辱宋公，已而归之。（《史记》卷四〇）

（49）使人函封汉使者节置塞上，好为谩辞谢罪，发兵守要害处。（《史记》卷一一三）

以上例句中，"好"修饰动词性词语"救人于患""往袭辱之"和"为谩辞谢罪"，表示主观行为方式，句子一般隐含"我认为……"的意思，主语以第一人称为常见，这类带有言说者主观意愿的"好V"式可记为"好V"B式。

在东汉的佛经文献里，也出现"好V"B式，言说者的主观愿望色彩更为明显。例如：

（50）我应好行，我不能行，不能奉受教诫，令我须臾间倾卧。（东汉·安世高译《长阿含十报法经》卷下）

（51）此等众生，最好作善，弃舍世间，有流不善诸恶法故，名婆罗门。（东汉·安世高译《起世因本经》卷一）

以上诸例中，"好"都位于动词性词语前面，表达对未然事件"行""作善"的主观行为方式，具有"好V"B式明显的主观性色彩。

东汉以后，"好"在佛经文献里可以表示祈使语气，句子主语由言说者转向在场的听话人，句子重心在于表达未然的外在行为事件，语用功能由原来的陈述变为祈使。例如：

（52）若欲见彼大师，当好求须摩提女。（吴·优婆塞支谦译《须摩提女经》）

（53）真佛弟子，慎莫惊疑，好养护之。（吴·康僧会译《六度集经》卷六）

（54）婆罗门敕妇言："汝自谨慎，好看儿子。"（东晋·佛陀跋陀罗共法显译《摩诃僧祇律》卷四）

（55）汝好守护口过，无令长夜恒受其罪。（东晋·瞿昙僧伽提婆译《增壹阿含经》卷四十八）

（56）以般若波罗蜜嘱累阿难："汝好受持守护，无令忘失。"（东晋·鸠摩罗什译《大智度论释称扬品》卷七十九）

以上例句中，"好"可称为祈使语气词，在句法语义上可有可无，但是在语用上起到表明句子功能的作用，句法祈使基本定型，"（汝）当求须摩提女""（汝）养护之""（汝）看儿子"等都是言说者希望听话人所做的行为事件，这类带有祈使语气的"好 V"式可记为"好 V"C 式。

综上，"好 V"句式起源于先秦汉语，形成于东汉之后：A 式（先秦）＞ B 式（西汉）＞ C 式（东汉之后）。A 式、B 式、C 式是同一种句法结构在不同历史时期中的功能表现，句法语义关系不尽相同，但起源一致，具有衍生关系，可称为同源句。

于涛认为，"好"表示祈使语气的用法汉魏已见，[①] 这一结论是可靠的。不过从于文所举的例证来看，可靠的早期用例是南北朝时期的，这与我们观察的结果不相一致。南北朝时期，佛经文献或传播佛经文化的文献里"好 VP"用例已经较常见了。如：

（57）时此长者，有少急缘，竟不自施，寻即出去，殷勤嘱妇："汝今在后，好念施彼比丘饮食。"（吴·支谦译《撰集百缘经》卷五）

（58）我以国土，嘱累卿等，好共治化，莫枉民众。（吴·支谦译《撰集百缘经》卷四）

（59）佛告火种居士："汝好思而后说。"（南朝宋·求那跋陀罗译《杂阿含经》卷五）

（60）佛告阿难："汝今好当谛听。"（南朝宋·疆良耶舍译《佛说观药王药上二菩萨经》）

（61）迦叶！当尔之时，佛法毁坏，比丘毁坏，是中智者信甚深者、无染著者，应好恭敬，应好爱念，共相聚集，住空闲处。（北凉·昙无谶译《大方广三戒经》卷下）

---

① 于涛：《〈祖堂集〉祈使句研究》，上海师范大学博士学位论文 2005 年，第 102—104 页。

（62）汝好守护，莫使亡失。（元魏·月婆首那译《僧伽吒经》卷三）

（63）王即告言："好接近我，慎莫远离。"（元魏·吉迦夜、昙曜译《杂宝藏经》卷四）

这些例句都表示言说者叮嘱听话人做某事，言说者一般是佛祖，听话人一般是僧众，祈使内容主要与传法有关，希望顺从拥护佛法，近善知识。

隋唐以来，"好 V"类祈使句的语例在口语中开始增多，使用范围已不限于佛教文献，句法祈使的独立性增强，且在大量反复的使用中，祈使标记词"好"和几个高频使用的动词组合渐趋紧密，形成有稳定词义的"好 V"式双音词。① 例如：

（64）于是时中所有持法比丘，付嘱汝等应好拥护。（隋·那连提耶舍译《大方等大集经》卷三四）

（65）我此宝剑甚刚利，今在手中汝好看。汝门汝若不急奔，当斫汝身如竹束。（隋·阇那崛多译《佛本行集经》卷二十八）

（66）好住好住王司户，珍重珍重李参军。（《全唐诗》卷二七〇，戎昱）

（67）若见维摩传慰问，好生祇对莫羞惭。（《敦煌变文集新书·维摩诘经讲经文四》）

（68）师曰："大德好与，莫覆却船子。"（《五》卷七，保福从展禅师）

以上例句中，"好 V"式祈使句一般都以"行为主语 + 好 V"结构出现，V 后面不带宾语，且以单音节形式为主，后面四例中"好看、好住、好生、好与"等已凝固成词，在口语中常常叮嘱对方多多保重、多多留意等意味。

我们调查上古以来的《史记》《杂宝藏经》《齐民要术》《敦煌变文集新书》《祖》"荆刘拜杀"（《荆钗记》《刘知远白兔记》《拜月亭》《杀

---

① 袁宾：《唐宋禅录语法研究》，《觉群·学术论文集》，商务印书馆 2001 年版，第 296—310 页。

狗记》）六部作品，对"好 V"式同源句的用例情况进行统计，列表 4-1 如下。

表 4-1　　　　　　　　"好 V"式同源句用例统计

文献名	年代（字数：万）	A 式	B 式	C 式
史记（前 40 卷）	西汉（21.6）	2	1	0
杂宝藏经	南北朝（8.4）	0	0	9
齐民要术	南北朝（9.3）	3	0	0
敦煌变文集新书	唐五代（31.8）	3	6	27
祖堂集	唐五代（25）	2	7	16
"荆刘拜杀"	元代（19.9）	2	26	21

由表 4-1 可知，"好 V"式祈使句起源于上古汉语，形成于佛经文献，在偏主观性文体中使用较多。

唐五代以来，"好 V"式的运用不仅在佛禅文献中得到广泛使用，而且在偏口语性文献中也时见使用，由于使用范围的扩大，"好"的语法标记作用显著，句法功能进一步完善。"好 V"式自唐五代一直沿用下来，其衰落和"好"的双音形式"好好 V"及"好生 V"的兴起有关。[①]"好好 V"较早出现于汉译佛经文献，如"后世之果不定，好好以坚固之情归于法"（金刚智译《马鸣菩萨大神力无比验法念诵轨仪》），"好生"原也为佛禅用语，系于敦促注意时所用之语，宋代在一般口语中使用开来。例如：

(69) 白庄曰："前头事，须好好祗对，远公勿令厥错。"远公唱喏。（《敦煌变文集新书·庐山远公话》）

(70) 可观上座问："的罢标指，请师速接。"师曰："即今作么生。"观曰："道即不无莫领话好。"师曰："何必阇梨。"（《祖》卷十七，云居道膺）

(71) 曰："即今又如何？"师曰："好生点茶来！"（《五》卷十四，石门筠首座）

(72) "徒弟们，你们都好生看看，莫似前番。"（《西游记》第九十八回）

[①] 于涛：《〈祖堂集〉祈使句研究》，上海师范大学博士学位论文 2005 年，第 102—104 页。

(73) 好好的看船，在此伺候。(《儒林外史》第九回)

(74) 哎，你可好好的看着！(《老舍短篇小说选》)

(75) 杨重同情地望着我，"好好去好好回来。"(《王朔小说选》)

(76) 快好生睡你的吧！

在现在的广州话里，"好"在祈使句中还保留这种用法，具体表现在祈使句里"好"后面接言说者希望发生或感到满意的行为事件，转述句里"好"后面接言说者不希望发生或感到不满意的行为事件，但是不出现在直述句里。① 例如：

(77) 好瞓觉喇。(该睡觉了)(李荣、白宛如《广州方言词典》)

(78) 佢嬲个男朋友好花心嗝。(她骂男朋友花心。)

(79) *好挂住玩，一啲都唔上进！(贪玩，一点也不上进！)

二 "V好"式

先秦汉语里，"V好"常用于直陈句，"好"用为形容词，充当独立谓语，表示事态或事理具有令人满意的特征，具有客观的评价义。例如：

(80) 琴瑟在御，莫不静好。(《毛诗·国风》)

(81) 君子能亦好，不能亦好；小人能亦丑，不能亦丑。(《荀子·不苟篇》)

(82) 祸不好，不能为祸。(《国语》卷三)

以上例句中，形容词"好"分别用来评述"琴瑟在御""君子能""君子不能""祸"，其优劣标准以客观的社会认识为基础，具有客观性的评价义。以上诸例中"好"的评价对象都是动词性词语，其表达的事态或事理均具已然性，对这重已然事态或事理客观评价的"好 V"式可记为"V 好"A 式。

---

① 单韵鸣：《广州话"好"的一种特殊用法》，《中国语文》2009 年第 6 期。

汉末以后，在佛经文献里形容词"好"带有了言说者的个人观点或愿望，在表述事态或事理特征的客观性用法中渗入了个人主观性因素。当这种主观性因素成为言说者评价事态或事理特征的基础时，形容词"好"一般出现在非直陈句中，带有明显的主观性色彩，句子表达言说者个人的观点或愿望。例如：

（83）得好白氎，置我中间，两人观之不亦好乎？（三国·优婆塞支谦译《佛说太子瑞应本起经》卷上）

（84）是比丘，若能办是事好；若不能办，僧应使一比丘唱。（东晋·弗若多罗译《十诵律》卷二十二）

（85）若客比丘是时余处去好；若不去是中应不恣而去。（东晋·弗若多罗译《十诵律》卷二十三）

例（83）"好"处于疑问句中，余二例均处于假设句中，动词性词语均表示未然的行为事件，句尾"好"语义指向前面的"两人观之""（是比丘）能办是事""（客比丘）是时余处去"等，构成"VP 好"固定形式，其评价带有明显的个人观点或愿望，这种带有个人观点或愿望的"好 V"式可记为"V 好"B 式。随着佛经的传播，"V 好"B 式后来在唐诗里使用较为多见，如"茅斋对雪开尊好，稚子焚枯饭客迟。"（《全唐诗》卷二三九，钱起）、"见人切肺肝，不如归山好。"（《全唐诗》卷十九，于鹄）、"马上正吟归去好，觉来江月满前庭。"（《全唐诗》卷六九七，韦庄）等。

东晋开始，在佛教文献以及后来的禅宗文献里，开始出现表达祈使语气的"好"，"VP 好"具备祈使句的语用功能，句法格式逐渐固定下来，此时带有祈使语气的"好 V"式我们记为"V 好"C 式。例如：

（86）舍是事好；若不舍者，僧伽婆尸沙。（东晋·佛陀跋陀罗、法显译《摩诃僧祇律》卷七）

（87）舍是事好；若不舍，波夜提。（东晋·鸠摩罗什译《十诵比丘波罗提木叉戒本》）

（88）应作明旦与前食后食供给供养好；若不供给供养，旧比丘一切得罪。（东晋·弗若多罗译《十诵律》卷二十二）

（89）是比丘应还归衣，软语归好；不归强夺取，教受突吉罗罪

忏。(东晋·弗若多罗译《十诵律》卷六十一)

（90）不如归去来，识取心王好。(《寒山子诗集》)

（91）僧云，老和尚莫探头好。(《临济语录》)

（92）问："苦涩处，乞师一言。"师曰："可杀沈吟。"曰："为什么如此。"师曰："也须相悉好。"(《景》卷十九，安国弘瑫)

综上，"VP好"句式起源于上古汉语，形成于东晋时期：A式（先秦）＞B式（汉末以后）＞C式（东晋以来）。A式、B式、C式是一组同源句，始源句是A式，B式与C式分别是不同历史时期产生出来的发展句。

关于语气词"好"形成的时间，学界研究的结果具有一致性，认为在晚唐五代这一时期，如孙锡信、于涛等。① 这与上面的语言事实还有些出入，尽管这类语例在晚唐五代之前少见，但是这类例子说明了，"V好"最初是在与佛教相关的作品中出现的。

至于晚唐五代以来在佛禅以外的作品中出现以"好"结尾的句子，除了在告别场合使用传播开来的"好"字祈使句外，绝大多数句子中的"好"并非祈使语气词。例如：

（93）若有片帆归去好，可堪重倚仲宣楼。(《全唐诗》卷六九八，韦庄)

（94）归来好，正芝香枣熟，鹤瘦松臞。(《全宋词·刘过》)

（95）本来要饶你，只是我头一次宽了，下次人就难管，不如现开发的好。(《红楼梦》第十四回)

以上例句中前两例为凝固的告别语，后两例中的"好"所在的句子只是表达言说者主观愿望的。

不过，现代湖南祁东方言中保留有这种用法，"好"作语气助词，可表祈使、劝诫。以下例句均转引自蒋冀骋，② 如：

---

① 孙锡信：《近代汉语语气词》，语文出版社1999年版，第113—116页；于涛：《〈祖堂集〉祈使句研究》，上海师范大学博士学位论文2005年，第102—104页。

② 蒋冀骋：《论近代汉语的上限（下）》，《古汉语研究》1991年第2期。

（96）慢点走好！

（97）在我屋里吃饭好！

（98）莫打野眼好！

（99）莫听别个的闲言闲语好！

我们选择几种代表性文献，将"V 好"类同源句在汉语史上发展情况列表显示如表 4-2 所示。

表 4-2　　　　　"V 好"式同源句用例统计

文献名	年代（字数：万）	"V 好" A 式	"V 好" B 式	"V 好" C 式
十诵律（前 25 卷）	东晋（37.4）	43	14	2
世说新语	南朝（7.9）	4	2	0
敦煌变文集新书	唐五代（31.8）	24	9	1
祖堂集	唐五代（25）	4	6	17
"荆刘拜杀"	元代（19.9）	69	25	0

由表 4-2 可以看出，"V 好"类祈使句最初产生于汉译佛经文献，后来在禅宗文献里得到发展，受佛经影响的世俗文献用例极为罕见，且局限于个别句子的使用。因此，袁宾指出，这类祈使句在唐宋禅录里出现频率很高，拥有大量用例，但在禅籍之外的同时代作品中却很难见到用例，纵然有可能发现，也只是零星偶然之例，它在唐宋时代的发展实际上跟禅宗、特别是跟禅宗语录的发展大体同步的，因此这种主要使用于禅僧之间的句式，是带有禅家行业色彩的。①

第五节　演变机制

一　转喻

Sweetser 论述"行、知、言"三域，②"行"指行为、行状，"知"指

---

①　袁宾：《唐宋禅录语法研究》，《觉群·学术论文集》，商务印书馆 2001 年版，第 296—310 页。

②　沈家煊：《三个世界》，《外语教学与研究》2008 年第 6 期。

知识、认识,"言"指言语、言说。沈家煊在此基础上,通过对复句内两个小句之间语义关系的分析,说明语言世界存在三个概念域,从词义的演变上看,行域义是最基本的,由此引申出虚化的知域义,再进一步虚化得出言域义。这种概念上的邻近性是转喻的基础,本章两种祈使句中"好"的演变就是以转喻方式提供心理通道的:(好 VP、VP 好)"好"的行域义 > "好"的知域义 > "好"的言域义。[1]

"好"的语义演变与祈使句格式的演变同步发展。"好 VP"在先秦汉语里陈述事态或事理存在的客观事实(行域),西汉时期表达未然事态产生的主观意愿(知域),在东汉时期的佛经文献里具有要求行为主体施行未然事态的祈使语气(言域)。"VP 好"在先秦汉语里只能揭示事态或事理存在的客观特征(行域),汉末以后的佛经文经里有了表示对具体事态产生的主观意愿的用法(知域),到东晋时候有了表示对行为主体施行具体事态的祈使语气(言域)。因此两种"好"字祈使句形成中,转喻是提供可及性认知过程的重要机制。

从第三节分析得知,两种祈使句虽然缘起于汉语自身的结构形式,却都是在禅宗文献中形成的,这说明禅宗对话场合是两种祈使句形成的重要语用因素。两种祈使句在本土文献里原先主要表示客观事态令人满意的特征,进入佛教相关的文献里,其语言环境发生了变化,交际对象的认知背景、会话目的等语用因素都发生了变化。由于对方会话的目的一致,识法者总是接引学人去实践,将良好的愿望寄托在未来的彼岸,这里从客观直陈句向主观愿望句发展主要取决于语境。另外,法师在教化僧徒时,觉悟浅的学人不知道如何做,得道僧人往往直接从正面引导学人去做某事,而很少反面阻止僧人不做某事,以致"好"的两种祈使句以劝行语气为主。可以说禅宗语境决定了这种转喻目标义的最终实现。

二 重新分析

由上节可知,两种祈使句中"好"的概念域变化是与认知的转喻过程密切联系的。"好"在动宾结构"好 VP"与主谓结构"VP 好"中,都具有客观实在义,是句中的必有成分。随着"好"的主观性增强,语义

---

[1] Sweetser, Eve. *From Etymology to Pragmatics*: *Metaphorical and Cultural Aspects of Semantic Structure*, Cambridge University Press, 1990.

开始虚化,语义结构重心落在"VP"上,尤其在"VP好"中经常处于句末的位置,当句子表达中心强调具体动作行为时,"好VP"与"VP好"的内部语义结构方式发生了改变,分别重新分析为独立的动词性结构,"好"失去了充当句子成分的资格。

李小军等在讨论"VP好"时认为,在言语交际中"好"的主观性逐渐增强,可以作为言者自己的看法或观点提出来,并希望受众接受,这一语用推理有着深层的心理认知基础:某种行为动作方式好,那么就应该去做或多做,反之则否。[1] 我们赞同这种看法,"好"从客观特征的揭示到主观意愿的表达再到祈使意图的表示,这是一个认知语用推理过程(隐喻):好(喜欢)VP→(若喜欢,就好好地)好VP→(希望行为者)好VP;VP好(是事实)→(认为)VP好→(希望行为者)VP好。两种祈使句中标记词"好"的语义变化体现了句子功能发生了变化,在此过程中,"好VP"和"VP好"也由直陈句经虚拟句转到为祈使句。例如:

(100) a. 夫固谓君训众而好镇抚之,召诸司而劝之以令德,见莫敖而告诸天之不假易也。(《春秋左氏传·桓公》)

b. 我应好行,我不能行,不能奉受教诫,令我须臾间倾卧。(例49)

c. 汝好受持守护,无令忘失。(例55)

(101) a. 君子能亦好,不能亦好。(例83)

b. 是比丘,若能办是事好;若不能办,僧应使一比丘唱。(例86)

c. 是比丘应还归衣,软语归好;不归强夺取,教受突吉罗罪忏。(例91)

以上例句中,例(100)a和例(101)a是直陈句,例(100)b和例(101)b是虚拟句,例(100)c和例(101)c是祈使句。

---

[1] 李小军、朱习文:《语气词"好"的形成过程及机制》,《江西师范大学学报》(哲学社会科学版)2008年第6期。

第六节　结语

　　以上我们对唐宋禅录里的"好"字祈使句做了较细致的考察，着重探究了其形成与发展机制，认为"V好"式和"好V"式都经过了由直陈句到虚拟句到祈使句的转变过程，前者源自上古汉语，形成于东晋时期，在与佛教相关的作品中出现的，具有宗教行业色彩，后者形成年代更早一些，但是早期也大多见于与佛教禅录相关的作品里，在近代汉语里具有明显的口语化色彩。两种祈使句的演变不仅受语用环境诱发，也与标记词"好"的语义演变以及言说者的心理视点密切相关。

中编 复句篇

复句构式指由两个以上的非独立使用的单句构成，其间存在直接事理关系的句子格式。如果我们用 S1、S2 分别代表一个单句形式，用 P、Q 分别代表其各自的意义，P→Q 代表句式义，那么复句的格式表现为：S1 + S2 含有 P→Q。

根据复句内部小句之间的语义关系，我们将复句式分为联合类、偏正类、依附类三种，联合复句内部的各小句结构上独立，语义上不分主次关系；偏正复句内部的各小句结构上独立，但语义上存在主次关系；依附复句内部结构存在一个小句依附在另一小句上，语义上也存在主次关系。现分述如下。

唐宋禅录里常用的联合复句主要有选择复句一个小类。例如：

（1）师曰："如人驾车，车若不行，打车即是，打牛即是？"（《祖》卷三，怀让和尚）

（2）师曰："作么生是上座本分事。"诜乃提起衲衣角。师曰："为当只这个，别更有？"（《景》卷十八，长庆慧棱）

例（1）中的"……（即）是……（即）是"位于两个并列选项后面组成选择复句，"打车即是"与"打牛即是"在结构上各自独立，语义上也不存在主次关系。例（2）中"别更有"一般与前面小句所形成的复句式同样如此，前后小句之间只存在选择关系。

唐宋禅录里常用的偏正复句主要有转折复句一小类。例如：

（3）祖曰："还可修证否？"曰："修证即不无，污染即不得。"（《景》卷五，南岳怀让。修证即不无：虽然可以修证）

（4）僧问："埋兵掉斗即不问，今日当场事若何？"师云："杨岐入界来，未曾逢见者作家。"（《古尊宿语录》卷十九）

以上例句中的"则不无""即不问"分别转折复句的语言标记，前后小句在结构上互相独立，但是在语义上"则不无"和"即不问"所处的小句为偏，后面的小句为主句。

唐宋禅录里常用的依附复句主要有条件复句和比拟复句两个小类。例如：

（5）是你诸人著力，须得趁著始得；若不趁著，丧身失命。（《祖》卷一一，保福和尚）

（6）师又曰："后问德山：'从上宗乘中事，学人还有分也无？'德山打一棒曰：'道甚么！'我当时如桶底脱相似。"（《五》卷七，岩头全奯禅师）

例（5）中，"始得"是条件复句的语言标记，作为目的小句依附于条件小句"须得趁著"，但是目的内容省略，有点类似补语，在语义地位上作为偏句存在。例（6）的"如桶底脱相似"依附于"我（当时醒悟）"之后情形也是这样。

本编将唐宋禅籍里常用的复句按内部语义关系分类，研究其中的"X即不问"转折句、"如X相似"比拟句、"（须）X始得"条件句、"只A别/更B"选择句四种句式。

第五章

"X即(则)不问"转折句

本章以形式与意义的关系为中心,描写唐宋禅录里的"X即(则)不问"转折句,接着在对话语境中剖析语用功能,然后在此基础上探讨其构式化的历时演变过程。研究表明:"即(则)不问"式是一种表示让步转折的复句,具备话题转移功能,带有典型的禅录对话语色彩。该句式的源头可追溯到上古,六朝时期萌芽于与佛教相关的文献里,在晚唐五代的禅宗重要作品《祖堂集》里发展已趋成熟。

第一节 引言

唐宋口语语法研究是汉语史学科研究的重要课题,唐宋禅录保留了汉语发展史上重要转折时期的口语面貌,相对于因年代久远而大量遗失的唐宋口语文献来说,具有极其重要的语言价值。唐宋禅录里出现一批新的语法表达格式,在禅录里使用开来,习见而定型,却几乎不见于佛禅以外的文献里,能够有代表性地反映禅宗语言的行业色彩,如前小句末尾为"即(则)不问"的句型就是禅僧在问答对话时常用的固定格式:

(1)诸余则不问,请师尽其机。(《祖》卷十三,报慈和尚。尽其机:把机语的意思全说出来)

(2)主人有言:"动是法王苗,寂是法王根。"苗则不问,如何是法王根?(《祖》卷九,落浦和尚。动是法王苗,寂是法王根:运动是佛祖的表现,寂灭是佛祖的根本)

(3)问:"摘叶寻枝即不问。如何是直截根源。"师曰:"赴供凌晨入,开堂带雨归。"(《景》卷十三,风穴延昭)

(4)次到坦长老处,坦曰:"夫参学,一人所在亦须到,半人所

在亦须到。"师便问:"一人所在即不问,作么生是半人所在?"坦无对。(《五》卷八,明招德谦禅师)

以上例句中,"即(则)"本为让步连词,使前后小句在语义上组合成让步转折关系的复句,"即(则)不问"固定地置于前小句末,可以看作句中凝固的短语词,表示前后小句之间的话题发生转移。[①] 如上引第2例"苗则不问,如何是法王根",意谓"佛祖的表现就不问了,什么是佛祖的根本"。

着眼于整个句子,我们将以上"即(则)不问"所在的复句视为一种句式。该句式涵盖整个句子的立体句法语义结构,一般由两部分组成,一部分可变,另一部分不变。不变部分由凝固的语言成分或结构,即语言标记构成,体现了形式和意义的配对,集中反映格式的结构特点和功能意义;可变部分可变化,可填入句法功能相同的变项,但受到不变部分的影响和制约,不变部分控制可变部分的语义结构关系。本章借鉴"X 即(则)不问"已有的研究成果将进一步探讨:(1)句式的语言特征表现;(2)句式的语用功能;(3)句式的形成过程及其演变机制。

第二节 句式特征

一 句法特征

唐宋禅录里常常出现的这种复句句式,在《祖堂集》里以"X 则不问"为常见,在其他禅籍里以"X 即不问"为常见,"即"和"则"在唐宋时代的口语里实际上是同一个词,在这里与现代汉语里的"虽然"的用法相近,写作者因方音稍有差异或用字习惯不同而记成了两个字。该复句结构由前偏后正的两个小句组成,按正句的表达形式可分为疑问句和非疑问句两种情况讨论。

疑问句类型根据疑问成分的不同具体表现为询问主语、谓语、宾语、定语和状语五种形式。

[①] 袁宾:《禅宗著作里的两种疑问句——兼论同行语法》,《语言研究》1992 年第 2 期;张美兰:《〈祖堂集〉语法研究》,商务印书馆 2003 年版,第 174—177 页。

疑问成分为主语基本上使用"如何（是）"询问，相当于"什么"，其中指称对象包括名词性词语、动词性词语和形容词性词语三种情况。例如：

（5）问："四大从何而有？"师曰："湛水无波，沤因风击。"进曰："沤则不问，如何是水？"师云："不浑不澄，鱼龙任跃。"（《祖》卷九，落浦和尚）

（6）问："诸缘则不问，如何是和尚家风？"师云："宁可清贫长乐，不作浊富多忧。"（《祖》卷十三，招庆和尚）

（7）问："承古人有言：'看时浅浅用时深。'浅则不问，如何是深？"师便叉手闭目。学人拟问，师云："剑去远兮，何必刻舟？"（《祖》卷八，曹山和尚）

（8）洞山辞去。师云："多学佛法广作利益。"洞山云："多学佛法即不问，如何是广作利益。"师云："一物莫违即是。"（《景》卷六，南源道明）

以上例句中，例（5）的"沤""水"是名词，例（6）的"诸缘""和尚家风"是名词性偏正短语，例（7）的"浅""深"是形容词，例（8）的"多学佛法""广作利益"是动词性偏正短语，这些例句表明了，"如何是……"形式可以用来询问事物、性状和行为事件。

询问谓语的语例中，使用疑问词"如何"有7例，使用疑问词"作摩生"有2例，"如何"和"作摩生"相当于"怎么样"或"怎样说/讲"，其陈述对象一般在短语后接"时"形式充当。例如：

（9）问："凡圣不到处即不问，不尽凡圣处如何？"师曰："师宗窟中无异兽，象王行处勿狐踪。"（《祖》卷九，落浦和尚）

（10）问："四十九年后事即不问，四十九年前事如何？"师以拂子蓦口打。（《景》卷十六，雪峰义存）

（11）僧问石霜："万户俱闭即不问，万户俱开时如何？"霜曰："堂中事作么生？"僧无对。（《五》卷六，云盖志元禅师）

（12）师问僧："如人在高树上，口衔树枝，脚下踏树，手不攀枝，下有人问：'如何是西来意？'又须向伊道，若道又被扑杀，不道违于他问。汝此时作摩生指他，自免丧身失命？"虎头招上座返问："上树时则不问，未上树时作摩生？"师笑嘘嘘。（《祖》卷十九，香严和尚）

以上例句中，例（10）的"四十九年后（事）""四十九年前事"指事件，例（9）的"凡圣不到处""不尽凡圣处"指空间，例（11）的"万户俱开（时）""万户俱闭时"和例（12）的"上树时""未上树时"都是指时间，这些例句一般用来询问事态或特定时空条件下行为事件发生的情形，其中的"时"也可以理解为话题标记。[①]

疑问成分充当宾语、定语和状语用例分别如下：

（13）从容得二日，师戴帽子上堂，其僧便出来问："承师有言：'恒照常照本来照。'三等照则不问，不照时唤作什摩？"师便却下帽子，抛放众前。其僧却归洞山，具陈前事。洞山却低头后云："实与摩也无？"对云："实与摩。"洞云："若也实与摩，斫头也无罪过。"其僧却归香严，具陈前事。师下床，向洞山合掌云："新丰和尚是作家。"（《祖》卷十九，香严和尚）

（14）师到浏潭，见政上座谓众说话云："也太奇，也大奇！道界不可思议，佛界不可思议。"师便问："道界佛界则不问，且说道界佛界是什摩人？只请一言。"（《祖》卷六，洞山和尚）

（15）问："青山绿水即不问，急切一句作么生道？"师云："垂手过膝两耳垂肩。"（《古尊宿语录》卷九）

例（13）中，"什摩"询问事物指称，"不照时"与"三等照"都是名词性偏正短语。例（14）中，"什摩"询问事物性状，相当于"什么样的"，例（15）中，"作么生"询问行为方式，相当于"怎样"。

非疑问句形式通常是以祈使句形式出现的，有时候使用的前小句与带疑问句一样，但是具有要求对方给予回答的探问意图。例如：

（16）僧问苏州西禅："三乘十二分教则不问，祖师西来的意只

[①] 何继军：《〈宝林传〉句首"尔时"研究》，《暨南学报》（哲学社会科学版）2008年第6期。

请一言。"西禅竖起拂子,其僧不肯。(《祖》卷七,雪峰和尚)

(17)问:"诸余则不问,请师尽其机。"师云:"不消汝三拜。对众道却。"僧云:"与摩则深领尊慈。"师云:"若是别处,则拄杖到来。"学云:"和尚宁不与摩?"师云:"又是不识痛痒。"(《祖》卷十三,报慈和尚。尽其机:把机语的意思道尽)

(18)上堂:"若论此事,如人上树,口衔树枝,脚不踏枝,手不攀枝,树下忽有人问,如何是祖师西来意?不对他,又违他所问。若对他,又丧身失命。当恁么时作么生即得?"时有虎头招上座出众云:"树上即不问,未上树时请和尚道。"(《五》卷九,香严智闲禅师)

以上例句中,"即(则)不问"式主要表达测问语气,例(16)相当于问"祖师西来的意",例(17)相当于问"其机",例(18)相当于问"(如何)吐",可与前面例(12)比较。

二 语义关系

"X则/即不问"复句属于偏正复句,后小句为句子正意所在。"则/即不问"在句中具有较大的凝固性,成为句式的标记成分,置于复句前小句末,将前后两个小句组合成一个让步转折关系的复句,前小句具有让步意味,后小句在前小句的基础上发生语义转折,句子以隐含的对比性转折语义关系为基础,[①] 具体可分为取舍式、对映式、撮要式三种情况。

取舍式:"X则/即不问"的前小句放弃话语中的某一部分内容作为问题,而后小句截取话语中的另一部分内容提问。例如:

(19)动是法王苗,寂是法王根。根苗即不问,如何是法王。(《景》卷十六,乐普元安)

(20)问:"古人有言:'含珠不吐,谁知有宝?'含珠则不问,便请吐。"师云:"看者甚多,弁者甚少。"(《祖》卷十一,睡龙和尚)

(21)问:"古人有言:'皮肤脱落尽,唯有真实在。'皮肤则不

[①] 彭利贞:《无关联词转折复句的形式标记》,《杭州大学学报》1997年第4期。

问，如何是'真实'？"师云："莫是将皮肤过与汝摩？"（《祖》卷十三，招庆和尚）

以上三例中，询问者只选取话语中的一部分"法王根""吐""真实"提问，而放弃话语中的其他部分。

对映式："X 则/即不问"的前小句说明不问所提及的问题，而是在后小句提出语义上相对的另一类问题。

（22）问："啐啄同时则不问，卵子里鸡鸣时如何？"师云："还得音信不？"（《祖》卷九，大光和尚。啐啄同时：修行者、师家机锋相应投合，毫无间隙）

（23）僧问西堂："有问有答则不问，不问不答时如何？"答曰："怕烂却。""郍作摩？"师闻举云："从来疑这个老汉。"（《祖》卷十四，百丈和尚）

（24）问："以一重去一重即不问，不以一重不去一重时如何？"师云："昨朝栽茄子，今日种冬瓜。"（《景》卷十二，陈尊宿）

（25）一毛头师子现即不问，百亿毛头百亿师子现，又作么生？（《五》卷九，仰山慧寂禅师）

例（22）的"啐啄同时"与"卵子里鸡鸣时"，例（25）的"一毛头师子现"与"百亿毛头百亿师子现"，在语义关系上相应；例（23）的"有问有答（时）"与"不问不答时"，例（24）的"以一重去一重"与"不以一重不去一重"，在语义关系上相反。这类例句都在丢下前小句的一方面问题后，后小句提出相对应的另一方面问题。

撮要式："X 则/即不问"的前小句避开不关注的问题，后小句就最关注的问题提问。

（26）罗山问："和尚岂不是三十年在洞山又不肯洞山？"师云："是也。"罗山云："和尚岂不是法嗣德山又不肯德山？"师云："是也。"罗山云："不肯德山则不问，只如洞山有何亏阙？"师良久云："洞山好个佛，只是无光奴。"（《祖》卷七，岩头和尚）

（27）问："南北则不问，和尚足下事如何？"师云："雕砂无镂

玉之机，结草亏道人之目。"（《祖》卷七，夹山和尚）

（28）问："诸余即不问，省要处，乞师一言。"师曰："还得省要么。"（《景》卷二十二，安国从贵。省要处：重要的部分）

以上诸例中，"不肯德山""南北""诸余"等都归之为一般性的问题，而"洞山有何亏阙""和尚足下事""省要处"等都是被认为要害问题而提出来的。

第三节　语用功能

一　勘验探测功能

从信息传递的角度看，句子一般包含有一个起始点和一个目标终点，起始点出现上文已交代的旧信息（含听话人已知或意料中的信息），一般表现为话题，目标终点通常是以限定小句形式出现的命题，是被传递的新信息，而其中是言者假定不与听话人所共享的那部分信息称为句子的焦点。[①]

"X 则/即不问"的前成分为句子的起始点，"不问"为前小句的目标终点，以否定形式存在；后小句的起始点与前小句相关，目标终点里的疑问部分为句子的焦点，是言者最为关注的部分。这种信息结构使"X 则/即不问"问句具有勘验探测的语用功能。在禅语对话问答中，禅师常常可以用来试探学僧悟道的深浅，学僧也常常用来试探禅师道法的邪正。例如：

（29）问："承教中有言：'正直舍方便。'方便则不问，如何是'正直'？"师云："方便里收得摩？"（《祖》卷十三，招庆和尚）

（30）又问："即心即佛即不问，如何是非心非佛？"（《碧岩录》第四十四则）

（31）时有人问："杂货铺则不问，请和尚真金。"师云："嗒镞

[①] Jackendoff, R. *Semantic Interpretation in Generative Grammar*, MIT Press, 1972: 230; Finnegan, E. *Subjectivity and subjectification*, In D. Stein & S. Wright. (eds.). *Subjectivity and Subjectification*, CUP, 1995: 1-24.

拟开口，驴年亦不会。"僧无对。(《祖》卷十八，仰山和尚。杂货铺：比喻高明师匠能依据学人不同根器，采取不同的接引措施。)

例（29）中，"正直"是上文已提及的旧信息，作为话题被承接下来，"如何"被前置于句首位置，学人凸显这一焦点，其目的是向禅师探测该问题的看法。例（30）中，后小句的起始点走向前小句的反面，"即心即佛"与"非心非佛"表面上意思相反，类似这样的问题在禅宗对话中较为常见，询问不仅是为了获取疑难问题的答案，而且往往是为了就某问题达到彼此禅悟的最终目的。例（31）中"X则/即不问"虽然不是以疑问句形式出现的，但仍然要求对方给出回答的，这种回答不排除行为上的，"真金"在句中指禅的真谛，禅宗提倡自识本性，心外无佛，本心自性岂是从别人那里获得的？学僧的探测是不明智的，因此禅师批评他"驴年亦不会"。

二 话题转换功能

话题转换是指话语中言者暂时搁下前一个话题而去谈另一个话题的现象，后一话题与前一话题存在相关联或相对应的关系。"X则/即不问"复句具有话题转换作用，前小句一般承指上文的话题成分，表现出语篇衔接连贯功能，后小句转移到整个句子的新话题，与前小句话题形成对应性或逆反性关系。例如：

（32）百丈垂语云："与摩，不与摩。"有人举似师，师云："我不与摩道。"便云："与摩，与摩，不与摩，不与摩。与摩会，千人万人之中，难得一个半个。"长庆与罗山在临水宅，举此因缘，便问罗山："与摩，不与摩，则不问；与摩，与摩，不与摩，不与摩，意作摩生？"（《祖》卷七，岩头和尚）

（33）师上堂曰："若论此事，眨上眉毛早已蹉过也。"麻谷便问："眨上眉毛即不问，如何是此事。"（《景》卷七，三角总印）

（34）诸缘则不问，如何是和尚家风？（《祖》卷十三，招庆和尚。诸缘：总称一切现象世界之因缘；家风：禅宗各宗派的意旨、风格、特点）

（35）问："心心寂灭即不问，如何是向上一路？"师曰："一条

济水贯新罗。"(《景》卷二十三,妙胜臻)

例(32)中,"与摩,不与摩"是百丈和尚的话,"与摩,与摩,不与摩,不与摩"是岩头和尚的话,两句话在同一个句中代表不同话题,"则不问"在两个主之间表示实现从前话题向后话题的转移。例(33)与例(32)一样,在承接上文的话题中转入所关注的话题,后两例的话题是在避开别的话题下直接引入的。

"X 则/即不问"复句主要用于禅录对话。统计唐宋禅录中的"X 则/即不问"复句全部用例,都是出现在双向性口语对话中,不见于单向性叙述中。可以称为禅录对话里的一种常见表达形式,在大量反复的使用中,"则/即不问"已成了转折复句里具有一定关联作用的凝固结构。

就目及语料来看,唐宋时期的非禅录文献里几乎没有出现过这种句式。《敦煌变文集》里出现了"不问"11 次,但是这种句式也不见一例。而在《祖堂集》以及后来的《景德传灯录》《五灯会元》等禅录文献中却较普遍地出现这种句式,因此可以说,"X 则/即不问"是带有禅录色彩的一种程式化句式。

第四节 演变历史

一 构式化过程

"即(则)不问"式可以追溯到上古汉语,中古时期经过在佛经文献里长期的发展,最终定型于唐五代的禅宗语录中,其形成大体上经过如下三个阶段。

1. 第一阶段:"问(不问)……,不问(问)……"

西汉时期,"问……,不问……"可以构成对比性关系复句,前后小句位置并不固定,句子用来陈述已然的事实,语例稀见。例如:

(36)晋文侯行地登隧,大夫皆扶之,随会不扶,文侯曰:"会!夫为人臣而忍其君者,其罪奚如?"对曰:"其罪重死。"文侯曰:"何谓重死?"对曰:"身死,妻子为戮焉。"随会曰:"君奚独问为人臣忍其君者,而不问为人君而忍其臣者耶?"(《说苑》卷八)

(37) 或问："世言铸金，金可铸与？"曰："吾闻观君子者，问铸人，不问铸金。"或曰："人可铸与？"曰："孔子铸颜渊矣。"（《法言义疏》卷一）

例（36）的"问……，不问……"虽然处于疑问句中，但是该结构是用来转述第二人称所问与没有问的事情，作为一个陈述性小句充当句子的谓语成分；例（37）转述第三人称所问与没有问的事情。两个例句都用于单向性叙述中，在问话人看来，一般总是问相对重要的事情，而不问不重要的事情，两句之间在对立性语义基础上构成联合复句，句意重心倾向较重要的事情，例（37）在"铸人"上，例（36）晋文侯与大臣随会在看法上存在差异，故出现反问句中。

不过，当"问"后面接人名宾语时，不一定像事物宾语一样都表示"询问"义，而是通常表示"问候"的意思。例如：

(38) 书未发，威后问使者曰："岁亦无恙耶？民亦无恙耶？王亦无恙耶？"使者不说，曰："臣奉使使威后，今不问王，而先问岁与民，岂先贱而后尊贵者乎？"（《战国策》卷十一）

(39) 妇人疾，问之（妇人），不问其疾。（《礼记·坊记》）

"问"表示"问候"义，只能带单宾语，这一类情况被排除在我们的"问（不问）……，不问（问）……"语例之外，因为宾语在表示"问候"义的"问"后面不容易前置为受事主语，如通常不能说"今王不问""之（妇人）问"等，而在"询问"义后面却很容易发展为受事主语，也即有可能成为"即（则）不问"式复句的源头。

2. 第二阶段："不问……，问……"

六朝时期，佛经文献里继承了"问（不问）……，不问（问）……"复句用来陈述已然事实的用法，其语例仍为稀见。例如：

(40) 问曰："上诸事中，何以但问'不得经中滋味'，不问余者？"（东晋·鸠摩罗什译《大智度论》卷六十八）

(41) 婆罗门随路思惟：我今唯问沙门瞿昙未来诸佛，不问过去。（南朝宋·求那跋陀罗译《杂阿含经》卷三十四）

然而，这一时期的佛经文献里也开始出现少数"不问……，问……"语例，与"问（不问）……，不问（问）……"不同的是："不问……，问……"句子由陈述已然的事实转为对当下问题的询问，"不问"小句仍为陈述形式，"问"小句出现疑问形式，原来的联合复句重心开始后移，变为偏正复句，且一般都可以用于双向性对话中。例如：

（42）我不问汝学以无学，我但问汝奉侍佛来二十五年，汝颇忆有起欲心耶？（东晋·僧伽提婆、僧伽罗叉译《中阿含经》卷八）

（43）尊者阿难复语曰："摩纳！我不问汝恭敬、尊重、奉祠谁；我但问汝此二道迹，何者最上、最妙、最胜耶？"（东晋·僧伽提婆、僧伽罗叉译《中阿含经》卷三十五）

（44）我不问此事，自问四大，地、水、火、风，何由永灭？（东晋·佛陀耶舍、竺佛念《佛说长阿含经》卷十六）

（45）佛言："汝已自说识无有识，非今非未来非过去。汝今言是谁乎？"答曰："欲言识耶？种姓生乎？"佛言："我不问此识菩萨生，但问识为有为无？"（东晋·竺佛念译《菩萨璎珞经》卷五）

（46）论曰："何者为差别？"释曰："此不问通性，但问诸识差别？"（陈·真谛《摄大乘论释》卷五）

（47）今不问汝知，但问汝为见为不见耶？（隋唐·吉藏《二谛义》卷下）

唐代以来，"不问……，问……"复句的疑问用法随着佛经的传播不仅在与佛经相关的文献中得到运用，也开始在俗家文献里得到运用，后小句带不带"问"语用功能一样，只不过在第一人称后带"问"语气更强，而直接以"不问……，……？"形式出现语气一般罢了。例如：

（48）不问别余，即问上人，涅槃经疏抄，从甚处得来？（《敦煌变文集新书·庐山远公话》）

（49）僧问："不问祖佛边事，如何是平常之事？"师曰："我住山得十五年。"（《景》卷二十三）

（50）你便是端云孩儿？我不问你别的，这药死公公是你不是？（《全元杂剧·关汉卿》）

（51）上曰："朕不问此，只欲问河中可捣否。"（《金史》卷一一四）

（52）金相道："本院不问你别事，只问你又全的札付及一切机密书札藏在何处，若据实说出，便免你罪。"（《野叟曝言》卷八十五）

（53）我不问你别的，只问你有什么东西带回来？（《行知诗歌集·问自己》）

（54）主角永远是人而非物，不问物品是否有用，而问物品对于"当下的我"是否有用——这就逼着这位老兄开始琢磨这把网球拍与他的关系。（《解放日报》2014年2月21日）

以上语例表明，"不问……，问……"复句已经基本上具备了"即（则）不问"式复句的基本的句法语义特征和语用功能：言者避开当下的一般问题不问，而直接询问较为重要的问题。但是句子的格式并没有定型，其语用功能特征尚不明显。

3. 第三阶段："……不问，……？"

如果说，用来陈述的句子"问（不问）……，不问（问）……"与"不问……，（问）……"一般是施事者或言者等"人"作主语的话，那么，我们通检了《大正藏》后发现，"事物"作主语的句子也在中古的佛经文献里出现了。例如：

（55）尔时萨陀波伦闻空中声已，于是东行，东行不久，意中念言："向者不问，我当于何去？去是几所，当从谁闻？"（西晋·无罗叉译《放光般若经》卷二十）

（56）一事不问，须问余事。（东晋·筏提摩多译《释摩诃衍论》卷三）

（57）第一说一切罪即忏悔，是前已偏明，故今不问。余三未说，故今请之。（唐·义净译《金光明最胜王经疏》卷三）

直到晚唐五代，禅宗语录中才出现了"即（则）不问"式复句，其用例首见于《祖堂集》（参见第一部分语例），这一时期使用"……则不问，……"句式偏多，而两宋时期使用"……即不问，……"句式偏多。

晚唐五代至今,"即(则)不问"式复句几乎只在禅录中存在,非禅录文献罕见用例。另如:

(58)方便则不问,如何是"正直"?(《祖》卷十三,招庆和尚)

(59)问:"如来降下于忉利,莲花示现于金轮即不问,如何是今日一会?"师云:"大众普闻。"(《汾阳无德禅师语录》卷上)

(60)眨上眉毛即不问,如何是此事?(《指月录》卷九)

例(58)至例(60)中,"方便""如来降下于忉利,莲花示现于金轮""眨上眉毛"都是表示事物的,在句中充当主语,在对话中作为对方提及的话题,被言者搁下来,可以说这时候的"即(则)不问"式复句是一种转移话题的问句。

综上,"即(则)不问"式复句的形成发展主要经过如下三个过程:(汉代)"问……,不问……" > (六朝)"不问……,(问)……" > (唐宋)"……即(则)不问,……?"。句子的形式特征由较为松散的并列复句发展为较为紧密的偏正复句,语用功能由对言语事实的陈述到转移询问,宾语前置后的"即不问"凝固性增强,且具有一定的关联作用。

二 同源句式

文字学、词汇学上存在同源字、同源词的概念,我们在对句子作历时分析时提出同源句概念,将具有同一发展源头其间具有衍生关系的一族句子称为同源句。同源句之间存在滋乳关系,起初发源的句子是起源句,由此发展而来的句子都可统称为衍生句,同源句有基本的句法成分和语义关系,但是语用功能不尽相同。

由上一小节分析可知,"问……,不问……"复句、"不问……,(问)……"复句和"即(则)不问"式复句可称为同源句,前者是起源句,后二者是衍生句,前者陈述已然事实,后者可用来表示对当下问题的询问,"即(则)不问"复句还可以用来转换话题,但是三个句式都是在对比复句为基础,基本的句法结构都是两个主谓结构组成的双句式。

为了叙述方便,我们用 A 式、B 式、C 式依次代表"问……,不问……""不问……,(问)……"和"即(则)不问"式复句,选择汉代以来的几部代表性文献《说苑》《中阿含经》《洛阳伽蓝记》《祖堂集》《五灯会元》《指月录》，将三种同源句的使用情况作一统计，如表5-1所示。

表5-1 "即（则）不问"式同源句用例统计

文献（万字）	成书年代	A式	B式	C式	同源句
说苑（13）	前17年	1	0	0	1
中阿含经（64）	398年	0	4	0	4
洛阳伽蓝记（4）	547年	0	0	1	1
祖堂集（25）	952年	1	1	25	27
五灯会元（78）	1252年	0	11	111	122
指月录（60）	1595年	4	0	30	34

表5-1显示，"即（则）不问"复句源自上古汉语，中古的佛经文献里可以找到少数"不问"与"问"构成的转折复句，直到晚唐五代以前用例一直罕见，而在唐宋禅录里高频次出现，从同源句的数量统计可知这时候已经成熟定型了，是禅录对话中带有行业特色的句型。结合前面的分析可知，尽管时代在变化，"即（则）不问"复句使用范围仍局限在晚唐五代以来的禅录对话中，具有特殊的时代性和行业性。

三　构式化动因与机制

（一）主观化与语境制约

句法的变化，既受到句法结构规则变化的影响，也受到人们思维定式和约定俗成的表达习惯的制约，是在多种原因综合影响下缓慢调整的结果。"即（则）不问"复句形成的动因主要来自以下两种。

一方面是主观化影响。一般来说，句子在表达命题义之外，还可能包含言者对句子命题的主观认识或态度。如果这种含有言者主观认识和态度的成分逐渐衍生出可识别的语法成分，就是主观化。[①] 句法演变中的主观化表现在很多方面，如由命题功能转变为言谈功能，由客观意义转变为主观意义，由非认识情态转变为认识情态，由句子主语转变为言

---

① Traugott, E. C. *Subjectification in grammaticalisation*, In Stein & Wright subjectivity and subjectivisation, Cambridge University Press, 1995: 48.

者主语等。① 主观化增强是"即（则）不问"复句演变过程中的主要动因。我们先来看下列例句：

（61）a. 坦然禅师问："如何是祖师西来意旨？"师曰："何不问自家意旨，问他意旨作什摩？"（《祖》卷三，老安国师）
　　b. 上座云："不问石头作沙弥时参见六祖，南泉迁化，向什摩处去也？"师云："教伊寻思去。"（《祖》卷十七，岑和尚）
　　c. 僧问西堂："有问有答则不问，不问不答时如何？"答曰："怕烂却。"（《祖》卷十四，百丈和尚）

以上三例分别代表同源句的三种形式，在 a 例中，"不问自家意旨，问他意旨"是一个客观命题，主语为施事行为主语（听话人），"不问""问"分别相当于"没有问"和"问了"的意思，句子不行使言谈功能，不含有认识情态成分。在 b 例中，"不问石头作沙弥时参见六祖，南泉迁化，向什摩处去也？"具有言谈功能，言者在前句中作为施事行为主语，在后句中作为言者主语，"不问"相当于"不想问"，含有认识情态，句子表示言者将行的事件，属于虚拟事件，明显增加了主观意义。在 c 例中，复句的前后小句主语都是话题，言者主语隐含其中，行为施事主语的地位下降，句子的言谈功能突出，主观化程度最强，前小句让步，后小句转折，其语义关系都是以言者的认识情态为转移的。

B 式、C 式与 A 式之所以在以上种种方面不相同，是因为句子的主观性程度发生了变化，而任何意义上的变化都必然会在形式上有所表现，因此三者经过了由对立性联合复句到偏正复句到话题转换的转折复句三个明显阶段。

另一方面是受语境制约。任何语言演变的动因都来自语言的运用，禅宗当下实践的语用环境是句法形式变化的又一诱因。

该同源句一开始用于单向性叙述句中，陈述一个对立的事实，信息传递是陈述句的目的，"问"与"不问"组成的小句一般遵循常规顺序，较重要的事情先说，不重要的事情后说，因此在结构形式上，"问"与"不

---

① Finnegan, E. *Subjectivity and subjectification*, In D. Stein & S. Wright. (eds.). *Subjectivity and Subjectification*, CUP, 1995: 1–24.

问"组成的小句位置不具有固定性。后来，在佛教文献里，僧徒们时常利用这种句子来提出重要的问题，这时候在双向性对话问答中使用句子的目的是为了探寻答案，"不问"不是目的，"问"才是目的，"问"句后置也是符合人们一般的心理认知顺序的，在形式上也适合在句尾行使全句语调，于是形成复句"不问……，问……？"。原句式在语义关系上发生细微变化，句法语义重心在后，成为具有转折关系的偏正复句。在禅录中，对话变得更为频繁更为突出，这样的对话就不是简单的对话，往往是连续性对话了。问句不仅承载询问的功能，还要担负语篇接续的作用。由于不重要的信息可能是上文已提及的或言说者可推知的，可以作为旧话题或部分旧信息而接受"不问"支配，因此为了语篇连贯，需要将"不问"的宾语部分前置为话题。问句中新信息固定在后小句，随着让步义连词"即、则"进入句中，句子的主观性更强，言者主语隐含，于是句子的话题得到凸显，后小句话题受语义结构"即（则）不问"的影响，通常转向对另一话题进行提问。

这样，"即（则）不问"复句不仅强调言者的主观看法，而且在语篇结构上有衔接过渡作用，所以说，由单向性陈述句、双向性问答对话句演变到"即（则）不问"转换话题句，句子的功能相应地发生了变化，而语用语境制约是导致"即（则）不问"复句形式产生的又一条件。

（二）重新分析与语用推理

"重新分析是语法历史演变的重要机制"[①]，是一种表层结构形式没有明显变化而内部的结构关系发生变化的过程和现象。"即（则）不问"复句在由并列复句至偏正复句至话题转移问句的演变中，其句法成分组合经过重新分析的过程。

在A式中，句子在不用标记成分的情况下，陈述两个已然的行为事实，"问"与"不问"构成的前后小句语义关系对立，结构关系平行，是一个并列关系的复句，句子的结构为"不问……，问……"或"问……，不问……"。例如：

（62）问曰："佛何以不答不二因缘？还以不二解。"答曰："阿难不问不二因缘，但问何法不二。是故佛答色等诸法不二故。"（东

[①] 刘丹青：《重新分析的无标化解释》，《世界汉语教学》2008年第1期。

晋·鸠摩罗什译《大智度论释劝受持品》卷三十四)

(63) 贤者阿难,我不问汝学以无学,我但问汝奉侍佛来二十五年,汝颇忆有起欲心耶?(东晋·伽提婆、伽罗叉译《中阿含经》卷八)

在 C 式中,"不问"的宾语前置为话题,且句中有让步义连词"则/即"插入,因此句子是一个转折关系的偏正复句,句子的结构为:……则/即不问,……。例如:

(64) 达磨来时即不问,如何是未来时事?(《五灯会元》卷八,国泰院瑫禅师)

在 A 式向 C 式演变的过程中,存在一个中间的过渡阶段,我们从前面的分析中可以看到 B 式在复句类型上与 A 式同类,但是文献中少数 B 式是我们看到句式在过渡阶段发展的痕迹。例如:

(65) 尊者阿难复语曰:"摩纳!我不问汝恭敬、尊重、奉祠谁;我但问汝此二道迹,何者最上、最妙、最胜耶?"(东晋·伽提婆、伽罗叉译《中阿含经》卷三十五)

例句中的"我不问汝恭敬、尊重、奉祠谁;我但问汝此二道迹,何者最上、最妙、最胜耶?"可以分析为对立性的联合复句,这时候"何者最上、最妙、最胜耶"作为后小句的补充性小句。当"我但问汝此二道迹"省去之后,原来的对立性的联合复句就会发生重心转移,小句之间隐含让步转折的意味了。

"不问"在经过由 A 式、B 式到 C 式的发展演变中"不问"句法结构内部也经过了一个重新分析的过程。

在 A 式、B 式里,"不问"前成分是行为施事主语,后面是受事宾语,前小句结构为:施事主语 + 不 + (问 + 受事宾语)。而在 C 式里,由于主观情态成分"则/即"的存在,句子的主观化增强,客观行为义淡化,"不问"的宾语前置,随着出现频率的提高,"不问"具有凝固性,这样前小句结构就变为:受事宾语 + (不 + 问)。因此实际上"不问"与句内成分结构也进行了重新组合：不+（问+宾）—宾+（不问），完成了一次重新分析。

语用推理指的是"话语交际中言谈事件的参与者根据特定的语用原则由一个语句的字面意义推导出会话含义的过程"。[①]"不问"属于行为者可控的一种行为，涉及对象一般是不重要的事情，在对立性复句里，"不问"是一种没有问的已然行为，而在转折性复句里，"不问"是一种不想问的当下行为。前一种复句表达的意思蕴含后一种复句："没有问不重要的事情"蕴含"不想问这类事情"的意思。

根据语用推理，行为者认为不重要的事情就不会问，因此"没有问的不重要事情"也是"不愿问、不想问的事情"，只不过前者为事实，后者为虚拟。"如果话语形式经常传递某种隐含义，这种隐含义就逐渐'固化'，最后成为那种形式的固有的意义。"[②] 当"不问"反复在问句环境下表示"不愿问、不想问"的时候，行为动作便带有了这种主观认识义，这也可以从让步义关联词"则/即"与之凝固在一起上面看得出来。

唐宋禅录里，类似这类词语的后移似是一种趋势，[③] 如《祖堂集》里，"不问"共59例，"不问"在前小句末尾有25例，形式统一为"X则/即不问"。《景德传灯录》里"不无"共16例，"不无"位置全部在前小句末尾，形式统一为"X即不无"。

第五节　结语

汉语是一种缺乏形态的语言，汉语史上的许多语言演变现象较难在表层结构上看出差别，但是任何形式的变化必然意味着功能意义的不同，每个演变阶段的用法往往是能够保留下来的。本章在描写分析近代汉语禅籍里"X则/即不问"的基础上，对这一汉语史特定阶段上存在的句型演变进行考察，结论如下：

（1）同一句子结构形式相同，但是语义关系不尽相同；同一句子结

[①] 吴福祥：《语法化演变的共相与殊相》，《语法化与语法研究（二）》，商务印书馆2005年版，第293页。

[②] 沈家煊：《语用法的语法化》，《福建外语》1998年第2期。

[③] 袁宾：《唐宋禅录语法研究》，《觉群·学术论文集》，商务印书馆2001年版，第296—310页。

构语义关系相同，结构表现形式不一定相同。在汉语史发展的同一时期，"不问……，问……"既可以分析为并列复句，也可以分析转折复句，而在汉语史发展的不同时期，"不问……，……?"可以分析为转折复句，"……（则、即）不问，……?"也可以分析为转折复句。如何将汉语史上这些在句法、语义等方面存在相互联系的句子统括起来研究，使用同源句概念。

（2）任何语言形式的出现与存在都离不开人们的实际运用，"X 则/即不问"句式出现在禅录对话中，是禅宗语言实践下的产物。"X 则/即不问"的源头可追溯到上古汉语，但是与晚唐五代《祖堂集》中成熟的其他特殊句型一样，这种句式在行业以外的文献中极少用例，而在行业以内的文献中却经常地使用。由于晚唐五代是以慧能为代表的禅宗（南宗）盛行的时期，禅宗认为人们的日常活动是人的自然本性的表露，这种"明心见性"的思想在语言中也产生了不同程度的折射，因此"X 则/即不问"由客观陈述句演变为让步性问句离不开禅宗语言主观化的语言环境。

第六章

"如Y相似"比拟句

本章以形式与意义的关系为中心，对唐宋禅录里的"如Y相似"比拟句特征进行探讨，并比较从中古到近代各个不同发展时期的结构与功能。认为上古出现"如Y相似"比拟句的同形结构，在中古时期的佛经译文里发生了重新分析，唐宋时期"如Y相似"比拟句基本成熟，其表达功能的变化反映了句式结构发展的历史进程。

第一节 引言

汉语的比拟式是表示两个事物之间有相似关系的结构，[1] 关于汉语比拟式的历时研究已有数篇专论。李思明依据晚唐到清初的九种有影响的语料，得出比拟助词体系萌芽于晚唐宋代、成熟于元明的结论，指出"似"系比拟助词最早的词形是"相似"（晚唐时即已使用），发展过程由"似"至词组"相似"至复合动词"相似"而最后虚化为比拟助词"相似"的过程（明后"是的"与"似的"并用）。[2] 江蓝生从语言渗透、语言融合的角度对汉语比拟式作了历史考察和分析，梳理了它的发展轨迹和脉络，认为唐宋时期出现了新的比拟助词"相似""一般"，其语法功能都是在句中作谓语，直到五代以后才有少量简式作状语的例子，金元时期出现了与先秦唐宋完全不同的新的句式和语法功能，这种句式是受阿尔泰语（主要是蒙古语）语法影响而产生的，并经过逐步调整、改造而纳入汉语语法体系。[3] 张美兰对唐五代笔记小说做了调查，发现助词"相似""一般"等偶有所见，而唐宋禅录里出现较多的新式"如/若/似……相似/一般/

---

[1] 江蓝生：《从语言渗透看汉语比拟式的发展》，《中国社会科学》1999年第4期。
[2] 李思明：《晚唐以来的比拟助词体系》，《语言研究》1998年第2期。
[3] 江蓝生：《从语言渗透看汉语比拟式的发展》，《中国社会科学》1999年第4期。

许",并且从认知基础和句式位移等角度分析了金元时期产生的新比拟式。① 魏培泉《中古汉语时期汉文佛典的比拟式》指出中古时期汉语佛典中的比拟式逐渐发展出与上古汉语有异而接近代汉语的形式,由此产生"X 如 Y 相似"等新句式来。并进而推测:新的比拟句式主要来自复句的紧缩,在仿效表等同或类同的"与"字式基础上产生的,而词汇复音节化是新句式取代上古汉语旧形式的原因。②

本章在以上研究成果的基础上,以早期近代汉语唐宋禅录中的"如 Y 相似"式为研究对象,(其中"如"代表比拟动词,"Y"为比拟客体,"相似"为框式标记词,)从句式上首先对"如 Y 相似"比拟句进行共时描写,然后结合前后时期一些有影响的文献用例进行比较,对其起源、使用情况、演变机制等问题做进一步探究。

第二节 句式特征

一 句法特征

唐五代口语化代表性的文献里,《敦煌变文集》和《祖堂集》各出现语例 3 次和 22 次,③ 其中使用全式"如 Y 相似"有 16 例,使用简式"Y 相似"有 9 例,"如"代表比拟类动词,"Y"为比拟客体,"相似"是助词,作为标记词。例如:

(1) 时有坚牢树神,走至殿前唱喏,状如豹雷相似,……。(《敦煌变文集新书·庐山远公话》)

(2) 不同窒塞人紧把著事不解传得,恰似死人把玉攦玉相似。(《祖》卷七,岩头和尚)

(3) 岑上座便拦胸与一踏。师倒,起来云:"师叔用使,直下是大虫相似。"(《祖》卷十八,仰山和尚)

(4) 此事似个什摩?闪电相似,石火相似,火焰相似,霹雳相

---

① 张美兰:《〈祖堂集〉语法研究》,商务出版社 2003 年版,第 97—123 页。
② 魏培泉:《中古汉语时期汉文佛典的比拟式》,《台大文史哲学报》2009 年第 5 期。
③ 李思明:《晚唐以来的比拟助词体系》,《语言研究》1998 年第 2 期;张美兰:《〈祖堂集〉语法研究》,商务印书馆 2003 年版,第 98—101 页。

似。(《祖》卷十一,保福和尚)

例(1)例(2)例(3)使用了全式比拟句,例(4)使用了简式比拟句。两部文献里全式比拟类动词多数使用"如"(9例),唐宋禅录里出现少数使用"似"(3例)和"是"(1例)的语例。

与比拟主体一致,比拟客体Y可以由名词性词语充当,也可以由谓词性词语(包括主谓短语)充当,其中名词性词语(15例)、谓词性词语(7例)。例如:

(5)王见怒蛙,犹自下马抱之,我等亦须努力,身强力健,王见我等,还如怒蛙相似。(《敦煌变文集新书·伍子胥变文》)

(6)舜子是孝顺之男,上界帝释知委,化一老人,便往下界,来至方便与舜,犹如不打相似。(《敦煌变文集新书·舜子变》)

(7)宗和尚喝云:"什摩念经,恰似唱曲唱歌相似,得与摩不解念经。"(《祖》卷十八,仰山和尚)

(8)心地若空,慧日自现,犹如云开日出相似。(《祖》卷十四,百丈和尚)

以上例句中,例(5)的"怒蛙"与"王"为名词性词语,例(6)的"不打"与"至方便与舜(传法与舜)",例(7)的"唱曲唱歌"与"念经",以及例(8)的"云开日出"与"心无所行"都是谓词性词语。

"如Y相似"的结构层次为"[如Y]相似",大都在句中充当谓语,唐五代禅籍《祖堂集》里出现了疑似补语一例。例句如下:

(9)粗食接命,补衣寒暑,兀兀如愚如聋相似,稍有相亲分。(《祖》卷十四,百丈和尚。兀兀:昏昏沉沉)

例(9)的"如愚如聋相似"补充说明"兀兀"意思的,我们认为可以理解为补充成分,因为在年代稍后的《景德传灯录》里面也出现了两例,应该不是偶然的。例如:

(10)如今看著尽黑漫漫地如黑汁相似,自救尚不得,争解为得

他人？（《景》卷十八，玄沙宗一）

（11）如羊相似乱拾物安向口里。（《景》卷二十八，赵州从谂）

以上二例中，前一例"如黑汁相似"是说明"黑漫漫地"的补语，后一例"如羊相似"是描述"乱拾物安向口里"的状语。

二 语义特征

比拟句是在不同性质的事物或现象之间建立相似关系的语言结构，其语义成分主要包括比拟主体、比拟客体和比拟项三要素，比拟主客体在语义上可分为事物和事件两类，"比拟项"表明主客体之间的相似性，在相似关系明了的情况下可以不出现。① 例如：

（12）莫嫌古德夙根，悬铎相似，触著则应，是与摩根器始得。（《祖》卷十二，禾山和尚）

（13）若能一生心如木石相似，不为阴界五欲八风之所漂溺，则生死因断，去住自由。（《祖》卷十四，百丈和尚）

（14）往来生死，如门开合相似。（《祖》卷十四，百丈和尚）

（15）风穴认得便问："上座是当时问南院啐啄同时话者否？"僧云："是。"穴云："会也未。"僧云："会也。"穴云："当时作么生？"僧云："当时如在灯影里行相似。"穴示："你会也。"（《古尊宿语录》卷七）

例（12）中，比拟主体、比拟客体、比拟项分别是"古德夙根""悬铎""触著则应"，"古德夙根"意谓古代高僧的悟性，属于抽象事物，"悬铎"属于具体事物，两者是性质不同的事物。例（13）中，比拟主体、比拟客体、比拟项分别是"心""木石""不为阴界五欲八风之所漂溺"，"心"被看成是有情有识的实物，"木石"被看成是无情无识的实物，两者是性质不同的事物。例（14）的比拟项没出现，比拟主体是"往来生死"，属于佛教修行中的大事，比拟客体是"门开合"，不属于修

---

① 刘大为：《比喻、近喻与自喻——辞格的认知性研究》，上海教育出版社2001年版，第85—98页。

行中的事，两者是性质不同的事件。例（15）的比拟项没出现，比拟主体是"上座是当时问南院啐啄同时话者"，属于言语事件，比拟客体是"在灯影里行"，属于肢体事件，两者是性质不同的事件。就《祖堂集》而言，作为人物类的比拟主客体占大多数（共16例）。

比拟项在语义上含有比拟主客体共同语义特征，一般来说具有比拟客体的典型特征与比拟主体的非典型特征，比拟主体因比拟客体的存在而使得相应的特征得到凸显。例如：

（16）寻常道"我会禅"，口如铃相似，今日为什摩大师问著总无语？（《祖》卷九，罗山和尚）

（17）不用一日三度五度上来，但如山里燎火底树桩子相似，息却身心……①（《祖》卷十，长庆和尚）

（18）心无所行，心地若空，慧日自现，如云开日出相似。（《五》卷三，百丈怀海禅师）

例（16）中"铃"具有清脆响亮的典型特征，在这里突出学僧应答快而动听的特点。例（17）中，文中原为"如"原为"知"，注解疑为"如"字之讹，这里按注解理解，"燎火的树桩"具有的典型特征，形象表明学禅者在息除妄念后还原清净法身之态。例（18）中"云开日出"具有明朗的典型特征，被用来显示心空入道时顿悟一切的光明之境。

第三节　演变历史

一　南北朝以前

在上古文献里，存在"相似"作为比拟动词位于句尾的例子，表示事物之间的相类相似关系，如"是故知鬼神之情状，与天地相似，故不违。"（《易传·系辞上》）、"面目与顷公相似，衣服与顷公相似。"（《春秋公羊传·成公二年》）等。目前从我们见到的文献来看，大约汉代时已存在与"如Y相似"比拟句同形的结构，例如：

---

① 静、筠:《祖堂集》，中华书局2007年版，第489页。

(19) 今公国，其利害之相似，正如孪子之相似也。(《战国策》卷二十八)

(20) 比若四时气，五行位，虽不同受，内同气转相生成。犹若人头足不相似，内反合成一人也。(《太平经》卷九十二)

例(19)表示孪与子之间的关系和公国的利益与危害之间的关系相似，例(20)表示人头与人足之间的关系和四时气与五行位之间的关系相似。这类例句一般都由前后两句组成，前后句都表达事物关系，两种事物关系之间形成同构，这种"相类""相似"的关系义由动词"相似"表示。句中"如"表示比较或譬况的意义。"如Y相似"句法上是双动词结构，其结构层次应分析为："如｜X相似"，其中"X相似"是主谓短语。

六朝时期的佛经译文里，"如Y相似"比拟句的同形结构也被用来表达事物（或现象）之间的相类相似关系，主要以双句式的形式出现。例如：

(21) 中有生有，譬如印作字，如父子相似。(曹魏·代译《阿毗昙甘露味论》卷上)

(22) 复次如镜中像与面相似，余果亦应与因相似，而不然，是故物不生物。(东晋·鸠摩罗什译《百论》卷下)

(23) 是故彼法犹如彼萌芽与子相似。(东晋·僧伽跋澄等译《僧伽罗刹所集经》卷中)

(24) 若二者应有异，如牛角相似故不异，长短差别故有异。(刘宋·求那跋陀罗《楞伽阿跋多罗宝经》卷四)

(25) 不同体相，如牛二角相似不异。(元魏·菩提留支译《入楞伽经》卷六)

例(21)的"中有"与"有"之间关系的相类相似如同父与子之间的关系，例(22)"镜中像"与"面"之间关系的相类相似如"余果"与"因"之间的关系，例(23)"彼法"之间关系的相类相似如同"彼萌芽"与"子"之间的关系，例(24)"二者"之间关系的相类相似如同"牛角"之间的关系，例(25)"体"与"相"之间关系的相类相似如同"牛二角"之间的关系。

从上面的语例中可以看出，佛经译文里使用了中古汉语已有的"如 Y 相似"比拟句的同形结构，可能是这种结构较适合于佛经文献"以明了事故说譬喻"的表达需要，因此这些双句型譬喻句在译经文献中出现了套用现象，而在同时期的中古文献很少见到。

更为有趣的是，这一时期的佛经译文里，我们发现了"如 Y 相似"比拟句的同形结构的用例：

（26）念念生灭，相续相似生故，可得见知；如流水、灯焰、长风，相似相续故，人以为一。（东晋·鸠摩罗什译《大智度论释初品中八念义第三十六之余》）

这里的"相似"与"相续"构成连动结构，虽然表明"相似"还具有动词的用法与功能，但是已向我们显示了一个十分重要的信息："如 Y 相似"比拟句的同形结构正在发生变化，"Y"与"相似"之间的直接关系开始转向与"如"之间的直接关系，即"［如｜Y 相似］＞［如 Y｜相似］"。

二 南北朝时期

随着"如 Y 相似"比拟句的同形结构在佛经译文里的套用，"如 Y 相似"比拟句开始被用来表达两种不同事物之间的相似关系，这种相似关系比较直接。句法上结构中心前移，Y 与"相似"之间的关系松弛，难以发生陈述与被陈述的关系。例如：

（27）彼一切苦，此中具受，十倍更重，四百四病，如地狱中极恶相似。（元魏·般若流支译《正法念处经》卷十）
（28）彼处骨身，如雪相似，自身生火。（同上，卷十二）
（29）缠束行者，如网相似。（北周·法上《十地论义疏》卷三）
（30）爱著三界障戒，不得出离，如缚相似。（同上）

以上例句中，例（27）表示两种性状"彼一切苦"与"地狱中极恶"之间存在相似关系，例（28）表示两种实体"彼处骨身"与"雪"之间存在相似关系，例（29）表示两种行为"缠束"与"网（动词）"之间存在相似关系，例（30）表示两种行为"爱"与"缚"之间存在相似关系。各例中的句式结构中心已前移至"如Y"上，构成动宾结构，"如Y相似"宜分析为"如X｜相似"，不过"如Y相似"比拟句主要以句子形式附于比拟主体所在的句子之后，"相似"处于虚化过程，不过在句中的助词特征尚不明显。

三　唐宋时期

"如Y相似"比拟句在佛经译文里经过长期的使用过程，到了唐宋时期，在一些与佛禅相关的文献里也开始使用起来，"如Y相似"比拟句具备表达两种事物之间相似关系的功能，语法功能以充当谓语成分为常见。例如：

（31）诸欲如枯骨，亦如软肉段，如草炬相似，犹如大火坑。（唐·玄奘译《瑜伽师地论》卷十六）

（32）乘佛愿力速生西方，受诸快乐，犹如蚁子乘翅鸟力上山相似。（唐·道镜、善道《念佛镜本》）

（33）兵众各自平章："王见怒蜗，犹自下马抱之，我等亦须努力，身强力健，王见我等，还如怒蜗相似。"（《敦煌变文集新书·伍子胥变文》）

（34）（你）每日在长连床上，恰似漆村里土地相似！（《祖》卷七，岩头和尚）

以上例句中，例（31）、例（34）用"如Y相似"比拟句比拟两种事物，例（32）、例（33）用"如Y相似"比拟句比拟两种事件。"如Y相似"比拟句的句法语义关系已发生了重大变化，"相似"的虚化程度较高，发展成为一个可有可无的助词，完全可以删去，因此，在句中已虚化成为助词。

通过对以上语例的考察和本章第一节的语例统计与分析可知，"如Y相似"比拟句萌芽于中古时期的佛典翻译文献，至晚唐时"相似"已经成为一个助词。我们的观察与魏培泉的结论具有一致性。[①] 李思明认为比

[①] 魏培泉：《中古汉语时期汉文佛典的比拟式》，《台大文史哲学报》2009年第5期。

拟助词的早期形式"相似"萌芽于晚唐时期，比上面所观察到的语言实例稍晚。① 江蓝生认为比拟式出现于唐宋，② 在时间概念上略显宽泛。

四 元代以后

到了元代，新的比拟助词"也似/似的"开始大量进入"如 X 相似"式，所不同的是，"如 + X + 也似/似的"通常以省略形式"X + 也似/似的"面貌出现，在句中主要充当定语或状语的功能。例如：

(35) 我立的其身正，倚仗着我花枝般模样，愁甚么锦片也似前程！（《关汉卿戏曲集·杜蕊娘智赏金线池》）

(36) 李逵拽开脚步，浑如驾云的一般，飞也似去了。（《水浒传》第五十三回）

(37) 咱们贾府正在姑苏扬州一带监造海舫，修理海塘，只预备接驾一次，把银子都花的淌海水似的！（《红楼梦》第十六回）

第四节 演变条件

一 重新分析

由第三节分析可知，"如 Y 相似"比拟句的同形结构最早出现在上古文献里，后来中古的佛经译文里也出现少量的语例，并逐渐发展出"如 Y 相似"比拟句，到了晚唐五代，在与佛经相关的文献里"如 Y 相似"比拟句得到定型。在这一演变过程中，"Y"与相邻部分"如""相似"之间的关系变化导致句法结构层次的改变，从而"如 Y 相似"比拟句发生了重新分析。

重新分析是句法演变的重要机制之一，"它改变一个句法模式的底层结构，却不涉及表层表现的任何直接或内在的调整的机制"③。"如 Y 相似"比拟句的演变过程重新分析为：［如｜Y 相似］＞［如 Y｜相似］。例如：

---

① 李思明：《晚唐以来的比拟助词体系》，《语言研究》1998 年第 2 期。
② 江蓝生：《从语言渗透看汉语比拟式的发展》，《中国社会科学》1999 年第 4 期。
③ 刘丹青：《重新分析的无标化解释》，《世界汉语教学》2008 年第 1 期。

(38) 今公国，其利害之相似，正如李子之相似也。（见例19）

(39) 念念生灭，相续相似生故，可得见知；如流水、灯焰、长风，相似相续故，人以为一。（见例26）

(40) 往来生死，如门开合相似。（见例15）

例（38）中，"相似"在语义上与"李""子"发生直接关系，双动核"正如李子之相似"的结构关系为"［正如｜李子之相似］"。例（39）中，"相似"在语义上也与"流水、灯焰、长风"发生直接关系，但是双动核"相似"与"如流水、灯焰、长风"的结构关系为"［如流水、灯焰、长风｜相似］"。例（40）中，"相似"是结构助词，可以删去，与"门开合"在语义上不发生直接关系，"如门开合相似"成为单动核结构，结构关系为"［如｜门开合］相似"。

二　句法环境

"如Y相似"比拟句发生重新分析的句法环境可能是双句式。佛经流传我国后，需要对许多抽象佛理和虚空境界一类现象进行通俗易懂的说明，要用此岸世界易知的事物或现象来说明抽象神秘的事物或现象，因此比拟的使用较普遍。由于比拟的主客体之间不仅存在性质上的差别，而且所处语境也大不相同。在语言表达形式上，要在不可度量的非同类事物或现象间进行比拟，就必须使比拟主客体在语言结构关系上产生距离。梵文佛典里存在这种双句式譬喻句，但是在目的语里并没有相应的现成句式，于是译者可能套用古汉语里原有的比拟式同形结构，这种形式来源具有直接性，用汉语原有结构形式表达相同或相近的内容可以说是最省力的。

三　语义基础

与"与Y相似"侧重表示比较有别，"如Y相似"侧重表示譬况。从时间上看，魏培泉曾指出这样一个事实，中古各比拟式都有对应的"与"字式，而且后者的时间都早于前者。[①]"如Y相似"比拟句没有类推与"与Y相似"相同的结构，可能因为在双动核结构"如Y相似"中，"如"和"相似"是两个同义词语，两者并行使用必然导致竞争，其结果

---

① 魏培泉：《中古汉语时期汉文佛典的比拟式》，《台大文史哲学报》2009年第5期。

是实词义比较强烈的部分保存下来，而另一方以降格形式存在，词性由实变虚。① 例如：

（41）a. 案人矜复悟，死复来者，与梦相似。（东汉·王充《论衡》卷六十一）

b. 心更起乱，如梦相似。（元魏·般若流支译《正法念处经》卷十三）

（42）a. 大神人有形，而大神与天相似，故理天。（东汉《太平经》卷四十二）

b. 有无量种无量分别，如天相似。（元魏·般若流支译《正法念处经》卷三十九）

（43）a. 余业果报，与因相似。（同上，卷六）

b. 生在中有，如因相似。（同上，卷十一）

（44）a. 所行智慧与佛相似。（东晋·鸠摩罗什译《大智度论》卷四十三）

b. 威仪如佛相似亦名得也。（唐·湛然《维摩经疏》卷六）

（45）a. 若年与我相似看如姊妹。（唐·义净译《根本说一切有部毗奈耶》卷四十九）

b. 姊妹，此是第一供养中最，如我相似持戒修善。（同上，卷十一）

以上例句表明，唐代以前，汉译佛经文献里出现的"如 Y 相似"比拟式与"与 X 相似"有互用现象，包括出现在同一个译者的前后译文里，说明"相似"刚开始虚化，尽管不排除译者在使用同义句时存在有忽视读音相近词区别的可能。

江蓝生也有过类似看法："'相似'本是动词'似'前加副词'相'，其意义是动词'像'、'类同'，用在前面已有像义动词'如'、'似'等的比拟结构末尾，致使其词义虚化，从而用如比拟助词。"②

---

① 陈昌来、杨丹毅：《介词框架"对/对于……来说/而言"的形成和语法化机制》，《华东师范大学学报》（哲学社会科学版）2009 年第 1 期。

② 江蓝生：《从语言渗透看汉语比拟式的发展》，《中国社会科学》1999 年第 4 期。

魏培泉认为"X 如 Y 相似"是由"X 如 Y"与"相似（类）"等紧缩而成的新式。① 这一论断值得商榷，在中古佛经译文里，出于表达的需要，套用并发展了上古比拟式的同形结构"如 Y 相似"，经凝固而成为一种格式化句式，这样理解似乎更合理一些。

第五节　结论

以上讨论近代汉语"如 Y 相似"比拟句的特征与来源，主要结论如下：②

（1）"如 Y 相似"比拟句中的结构中心在动宾结构"如 Y"上，助词"相似"起标志作用，语义上以比拟主客体含有共同的语义特征为条件，句式通过比拟客体的典型特征（常在已知语境中省略）而使比拟主体相应的非典型特征得到凸显。

（2）"如 Y 相似"比拟句源自汉语自身。中古时期，佛经的译者们沿用了上古汉语里的"如 Y 相似"比拟句同形结构，同时也推动了句法结构向"如 Y 相似"比拟句的发展。大约在晚唐五代时，"如 Y 相似"比拟句已经成为一种固定的格式。

（3）"如 Y 相似"比拟句的演变机制是汉语原有句法结构的重新分析，功能决定形式，在某种程度上也证实了佛经传播对我国语言的发展起着重要的推动作用。

---

① 魏培泉：《中古汉语时期汉文佛典的比拟式》，《台大文史哲学报》2009 年第 5 期。
② Alice C. Harris, Lyle Campbell. *Historical Syntax in Cross-Linguistic Perspective*, University of Cambridge, 1995：389.

第七章

"（须）VP 始得"条件句

本章以形式与意义的关系为中心，分析唐宋禅录里"（须）VP 始得"条件句的句法与语义特征，接着在对话语境中剖析语用功能，关注词义组合结构与句法语义结构的历时变化，探讨句式产生条件与演变机制。认为该句式具有行业色彩，句式义表示要求实施行为事件意图的必要条件，具有提示和劝诫的语用功能，其形成不迟于晚唐，与句法结构紧缩、类推机制、隐喻认知方式等有关。

第一节 引言

在唐宋禅录文献里，经常出现一种表示祈使功能的条件句，是指句尾以"始得"为特征标记且与句首通常带有"须"一类词语配合使用而形成的一种固定句式，例如：

（1）"不道你无道理，也须纯熟始得。"（《祖》卷十三，报慈和尚）

（2）夫学般若菩萨，是大根器有大智慧始得。（《景》卷十八，玄沙宗一）

（3）虽然如是，也须到这田地始得。（《五》卷十五，云门文偃禅师）

（4）诸禅德，大凡发足超方，也须甄别邪正识辨真伪，带些眼筋始得。（《古尊宿语录》卷四十一）

以上例句中出现的这种固定句式可简记为"（须）VP 始得"。太田辰夫最先注意到这种语法现象，将"始得"视为准句末助词，认为相当于现代汉语的"才好"。① 李思明在介绍《祖堂集》中"得"的词类分布、意义和使用特点中指出,这种句子在结构上是紧缩复句,关联副词"始"承接前面的条件,助动词"得"充当后一小句谓语,表示"行、许可、可以"的意思。② 赞同这一观点的还有温振兴以及曹广顺、梁银峰、龙国富等。③

上述两种观点都有一定的合理性,但由于实际语言中的现象较为复杂,如何持历史的观点来较客观地分析这种句式的语言功能及其形成动因是一个值得进一步关注的问题。本书在观点上赞同李思明等人对这种句子性质的判断。下面主要从句式特征、表达功能以及历史演变机制等方面对这一句式做进一步分析。

第二节 句式特征

一 结构特征

"(须)VP 始得"主要由 VP 和"始得"两部分组成的一种条件紧缩句,其中句尾"得"为助动词,充当谓语,作为后项结果,变项 VP 是谓词性词语,通常有与"须、应"等情态词一起作为前项条件,构成句式结构重心,"始"为关联副词,显示句式前后项结构之间的条件与结果关系。④ 例如:

(5)莫信口头办,直得与摩去始得。(《祖》卷六,洞山和尚)
(6)虽然如此,更须知有向上事末后句始得。(《古尊宿语录》卷二十八)

以上例句中,"直得与摩去"和"更须知有向上事末后句"都是句子的前提条件,"得"表示结果,前后之间由"始"关联组成条件紧缩句。

---

① [日]太田辰夫:《汉语史通考》,重庆出版社 1991 年版,第 152 页。
② 李思明:《〈祖堂集〉中"得"字的考察》,《古汉语研究》1991 年第 3 期。
③ 温振兴:《唐宋"始得"句的历史演化和语法化》,《语文研究》2010 年第 3 期;曹广顺、梁银峰等:《〈祖堂集〉语法研究》,河南大学出版社 2011 年版,第 159—160 页。
④ 李思明:《〈祖堂集〉中"得"字的考察》,《古汉语研究》1991 年第 3 期。

二 VP

VP由谓核和其必有语义成分构成,谓核包括单个动词或形容词,必有语义成分指主事、客事、与事、补事等成分,其中主事成分常常省略。例如:

(7)师问座主云:"你与我讲经得么?"对云:"某甲与和尚讲经。和尚须与某甲说禅始得。"(《景》卷八,南泉普愿)

(8)若怎么,正是掉棒打月,到这里直须悟始得,悟后更须遇人始得。(《五》卷十九,白云守端禅师)

(9)此个事,学不得,教不得,传不得,须是当人悟始得。(《古尊宿语录》卷四十二)

例(7)的述谓结构"和尚须与某甲说禅"由谓核和必有主事论元、与事论元、客事论元("禅")。例(8)的述谓结构分别由谓核"悟"和"遇人"和必有主事论元("你"省略)构成。例(9)的述谓结构"须是当人悟"由谓核"是"和必有补事论元"当人悟"构成。

谓核以未然时、肯定式、主动态为常态,如上面的例(7)中,道吾劝告药山此后要再加以考测,是肯定结构形式;例(8)中,"说禅"是未然事件的主动态形式,也是肯定结构形式。但也存在少数表示非主动态肯定结构的句子,如:

(10)此语最著力,如人入镬汤炉炭,不被烧煮始得。(《祖》卷五,云岩和尚)

(11)你须怎么不怎么始得。(《古尊宿语录》卷二十七)

谓核表示的行为或状态除了具有在祈使句里的一般共同语义特征"述人""可控"外,还受到构式的特殊限制,其行为或状态具有阶段性特征。例如:

(12)问:"心法灭时如何?"师云:"郢人无污,徒劳运斤。"有人举似洞山,洞山云:"虽然如此,须亲近作家始得。"(《祖》卷十

四，章敬和尚）

(13) 曰："若教某甲道，须还师资礼始得。"(《景》卷十一，香严智闲)

(14) 僧录曰："某等固是不会，须是他晖长老始得。"(《五》卷十一，际上座)

前两例的"亲近"和"还师资礼"都是指某种待实现的具体行为事件，后一例"是他晖长老"指某种待实现的状态，达到还是没有达到这类行为或状态能够明显察觉其差别。

三　主语

在唐宋禅籍里，"(须)VP 始得"的前后主语具有一致性，多数是指言语现场中的"汝、僧众、参学者"等地位较低的僧徒，不排除也有地位高的禅师。在学禅实践中，一般是悟道深的禅师指导僧徒，不过悟道浅的禅师有时候也会劝告悟道深的禅师，尽管见识不一定正确。由于双方觉悟上存在差异，听话人是在言说者的启发劝导下净心修行的，因此 VP 的主语具有"非觉悟性"特点。[①] 在听到招庆和尚的告知之前，"你（学人）"接受其行为意图是非觉悟的，但是对其行为"问"是能够控制的。例如：

(15) 江西马大师令西堂问师："十二时中以何为境？"师曰："待汝回去有信上大师。"西堂曰："如今便回去。"师曰："传语大师：'却须问取曹溪始得。'"(《祖》卷三，先径山和尚)

(16) 夫参玄人，须透过祖佛始得。(《五》卷十三，龙牙居遁禅师)

(17) 若是宗师，须以本分事接人始得。(《古尊宿语录》卷十三)

例 (15) 中，曹溪六祖升迁与江西马祖出生仅相差四年，而西堂是马祖的门下，这样当时六祖已经不在人世，可见马祖要问六祖问题是不可能的。这一句禅录意思是说参禅不应向外驰求，先径山和尚劝诫的行为意

[①] 祁从舵：《"X"始得句式的历史考察》，《澳门语言学刊》2010 年第 1 期。

第七章 "（须）VP始得"条件句　133

图是要喝退西堂的"问"，而要避免这一原来的不觉悟行为却是西堂可以控制的。例（16）中，"参学者"学禅的目的是要悟禅，禅师教导他们必须通过祖佛的关口才能领悟禅法，而"参学者"对"透过祖佛"这一行为是缺乏觉悟性的。例（17）中，"宗师"是能够"以本分事接人"的，也就是对行为动作是可控的，但是，在接受言说之前却是未觉悟的。

《祖堂集》中，感知动词也可以被当作可控性动词使用，这说明禅宗重视内在体验，如"和尚子若实未得悟入，直须悟入始得，不虚度时光，莫只是傍家相徼，掠虚嫌说"（《祖》卷七，雪峰和尚）。

四　始得

由上两小节的分析可知，VP表示的行为状态虽然是主语可以控制的，但是主语具有非觉悟性，因此VP构成与非觉悟主语构成的句子是不独立的，需要语义成分"始得"使主语实施VP。例如：

（18）师云："老僧欲见庠梨本来师，得不？"对曰："亦须师自出头来始得。"（《祖》卷六，洞山和尚）

（19）曰："只如道著如何体会？"师曰："待汝问始得。"（《景》卷二十五，报恩玄则）

（20）直须向无摸索处倾湫倒岳彪得始得。（《古尊宿语录》卷二十七）

以上例句中的"始得"使行为主语通过与上文行为目的的联系才有可能实施其行为。太田辰夫认为，"始得"在性质上是一个处于固定句式中的准句末助词，表达言说者的主观态度，具有完句功能。[①] 我们不完全赞同太田氏的看法，认为"始得"的意义还比较实在。

（21）夫参学者，须透过祖佛始得，所以新丰和尚道："佛教、祖教如生怨家，始有学分。"汝若透过祖佛不得，则被祖佛谩。（《祖》卷八，龙牙和尚）

（22）僧进问："正是也。和尚还彻也无？"玄沙云："须与摩始

---

① ［日］太田辰夫：《汉语史通考》，重庆出版社1991年版，第152页。

得。"（例17）

（23）云曰："正是。和尚还彻也无？"师云："若与摩即得。"（《祖》卷一，玄沙和尚）

从以上例句中可以看出，"始得"与"不得""即得"等相比较，其意义还比较实在，表达条件关系的作用没有消失。再说，如果去掉"始得"，句子虽然可以独立，但与"VP 始得"所表达的意义存在明显的差别，甚至有的句子不成立。因此，我们认为"VP 始得"中的"始得"至多是一个类固定结构的后置标记。

第三节 语用功能

句式义表示要求实施行为事件意图的必要条件，在结构上是紧缩句，具有表示提示和劝诫的语用功能。

一 提示功能

在唐宋禅录中，"VP 始得"是禅僧用于口语对话的常用句式之一，对于学僧所遇到的问题，禅师往往启发提醒受话人如何认识或行动的条件，传递施令行为意图，受话人在接受话语后控制并实践其行为，句子表达祈使言语行为，具有提示的语用功能。例如：

（24）问："如何得此身安去？"师曰："不被别身谩始得。"（《景》卷十七，龙牙居遁）

（25）上堂："大凡言句，应须绝渗漏始得。"（《五》卷一，天台德韶国师）

前例"不被别身谩始得"用于禅师对学人如何解决问题的提示，后例"应须绝渗漏始得"是禅师上堂时对僧众关于"言句"解读的提示，二例都是禅师对僧人在参禅实践中所遇到的问题给予提示，"VP 始得"具有提示的作用。

二 劝诫功能

在参禅实践活动中，禅师常常发现对方对禅法的认识或做法存在问题，

"VP 始得"可被用来劝诫受话人应该如何处理，传递施令行为意图，受话人在接受话语后控制并实践其行为，句子具有表达劝诫的语用功能。例如：

（26）师曰："此沙弥有些子气息。"吾曰："村里男女有什摩气息？未得草草，更须勘过始得。"（《祖》卷四，药山和尚）

（27）虽然恁么，衲僧家须是自肯始得。（《碧岩录》卷四）

例（26）中，"师（药山和尚）"认为"此沙弥有些子气息"，而"吾（道吾和尚）"是药山的大弟子，在观察"此沙弥"悟性深浅这一事件上却认为师傅下结论过早，劝戒药山需要再加以考测。例（27）中的"衲僧家须是自肯始得"也表示劝诫，在"虽然"转折句之后，强调言说者间接传递施令的行为意图，使受话人在劝诫之下更加有必要实践其行为。

第四节　演变历史

一　词语连用

上古时期，"始"与"得"不能直接组合，有时候出现两个词语在同一句子里连用的现象，"始"表示时间副词，"得"在动词前面使用，表示后面涉及的行为事件一般场合下不容易发生。例如：

（28）今又禁止事上帝鬼神，为政若此，上帝鬼神，始得从上抚之曰："我有是人也，与无是人也，孰愈？"（《墨子》卷六）

（29）故汉兴，然后诸儒始得修其经艺，讲习大射乡饮之礼。（《史记》卷一二一）

（30）釐侯三十九年，周幽王为犬戎所杀，周室卑而东徙。秦始得封为列诸侯。（《史记》卷三五）

以上例句中，"从上抚之""修其经艺，讲习大射乡饮之礼""封为列诸侯"等都表示非平常行为事件，可以与"得"组成直接成分，都是在前面一个特定的时间或事件之后发生的，但是"始"与"得"只是两个词语相连现象。

二　跨层组合

中古以降，"始得"可以连接有条件关系的两个小句，表示目标事件的实现，两个词语之间还是在句子存在的条件下进行的自由组合，我们称为跨层组合，这时候"始"和"得"各自的用法较为固定，前者相当于"才"，连接前后两个存在条件结果关系的小句。例如：

(31) 文鸯以新亲兵数百人力战破之，始得入城。(《晋书》卷六十三)

(32) 会刘显部乱，始得亡归。(《北史》卷十三)

(33) 焘始南行，遣爽随永星士库仁真向寿阳，与弟瑜共破刘祖于尉武，仍至瓜步，始得与秀定归南之谋。(《宋书》卷七十四)

三　跨层结构

到了唐代，"始"与"得"由于经常在条件复句里出现，在结果成分脱落之后，两者之间组合较为凝固，形成一个常见的跨层结构：固定出现在句尾，既可以表示条件事件发生的客观可能性，也可以表示言说者对命题的态度。其使用的范围由已然的事件扩展到包括未然的事件，由两个事件在事实上的关系扩展到包括情理上的关系。例如：

(34)（由吾道荣）闻晋阳有人，大明法术，乃寻之。是人为人家佣力，无名者，久求访始得。(《北史》卷八十九)

(35) 大狐至，值女方食，女依小狐言，掐指节，狐以药颗如菩提子大六七枚，掷女饭碗中。累掷不中，惊叹甚至，大言云："会当入嵩岳学道始得耳。"(《广异记·李氏》)

(36) 上曰："卿在河中断大事如何？"光对曰："臣须开始得。"又更对他事，曰："不得，臣须裂始得。"(《东观奏记》下)

例（34）中的"久求访"是已然的条件事件，与"寻之"存在事实上的联系；例（35）中的"（女）会当入嵩岳学道"是未然的条件事件，与"（狐）累掷不中"存在情理上的联系；例（36）中的"臣须开""臣须裂"都是未然的条件事件，与"断大事如何"存在情理上的联系。前两例的"始得"相当于"才可能",后一例的"始得"相当于"才可以",在句法结构上的共同特点都省略了目标事件,"始"与"得"在条件句里似乎凝固成后置标记。

但是包括在后来的唐宋禅籍里,句式"(须)X 始得"只不过是一种跨层结构。因为:虽然句式中"始得"之间一般不再插入任何成分,并且在不强调结果事件的条件时,"始得"不成为句式结构重心,"始得"之间的界限模糊,说是一个语言组合体,但是"始得"有较实在的述谓义,充当假设句的后件,完整内容可以还原,只是特定的语用场合下关注行为目标事件而没有得到强调而已。例如:

(37)进曰:"宗门中事作摩生?"师云:"待你自悟始得。"(《祖》卷一,玄沙和尚)

(38)问:"心法灭时如何?"师云:"郢人无污,徒劳运斤。"有人举似洞山,洞山云:"虽然如此,须亲近作家始得。"僧云:"此意如何?"洞山云:"须运斤始得。"(《祖》卷十四,章敬和尚)

(39)问:"浑仑提唱,学人根思迟回,曲运慈悲,开一线道。云:'这个是老婆心。'与摩则悲花剖折,已领尊慈,未审从上宗乘如何举唱?"(师云)"与摩须索你亲问始得。"(《祖》卷十三,招庆和尚)

(40)师示众曰:"夫参学者,须透过祖佛始得,所以新丰和尚道:'佛教、祖教如生怨家,始有学分。'汝若透过祖佛不得,则被祖佛谩。"(《祖》卷八,龙牙和尚)

(41)师云:"老僧欲见庠梨本来师,得不?"对曰:"亦须师自出头来始得。"(《祖》卷六,洞山和尚)

以上语例中,我们根据问答句对应结构依次补出"始得"后面的成分,例(37)中的"作摩生"相当于"怎么样",即"待你自悟始得(作摩生)",例(38)、例(39)两例中的"如何"也相当于"怎么样","须亲近作家始得(如何)","须运斤始得(如何)","与摩须索你亲问始得(如何举唱)"。后两例"始得"的否定形式与"不得"相对应,疑问形式与"得不"相对应。

综上,我们认为"(须)X 始得"中的"始得"是一个跨层结构,并

没有发展为助词或语气词,在进入该句式之前,"始得"连跨层结构也算不上,即便后来在《五灯会元》等禅录中仍然如此。如:

(42)问:"终日区区,如何顿息?"师曰:"如孝子丧却父母,始得。"(《五灯会元》卷十三)

(43)曰:"某甲不会,请师说。"师曰:"不会须死一场始得。"(《五灯会元》卷五)

以上例句中的"始得"都作为谓词性成分存在,其完整句形式依次为,"如孝子丧却父母,始得(如何顿息)","快走始得(进步)","不会须死一场始得(会)"。前两例倾向客观性,"始得"相当于"才能够",后一例倾向主观性,"始得"相当于"才可以"。就是像"不会须死一场始得(会)"这一类句子带有言说者对命题的主观情感,也不一定理解为"才行"或"才好"。

综上"VP 始得"句法化的演变过程大致为:

词语连用(叙述句"会刘显部乱,始得亡归。")→跨层组合(条件复句"汝须亲自道,始得尽于师机")→跨层结构(紧缩条件句"汝须亲自道始得")。

第五节 形成机制

一 句法紧缩

句式"VP 始得"的形成既是"始得"不断词汇化的过程,也是一个复杂的句法化过程。句法化主要指内在关系松散的篇章或话语模式变成内在关系相对紧密的句法结构,或者从分析型的句法结构变成黏聚型的句法结构的过程。[①]

"始得"在句中位置的变化是句法句式"VP 始得"形成的重要动因。由第三节可知,上古时期由于谓语中心地位的变化,"得"与"始"可以

[①] Givón, Talmy. *On understanding grammar*, Academic Press, 1979:Chapter 5;江蓝生:《"VP 的好"句式的两个来源——兼谈结构的语法化》,《中国语文》2005 年第 5 期。

共现在有背景事件之后,结果事件之前,在语用目的明确的情况下,句子由松散趋于紧凑。中古时期,随着语用的语法化,"始得"在条件复句中引导结果小句,到了唐代,已知的目标事件在口语特定场合下被省略,"始得"转而依附于条件事件句之后。

"始得"句法位置的变化必然带来句内成分重新组合,由此产生一系列相关的变化,句式将特定情景中重复事件抽象化,[①]由陈述客观事理的复句紧缩变成表达主观意愿的单句。例如:

(44)大狐至,值女方食,女依小狐言,掐指节,狐以药颗如菩提子大六七枚,掷女饭碗中。累掷不中,惊叹甚至,大言云:"会当入嵩岳学道始得耳。"(例35)

(45)今取你父骸骨,及你生身,祭我父兄灵魂始得。(《敦煌变文集新书·伍子胥变文》)

例(44)的"始得"句表述在现实的基础上推测所存在的条件事件,带有一定的主观性;例(45)表明对条件事件与目标事件之间关系的认定,主观性更强。从这些例句可以看出其中的"VP始得"在句法、语义、语用上尚未完全定型,还有待进一步发展。

到《祖堂集》时代,"(须)VP始得"句式已成了禅宗口头上的习见句式。"VP始得"表示在已知的目标事件背景下表明言说者对条件事件的主观态度,一般表示祈使言语行为。例如:

(46)僧云:"学人则与摩教和尚一节在,未审作摩生则得尽于师机?"师云:"汝须亲自道始得。"(《祖》卷一,长庆和尚)

二 结构类推

"VP始得"句法化的内在机制是语言系统中相似结构的类推作用,这是自源语言"VP始得"句法化的另一个重要因素。类推机制是指深层结构关系不变,因套用某一存在的规则而使表层结构发生的变化,可分为同

[①] F. Ungerer, H. J. Schmid. *An Introduction to Cognitive Linguistics*, Foreign Language Teaching and Research Press, 2008: 244-252.

类化和异类化两种类型,"异类化机制则使两种相关的语言现象在反复多次使用中,逐渐向不同或对立的方向发展,使这两种语言现象的主要功能之间形成分工或互补"。①

在唐代以前,文献里就出现了与"VP 始得"相类似的句式"非 VP 不可","非 VP 不可"经复句向单句方向发展。②

(47) 然铸钱之情,非淆杂为巧,则不可得赢;而淆之甚微,为利甚厚。(《汉书》卷二十四下)

(48)《家语》曰:江水至江津,非方舟避风,不可涉也。(《水经注疏》卷三十四)

(49) 且圣人大宝,是曰神器,苟非天命,不可妄得。(《北史》卷三十九)

(50) 今欲以乱为治,以贫为富,非反之制度不可。(《春秋繁露》卷八)

(51) 谓非家训所自,不可也。(《颜氏家训集解》卷七)

(52) 而顿忘一旦,非唯物议不可,亦恐明公鄙之。(《南史》卷二十六)

例(47)至例(49)为条件复句,例(50)至例(52)为紧缩句,关于句式"非 VP 不可"的语法化发展"VP 始得"在唐五代口语文献里的发展定型是受到类化机制的驱动使然,其类化过程见下(横向箭头表示相关性,竖向箭头表示相似性,A、B 表示构式常项,X 表示条件变项、Y 表示目的变项):

$$
\begin{array}{ccccccc}
A & X & B & Y & \rightarrow & A & X & B \\
非 & VP & 不可 & Y & \rightarrow & 非 & VP & 不 & 可 \\
& & & & \cdots\cdots & & & &
\end{array}
$$

$$\downarrow \qquad\qquad\qquad \downarrow$$

(须)VP 始得 Y → ____(须)VP 始得

---

① 袁宾:《"蒙"字句》,《语言科学》2005 年第 5 期。
② 洪波、董正存:《"非 VP 不可"句式的历史演化和语法化》,《中国语文》2004 年第 3 期。

第六节 结语

以上主要对唐宋禅录里的"VP始得"句式从历时上探讨了其语义与结构之间的关系,得出结论如下:

(1)"VP始得"是唐宋禅录里一种表达行为条件实施的紧缩句,具有教化启示听者的祈使功能。

(2)该句式在唐代佛经译文中出现,"始得"尚未彻底虚化,句法环境对词语组合具有强制性,主观性因素也不可忽视。

(3)该句式的形成主要由"始得"句法位置的变化而带来在句法、句式义、句子功能等多方面的演变,紧缩简化原则和类化机制对其形成起到了重要的驱动作用。

第八章

"只 X 别/更有"选择句

本章以形式与意义的关系为中心,研究佛禅文献中的"只 X 别/更有"选择句。研究表明,该句式表示对行为事件本身及其相关事物的存在是排他性还是涉他性选择,存在单项双框式和双项双框式两种形式,前者常用于禅录对话中,发展成为一种供僧侣集团内部使用的、富有行业色彩的句式,侧重探寻虚幻世界的有无问题,具有特殊的意义及用法。大约在东晋时期的汉译佛经文献里出现该句式的早期用例,经过中古时期的初步发展,到了晚唐五代已在同一性的基础上整合而形成的句式,省略、紧缩是句式形成的主要机制,这种复句式的整合程度不高,明代以后就逐渐消失了。

第一节 引言

《祖堂集》等禅录里有一种选择疑问句,颇见特色。例如:

(1)"如何是我自修行?"师云:"向上无事。"僧云:"只这个,别更有也无?"师云:"只这个阿谁奈何?"(《祖》卷八,曹山和尚)

(2)国师问曰:"汝师说什么法?"师从东过西而立。国师曰:"只这个,更别有?"师却过东边立。(《景》卷七,西堂智藏)

(3)国师问曰:"汝师说甚么法?"师从东过西而立。国师曰:"将这个,更别有?"师却从西过东边立。(《五》卷三,西堂智藏禅师)

上引诸例均由两个含不确定语气的小句构成,前小句出现"只(秖)、唯(惟)、将"等范围副词,后小句以"别/更有"实体结构存在,"别、更"等是范围副词。为说明方便,本章简称这种选择问句为"只X别/更有"选择句。

张美兰、张鹏丽对此句式做了初步考察,① 至今尚未见其他对"只X别/更有"句式进行深入细致研究的论文,笔者拟以唐宋时期口语化的禅录文献为主要语料,从构式语法理论角度分语言特征、语用功能、演变进程、发展机制四个方面对这一句式进行探讨。

第二节 句式特征

"只X别/更有"式是以"只"类副词和"别/更有"相互配合所构成的一个框架结构,前后标记相互照应,相互依存,形成一个框式结构。②

下面我们选择唐宋时期三部禅录文献《祖堂集》《景德传灯录》《五灯会元》首先对"只X别/更有"式进行描写,按"有"后面成分的有无,分为单项双框式和双项双框式两类。三部文献中的单项双框式语例共有20次,双项双框式有26次。

一 双项双框式

一般地,"只"类副词后面接动词性词语,"别/更有"后面接名词性词语。例如:

(4) 师曰:"汝师只教此法,为当别有意旨?"对曰:"只教某甲看静。"(《祖》卷三,崛多三藏和尚)

(5) 每日持盂掌钵时,迎来送去时,为当与古人一般,别有道理?(《景》卷八,镇州金牛禅师)

(6) 黄檗当时只嘱临济一人,更有人在?(《五》卷十一,临济义玄禅师)

(7) 师云:"秀才唯独一身,还别有眷属不?"对曰:"某甲有山妻,兼有两颗血属。"(《祖》卷十五,西堂和尚)

---

① 张美兰:《祖堂集语法研究》,商务印书馆2003年版,第237—239页;张鹏丽:《唐宋禅宗语录特殊选择疑问句考察》,《南京师范大学文学院学报》2009年第3期。

② 邵敬敏:《现代汉语选择问研究》,《语言教学与研究》1994年第2期。

(8) 遂礼谢起，峰云："更问我一传，可不好？"对云："就和尚请一传问头。"峰云："只与摩，别更有商量也无？"对云："在和尚与摩道则得。"(《祖》卷一，镜清和尚。商量：指禅家交流机语，切磋道法)

以上例句中，例(7)的"一身"在句中作谓语，例(8)"与摩"指示前面的行为事态，属于谓词性指示词，余例"只"类副词后都是明显的动词性词语，"有"后面都接名词性词语，例(6)的"在"是语气词。

在语义关系上，"只"类副词在句中用以限定行为事件本身及其相关的事物范围，具有排他性作用；"别/更"等修正前部分，用以追加同范畴的行为事件及其相关的事物，具有涉他性作用。两者组配构成"只X别/更有"式复句，表示"行为事件本身及其相关事物的存在是排他的还是涉他的"意思，"是在文本中实现一定的非成语意义并以一定的语法形式因循组合使用的一个词语序列，构成该序列的词语相互预期，以大于偶然的几率共现"①。

如上述例(4)的"只"限制了行为事件"教此法"，"别更"追加同范畴的行为事件"有意旨"，句式表达的意思是：汝师只教这种禅法，还是另有意旨？例(7)中，"只"限制与秀才发生关系的对象范围"一身"，"别"追加同范畴的对象"眷属"，句式所表达的意思：秀才仅拥有自身呢还是另有眷属？余例不赘。

在语义特征上前后选项成分都具有离散性和不确定性，前项内容针对定指(identifiable)的当下现实事物，后项内容旁及不定指(nonidentifiable)的同范畴事物。② 如上述例句中的"一身(自身)""此法"是定指的，"眷属""意旨"是不定指的；后面选项内容突破前面选项内容的限制，均具有离散性语义特征，而其不确定性则成为整个句式成为选择复句的语义基础。

"只X别/更有"式复句的前后项语义类型相同，内容互斥而不相依存，可构成对立的选择语义关系：选择前选择项，则否定后选择项；选择

---

① 卫乃兴：《词语搭配的界定与研究体系》，上海交通大学出版社2002年版，第100页。
② 陈平：《释汉语中与名词性成分相关的四组概念》，《中国语文》1987年第2期。

后选择项，则否定前选择项。在实际使用中，这种复句也常常带"为、为复、为当"等连词，计有 13 例。如：

（9）上座又问："上来密语密意，只有这个，为当更有意旨？"（《祖》卷二，弘忍和尚）

（10）且道黄檗后语但嘱临济，为复别有意旨。（《景》卷十二，临济义玄禅师）

（11）为只如此，为更有向上事？（《五》卷二，明州布袋和尚）

二 单项双框式

这类句式的特征是"有"后面不跟成分词语，或在句尾或跟语气词，其中填入项 X 一般为指示性词语"这个"，间或是"恁么"。例如：

（12）问："便请和尚直指！"师："嘎！"僧曰："即这个，别更有也无？"师曰："莫闲言语！"（《祖》卷六，投子和尚）

（13）师问百丈："汝以何法示人？"百丈竖起拂子。师云："只遮个，为当别有？"百丈抛下拂子。（《景》卷六，江西道一禅师）

（14）问："如何是应用之机？"师喝，僧曰："只这个，为复别有？"师便打。（《五》卷十五，德山缘密禅师）

（15）问："德山临济棒喝已彰，和尚如何为人？"师曰："放过一著。"僧拟议，师便喝。僧曰："未审只恁么，别有在？"师曰："射虎不真，徒劳没羽。"（《五》卷十五，雪窦重显禅师）

在句法结构上，以上例句中的"这个"可看作指代上文所出现的某一对象，"有"省略了同类的成分，如例（13）意谓"汝只以这个法示人，还是另有（余）法（示人）"。

通常情况下，"有"后面所指的对象更为模糊，在语义上隐指不可说的禅法意旨，故说不得，以省略为常。句式义隐含这种对禅旨的探测，表示只有这一个还是另有意旨的意思。本章探讨的对象主要是"只 X 别/更有"的单项双框式。

第三节 语用功能

在禅语对话中，与"只 X 别/更有"双项双框式具有不同的交际意图，单项双框式侧重探寻与禅旨相关的虚幻问题，而不仅仅是探寻现实世界的有无问题。

一 勘辨功能

根据 Jakendoff 关于预设和焦点的定义，"句子的焦点指句子中言说者假定的不是他跟听话人所共享的那部分信息；句子的预设指句子中言说者假定的他跟听话人所共享的那部分信息"[1]。"只 X 别/更有"式问句在预设和焦点上具有如下特点：（1）前后选项的内容是互相排斥的，后选项以前选项的存在为预设条件；（2）由于后小句内容不肯定，因此前小句内容也就不能肯定，前后项都落入疑问辖域之中，句式的焦点落在前后两个选择项上。例如：

（16）a. 先保福和尚问："如何是佛法大意？"师放下布袋叉手。保福曰："为只如此，为更有向上事？"师负之而去。（《景》卷二十七，布袋和尚）

b. 因一日普会垂问以征浅深云："国家每年放五百人及第，朝堂门下还得好也无？"师对云："有一个人不求进。"会云："凭何？"师云："且不为名。"普会又因疾垂语云："除却今日，别更有时也无？"师对云："渠亦不道今日是。"霜云："我也拟道非今日。"普会然之。（《祖》卷九，大光和尚）

例（16）a 的前小句"只如此"，不表示肯定语气，与后面不确定语气的小句—"有向上事"并保持一个完整的疑问语调，而例（16）b 的"除却今日"表示肯定语气，只有后句表示疑问语气。前句为选择问句，预设是至少存在两种做法，后句的预设是存在别日，前句焦点是"如此"和"更有向上事"，后句焦点是"有时"。

---

[1] Jackendoff, R. *Semantic Interpretation in Generative Grammar*. MITPress, 1972: 230.

"只 X 别/更有"的双焦点探问功能，可被明悟禅法者用来表示：（1）提供行为事件及其相关的事物范围，让听话人对其排他性还是涉他性做出选择；（2）明悟禅法的言说者认知行为事件及其相关的事物范围与听话人不完全相同，并就其排他性还是涉他性向听话人进行勘辨。例如：

(17) 师问："大沩山久住诜上座，还曾到雪峰山摩？"对云："不曾到。"师云："为什摩不曾到。"对云："某甲自有本分事在。"师云："作摩生是上座本分事？"上座拈起纳衣角，师云："只这个，为当别更有？"对云："和尚适来见什摩？"师云："龙头蛇尾。"师代云："果然不见。"（《祖》卷一，长庆和尚）

(18) 小师行脚回，师问曰："汝离此间多少年邪？"曰："离和尚左右将及八年。"师曰："办得个甚么？"小师于地画一圆相。师曰："将这个，更别有？"小师乃画破圆相，便礼拜。师曰："不是！不是！"（《五灯会元》卷三，章敬怀晖禅师）

例（17）中，长庆和尚使用"只 X 别/更有"句式，勘辨诜上座的本分事，结果发现他并不理解禅法。例（18）中，章敬怀晖禅师使用"只 X 别/更有"句式，对行脚回来的小师进行勘辨，后发现小师还未契得心印。

二 探究功能

"只 X 别/更有"的双焦点探问功能，可被未明禅法者用来表示：（1）对行为事件及其相关的事物范围存在疑惑，与听话人在一起探究对其问题；（2）未明禅法的言说者认知行为事件及其相关的事物范围与听话人不完全相同，并期望听话人就其排他性还是涉他性提供帮助。例如：

(19) 师问百丈："汝以何法示人？"百丈竖起拂子。师云："只这个？为当别更有？"百丈抛下拂子。（《祖》卷十四，江西马祖）

(20) 问："德山临济棒喝已彰，和尚如何为人？"师曰："放过一著。"僧拟议，师便喝。僧曰："未审只怎么，别有在？"师曰："射虎不真，徒劳没羽。"（《五》卷十五，雪窦重显禅师）

例(19)中，当百丈竖起拂子之后，汾州和尚对百丈的禅法不解，还存疑惑，用"只X别/更有"继续穷究。例(19)中，学僧执着于法，想探究师父教人开悟的奥秘，因此在重显禅师的大喝声中用"只X别/更有"进一步探问。

第四节　演变阶段

一　"唯有/更有"是非问句

东晋以前，中土文献和汉译佛经里出现"唯、只"等或"更/别"等范围副词的用法，仅发现"唯有"或"更有"等单用的是非问句用例。例如：

(21) 今夫槛鹄春北而秋南，而不失其时，夫唯有羽翼以通其意于天下乎？(《管子·戒第二十六》)

(22)《禹贡》九州，方今天下九州也，在东南隅，名曰赤县神州。复更有八州。每一州者四海环之，名曰裨海。九州之外，更有瀛海。(《论衡》卷十一)

(23) 彼时有水牛王，顿止其中，游行食草，而饮泉水。……更有一部水牛之王，寻从后而来。(西晋·竺法护译《生经》卷四)

(24) 唯有一乘，岂宁有二？(西晋·竺法护译《正法华经》卷一)

我们发现在东晋时期的佛经译文里出现"只X别/更有"式选择问句的早期用例。如：

(25) 佛告梵志："汝当兴意向一解脱，所谓正见是也。"梵志白佛言："正见即是一解脱，复更有解脱乎？"世尊告曰："梵志，更有解脱得涅槃界，其事有八。……"(东晋·僧伽提婆译《增一阿含经》卷四十七)

(26) 居士问曰："瞿昙，圣法、律中但是断俗事，复更有耶？"世尊答曰："圣法、律中不但有是断绝俗事，更有八支断绝俗事得作

证也。"（东晋·僧伽提婆译《中阿含经》卷五十五）

（27）此三昧唯有此功德境界，复有余耶？（东晋·佛驮跋陀罗译《大方广佛华严经》卷四十七）

这一时期的特点是：语例极少，仅见于西域译师的佛经文献；句式尚处于形成阶段，前后小句的范围副词配合使用；句式义没有凝固。

此后一直到五代之前，使用频率渐渐提高，如例：

（28）摩诃拘絺罗复问尊者舍利弗："唯有此法，更有余耶？"（刘宋·求那跋陀罗译《杂阿含经》卷十四）

（29）世尊，唯此大闇，复更有余大闇，甚可怖畏，过于此不？（刘宋·求那跋陀罗译《杂阿含经》卷十六）

（30）问曰："唯有此等，更有余耶？"答曰："有。"（后魏·吉迦夜译《方便心论》）

（31）世尊，此三言教方便业藏，为当惟此陀罗尼门修多罗中具足有耶？为更于余修多罗诸法门中亦得有乎？（隋·阇那崛多译《大法炬陀罗尼经》卷十九）

（32）唯有此六趣定，更有余道耶？（唐·释道世撰《法苑珠林》卷五）

（33）惟有此生相续缘起，为更别有所余缘起？（唐·玄奘《分别缘起初胜法门经》卷下）

这一时期的特点是：语例稍有增加，既见于西域译者翻译的佛经，也见于中土僧人翻译的佛经；句式处于完善之中，前小句限定副词以"唯"为主，后小句增益副词以"更"为主，有时结合中古成熟的"为、为复、为当"等选择疑问句使用；句式义基本凝固，语用功能仍限于乙式。

二 "只 X 别/更有"选择问句

晚唐五代至宋代，禅籍中较集中地出现"只 X 别/更有"选择问句的语例，如：

（34）问："便请和尚直指！"师嘿。僧曰："即这个，别更有也

无?"师曰:"莫闲言语!"(《祖》卷六,投子和尚)

(35) 僧问:"如何是和尚家风?"师云:"铁旗铁鼓。"学云:"只有者个,为复别有?"师云:"采石渡头看。"(《法演禅师语录》卷上)

(36) 鹅王择乳素非鸭类,这个便是国师用剑刃上事。为复只这些子,为复别更有在?(《大慧普觉禅师住径山能仁禅院语录》卷四)

在这一时期,中土其他少数文献里出现了"只 X 别/更有"的双项双框式用例,如:

(37) 只一人来,且复有同行者?①(《唐人小说·张逢》;转引自袁宾,2004)

(38) 虹霓只是气,还有形质?(《朱子语类》卷三)

这一时期的特点是:(1)用例明显增多,如《祖堂集》里计有 5 例,《景德传灯录》6 例,《五灯会元》里计有 9 例,而中土非佛禅文献中几乎不见语例;(2)句式"只 X 别/更有"近乎成熟,选择项涉及到句子的主语、谓语、宾语等各种成分,在中土文献里基本上定型于"只……别/更"这一格式。

三 (只)是 X 还是 Y

宋代之后,在朱熹语录等非禅籍文献里出现了较多的"(只)是……还是……"句式,似乎与"只 X 别/更有"的双项双框结构有一种上承下接的关系(须另撰文讨论)。例如:

(39) 亚夫问:"此是礼乐之实,还是礼乐之文?"(《朱子语类》卷四十三)

(40) 道姑,我且问你,你是从幼出家的,还是在嫁出家的?(《琵琶记》第三十五出)

(41) 酒保前来问道:"客官还是请人?只是独自酌杯?"(《水浒

---

① 袁宾:《近代汉语概论》,上海教育出版社 2004 年版,第 257 页。

传》第六十二回）

（42）还有多少《红楼梦》之谜能够破出它的谜底来呢？它只有一个谜底吗？还是有好几个谜底？（王蒙《〈红楼梦〉的"言"与"味"》）

（43）马克思是只和某些资本家斗争，还是同整个资产阶级作战呢？

（44）蒋经国叫王升带来了什么？只是带口信，还是带生活费？

这一时期的特点是：本章主要讨论的"只 X 别/更有"选择问句最终仅存在禅宗文献里，"只"等没有发展为连词，"只 X 别/更有"的双项双框结构与后代发展起来的"只是 A 还是 B"选择问句有关。

第五节 形成条件

一 形成机制

由前面第三部分的分析可知，"只 X 别/更有"式选择问句最初出现在东晋时期的佛经译文里，在表述行为事件及其相关的事物范围内外不确定的情况时，此前的中土文献里并没有现成的句子可套，入华译师在遇到两种接触的语言之间没有大致相应结构形式的时候，把源语言中的语法范畴复制到目的语中是不可避免的事[1]。胡敕瑞曾指出，"除、舍"等排他标记始见于汉译佛典，其基本词义正好和梵文 sthāpayitvā、muktvā 等词相当，功能完全一致。[2] 其实，梵文 sthāpayitvā 和 muktvā 等也与排他性标记"只"等的用法相同：所限制的成分都作为句子的语义重心，句中限制成分与非限制成分语义互补而不包含。"只"等与"除"等并无实质上的差异，这一点还可以通过胡文所举的下列例句作为佐证。如：

（45）a. 魔及魔天、释梵、四天王、沙门、婆罗门，人及非人能

---

[1] 袁宾：《近代汉语概论》，上海教育出版社 2004 年版，第 257 页；Bernd Heine, Tania Kuteva. *Language Contact and Grammatical Change*, Cambridge University Press, 2005：237。

[2] 胡敕瑞：《汉语负面排他标记的来源及其发展》，《语言科学》2008 年第 6 期。

解此深义者,除如来等正觉及如来圣众受吾教者。(东晋·僧伽提婆《增一阿含经》卷十二)

b. 天及魔、梵、沙门、梵志、一切余众,能知此义而发遣者,唯有如来、如来弟子或从此闻。(东晋·僧伽提婆《中阿含经》卷二十五)

(46) a. 除一比丘谓尊者阿难,世尊记说彼,现法当得无知证。(刘宋·求那跋陀罗《杂阿含经》卷四十五)

b. 唯一苾刍现居学位,世尊已为授记,见法得法当证满果。(宋·法贤《解夏经》卷一)

"只X别/更有"式选择问句反映了语法范畴复制过程中带有梵文语法的某些特点,然而反映人类经验结构的句法结构却是离不开一般认知原则支配的。

在东晋以前的中土文献里,限止副词"唯(只)"等或增益副词"更(别)"等可用来单独表示(参见第三部分分析),我们在这里姑且把含有"只(唯)"等的句子称为A型,把含有"更(别)"等的句子称为B型。在表达内容上,"只(唯)"等表示"除此之外没有别的",A型侧重限制范围之内的情况而排斥其他情况存在的可能性;"别/更"等表示"另外还有别的",B型侧重延伸范围,涉及其他情况存在的可能性。两个句型在表达行为事件及其相关的事物范围上具有同类互补的联系,根据距离象似性(iconicity of distance)原则,[①] 在认知概念上相接近的实体,其语言形式在时间和空间上也相接近,"相近即同一",A型和B型两种句子较容易连接在一起整合成复句。[②]

来自某认知域的两个或多个简单框架被激活后,可以在同一性的基础上发生整合,从而呈现新的整合意义。A型和B型两种句子表达的逻辑语义内容在同一思维框架下只存在一真一假,肯定前者必须否定后者,反之亦然。这样在语义结构上只存在两种可能性:(1)A型(肯定)+B型(否定);(2)A型(否定)+B型(肯定)。整合的结果是前后句都表达不确定语气,即语义结构为"A型?B型?",于是进入句式中前后小句都

---

① 沈家煊:《句法的象似性问题》,《外语教学与研究》1993年第1期。
② 江蓝生:《同谓双小句的省缩与句法创新》,《中国语文》2007年第6期。

转为含探究意味的不确定语气。例如：

(47) 佛所说者唯有施戒，更有余耶？（东晋·鸠摩罗什译《大庄严论经》卷五）

(48) 佛告梵志："汝当兴意向一解脱，所谓正见是也。"梵志白佛言："正见即是一解脱，复更有解脱乎？"世尊告曰："梵志，更有解脱得涅槃界，其事有八。……"（东晋·僧伽提婆译《增一阿含经》卷四十七）

以上两例，例(47)中"唯有"小句表达肯定语气，"更有"小句表达疑问语气；例(48)中"即是"小句表达肯定语气，"更有"小句表达疑问语气。二例都由肯定语气与疑问语气组合起来的句子，可以说还没有整合成一个复合句子。再看下面的例子：

(49) a. 问曰："唯有此等，更有余耶？"答曰："有。"（后魏·吉迦夜译《方便心论》）
b. 又问："唯此一等，更有别耶？"师答曰："须明他心，知其古今……"（《祖》卷二，菩提达摩和尚）

上面例句中，例(49)b的问句是选择问句，疑问的辖域为"或者唯此一等，或者更有别"，相比较而言，例(49)b就很具有启发性了，前小句结合上下文，前小句可以确定为肯定语气，疑问的辖域仅在后小句上，但是脱离上下文，前小句也可以理解为疑问语气，和后面"更有"小句保持同一个疑问语调，疑问辖域落在整个句子上，可以整合为一个选择问句。这样，该例句就可以作重新分析了。从这当中似可看出，"只X别/更有"式发展的源头是在汉译佛经文献中，而且离这类例句的年代不远。

中古时期"为、为当、为复"等形式选择问句使用普及，"只X别/更有"式时常与之合用。随着隋唐时期佛教的传播，"只X别/更有"式选择问句的用例明显提高，尤其在禅宗口语对话中使用开来，该问句的语用功能得到发展（参见第三部分分析），而且在口语经济原则驱动下，原先的A型和B型两个独立句在整合过程中通过省略、紧缩等机制最终合而为一，形成一个固定的选择句式："只 X 别/更有。"①

后来在佛禅以外的文献中获得发展的是"（只）是 A 还是 B"选择问句，"只 X 别/更有"式选择问句最终却在佛禅文献里销声匿迹了。"只 X 别/更有"式单向双框问句在佛禅文献或与此有关的作品中经常地使用，而在此以外的文献中极少用例，体现了单项双框式是一种供僧侣集团内部使用的、富有行业色彩的句式，属于"同行语法"现象。②

二　形成动因

张美兰认为，这种句式是禅宗语录中具有禅宗语言特色的选择问句，禅僧在未悟道之前，总执着于问禅问道，问了这个，还要问及其他，所以往往问完一个问题后意犹未了，还要问"只者个，更别有不？"这类问题。③

结合前面分析，我们认为，这一结论还可以进一步再思考，禅僧在未悟道之前使用这种问句只是问题的一个方面，这种句式源于佛教文献，探讨其动因不限于禅僧的语言观及其对话语境。佛教认为万物皆性空假有，其本体论在某种程度上可以说是无本体，然而从俗见来看，"有"的范围、方式、程度等却各有差别，每种"有义"可视为某一家的说法。僧侣们在涉及此类问题时常常先排除多种"有义"，直至最后保留宗门家风的唯一性，"更有则错"，佛门弟子这种探讨问题的习惯是"只 X 别/更有"式选择问句产生在认识上的动因。例如：

（50）有一庵罗树，王坐近树。摩哂陀因树而问："大王，此是庵罗树耶？"王即答言："是庵罗树。""置此庵罗树，更有树无？"答言："更有。""复置此树，更有树无？"答言："更有。""复置此树，更有余树无？"即答言："有。"复问："置余树，更有树无？"答："此是庵罗树耶？"摩哂陀答："善哉！大王，有大智慧。"（萧齐·僧伽跋陀罗译《善见律毗婆沙》卷二）

---

① 江蓝生：《同谓双小句的省缩与句法创新》，《中国语文》2007 年第 6 期。
② 袁宾：《禅宗著作里的两种疑问句——兼论同行语法》，《语言研究》1992 年第 2 期；张美兰：《祖堂集语法研究》，商务印书馆 2003 年版，第 239 页；张鹏丽：《唐宋禅宗语录特殊选择疑问句考察》，《南京师范大学文学院学报》2009 年第 3 期。
③ 张美兰：《祖堂集语法研究》，商务印书馆 2003 年版，第 238 页。

可是，禅师与僧徒在切磋道法的过程中，是倾向于肯定当下现实，还是执着于诸法的变化？不仅双方的认识程度互有差异，而且也会因各自的表达意图而不尽相同，同样对于行为事件或相关事物范围内外的问题，僧徒可以提问禅师，法师也可以考测僧徒，因此"只 X 别/更有"式选择问句在使用上发展为单项双框式和双项双框式两种基本形式。

第六节　结语

本章从句式特征、功能、演变过程及其条件四个方面对"只 X 别/更有"选择句进行了探讨，结论如下：

（1）"只 X 别/更有"选择句表示对行为事件本身及其相关事物的存在是排他性还是涉他性选择。大约在东晋时期的汉译佛经文献里出现了早期用例，经过中古时期的初步发展，到了晚唐五代臻于成熟，但是受使用范围的限制，这种复句句式的整合程度不高，其单项双框式始终没有在佛禅以外的文献里得到使用。

（2）"只 X 别/更有"选择句存在单项双框式和双项双框式两种形式，前者常用于禅录对话中，发展成为一种供僧侣集团内部使用的、富有行业色彩的句式，侧重探寻与佛禅相关的虚幻问题，具有特殊的意义及用法。

（3）"只 X 别/更有"选择句是在同一性的基础上整合而形成的句式，前后小句都表达不确定语气，省略、紧缩是句式形成的主要机制。

下编　句际篇

袁野介绍了 Ostman 提出的语篇构式的思想，探讨了语篇构式的压制现象，并借鉴语境隐喻和混合语类的研究尝试对语篇构式语法框架进行充实。① 句际构式是指在句法结构上是若干个单句组成，而在语义关系或语用功能上超出句子的句子格式，这种构式中存在某种标记形式表示与前后相邻接的其他句子有语篇上的衔接连贯关系。如果我们用 S 代表一个句际式，¬S 代表语篇里相邻接的其他句子，P 代表 S 在语篇里的句式义，那么句际式的格式表现为：S+¬S 含有 P。

根据句际式的语篇连贯功能，可分为语篇引入、语篇衔接、语篇终止三种类型。

语篇引入类句式位于语篇的前端，一般引出语篇中的话题，唐宋禅籍里常用的语篇引入结构可分事件话题和人物话题两种情况。例如：

（1）有三藏玄静过舍说法，告光奇曰："此子出家之后当获上乘，至幽至微，会于佛理。"垂拱四年，年始十五，拜辞父母，往荆州玉泉寺事弘景律师。（《祖》卷三，怀让和尚）

（2）师寻迁于天台山白沙卓庵。时有朋彦上座，博学强记，来访师敌论宗乘。师曰："言多去道远矣。今有事借问。只如从上诸圣及诸先德，还有不悟者也无？"朋彦曰："若是诸圣先德，岂不有悟者哉？"（《景》卷二十五，报恩慧明）

例（1）中，"有"引入的话题不是事件，而是"三藏玄静"这个人物，语篇展开的是这个人物对怀让在后来学法所带来的影响。例（2）中，慧明在问朋彦问题时，用"只如"引入问题，"从上诸圣及诸先德，还有不悟者"是对话中的事件话题。

语篇衔接类句式具有语篇联系中项的作用，唐宋禅籍里常用的语篇衔接结构可分为话题承接句、话题转移句两小类。例如：

（3）壁立千仞，三世诸佛，措足无门。是则是，太杀不近人情。（《五》卷二十，开善道谦禅师）

（4）师曰："你犹有前后在？"对曰："前后则且置，和尚还曾见

---

① 袁野：《论语篇构式语法及语篇构式压制》，《外国语》2011 年第 5 期。

未？"(《祖》卷十七，处微和尚）

例（3）中，"是则是"在语义上承指"壁立千仞，三世诸佛，措足无门"的话题，也作为语篇衔接的标记。例（4）中"T且置"句式表明转移上文话题，后面句子"和尚还曾见未"已越出前面话题之外，语义上也发生转折。

语篇终止类句式一般位于语篇后部分，唐宋禅籍里常用的语篇终止结构主要有语篇推论句一小类。例如：

（5）大颠问："古人道：'道有道，无二谤。'请师除。"师曰："正无一物，除个什摩？"师索大颠曰："并却咽喉唇吻，速道将来。"对曰："无这个。"师曰："若与摩则你得入门也。"（《祖》卷四，石头和尚）

（6）问："如何是祖师意？"师云："教意即是。"学云："与摩即教意与祖意无二去也。（《祖》卷十七，岑和尚）

以上两例中，"与摩则"作为语篇推论句的标记，表示后面的内容是基于上文的情况作出的推论，带有总结性意味。

本编结合句法学和篇章语言学的研究成果，从唐宋禅录句际式里选择如下四种句式进行探讨："有＋人名＋VP"话题引入句、"是即（则）是P"话题承接句、"T且置"话题转移句、"与摩则/即"语篇推论句。

第九章

"有·人名+VP"话题引入句

对"有·人名+VP"句式的认识及其"有"的性质,不同学者的看法不完全相同,本章从语篇角度,对唐宋禅籍里的"有·人名+VP"句式进行了全面的考察,认为:该句式表示语篇中重要人物首次发生的已然事件,并具有话题引入功能和语篇传信功能;至迟于晚唐五代《祖堂集》的叙事语篇里发展成熟,其形成是语篇结构句法化的结果,而叙事性语境是"有·人名+VP"句法演变的主要动因。

第一节 引言

成书于公元10世纪的《祖堂集》(952年)是"系统了解早期白话的唯一资料"[①],其中出现了现代汉语里罕见的一种以"有"起首的句式,例如:

(1) 有西川黄三郎,教两个儿子投马祖出家。(《祖》卷十四,江西马祖)

(2) (六祖)返问众僧:"此是何物?"众僧无对。时有小师神会出来,对云:"神会识此物。"(《祖》卷十八,仰山和尚)

这类句子在《祖堂集》里共有22例,其共同特点是:以"有"字起首,后跟某确定人物及其行为事件,可简记作"有·人名+VP"。

这一句式在汉语发展史上使用千年以上,对其功能特征、历史演变的透彻了解有助于解决与"有"字相关的一些有争议的语法难题,如"有"

---

① [日]太田辰夫:《汉语史通考》,重庆出版社1991年版,第105页。

在复杂句里的词性认定及其句型归类、"有"的演化过程是否与时体有关系等,然而就目前语法学界的研究成果来看,论说"有"字句的文章众多,已取得了大量的成果,专题讨论上述"有·人名+VP"的文章却少见。吕叔湘曾在分析有无繁句时注意到这类语言现象,把"有"后面的名词看作主语。① 最近何继军在《〈祖堂集〉"有"起首的"有NP+VP"句研究》中从篇章角度论及这一句式的语义特征,并对"有"的虚化程度作出有说服力的分析,认为"有"是潜在的话题标记,在句首"有"引进新实体,其作用是引出话题,组成话题链,展开篇章。②

笔者赞同吕叔湘和何继军的主要观点,认为"有·人名+VP"与通常的存在句式不同,此外,通过考察分析笔者还发现,该句式是存在句和主谓句在语篇中演变发展的结果,表示语篇中重要人物首次发生的已然事件的意义。"有"不仅有引入确定人物首次出现于语篇的作用,而且还有标明所发生的行为事件是一种已然存在的语法功能。我们发现《祖堂集》中"有+人名+VP"与"其+人名+VP"在组成篇章中具有互补分工的作用,这是迄今学者们尚未注意挖掘的却很有趣的一个论题。下面以《祖堂集》(中华书局2007年版)中"有·人名+VP"为主要考察对象,从句式的句法语义特征、语篇功能、句法化历程与动因等方面做进一步的探讨与研究。

第二节 句式特征

一 人名

"有"字后面的人名部分包括某确定人物的称名或由该称名为主体加上各种修饰、说明成分,例如:

(3) 师(雪峰)示众云:"我寻常道'钝汉',还有人会摩?若也有人会,出来呈似我,我与你证明。"时有<u>长生</u>出来云:"觌面峻?临机俊?"(《祖》卷七,雪峰和尚)

---

① 吕叔湘:《中国文法要略》,商务印书馆1942年版,第162页。
② 何继军:《〈祖堂集〉"有"起首的"有NP+VP"句研究》,《安徽大学学报》(哲学社会科学版)2010年第3期。

(4) 有<u>昭成寺达性禅师</u>赞叹问："其理甚妙。真妄双泯，佛道两亡。修行性空，名相不实。如是解时，不可断他众生善恶二根，可是菩提耶？"(《祖》卷三，司空山本净)

(5) 时有<u>江州东林寺长讲维摩经并肇论座主神建</u>问："如何是触目菩提？"师乃跷起一脚示他。(《祖》卷十五，归宗和尚)

例（3）的"长生"（唐朝诗僧皎然）是雪峰和尚的弟子，与雪峰关系密切因而直接称名。例（4）记叙本净禅师与京城内众多大德论道之事。司空山本净非京城和尚，不熟识在场的所有同行，因而在禅师"达性"的人名前面加了修饰成分"昭成寺"。例（5）中归宗和尚与神建没打过交道，上下文也没有提供"神建"的相关情况，因而人名前面带上了更多的介绍性修饰成分。

由上面句子可知，与语篇中心人物联系紧密的人其称名结构简单些，反之较为复杂。

"有·人名+VP"中的人名在句中均起到施事作用，并且不受"有"的影响，自主控制其行为活动VP，具备典型主语（话题+施事）的条件。例如：

(6) 有泰平寺远禅师问曰："对圣人不敢繁词，何者为道？"(《祖》卷三，司空山本净)

(7) 时有一少师普化，出来云："某甲邈得师真。"(《祖》卷十五，盘山和尚)

以上两例中的"远禅师"和"普化"充当句子的主语，分别为后面行为动词"问"和"出来云"的施事论元。

二 VP

"有·人名+VP"构式中VP是动词性词语，除个别例句是单个动词外，绝大多数表现为复杂的结构，例如：

(8) 时有辩和法师，于邺都管城安县匡救寺讲《涅槃经》。(《祖》卷二，慧可禅师)

（9）时有坦然禅师睹让嗟叹，乃命云游，博问先知。（《祖》卷三，怀让和尚）

例（8）"有·人名+VP"构成单句，"于邺都管城安县匡救寺讲《涅槃经》"是状中结构；例（9）"有·人名+VP"是复句的组成部分，"睹让嗟叹"是连贯复句的前小句。

"有·人名+VP"中的核心动词基本上都是施事主语控制下的行为动词，我们统计《祖堂集》里的25个动词（连动词语分开计算）全是日常行为动词，其中又以言说动词（占11例）、位移动词（含位置动词占8例）为常见。例如：

（10）有王长史问："法师、律师、禅师，阿那个最胜？"（《祖》卷十四，大珠和尚）

（11）时有期城太守杨衍问师曰："西国五天，师承为祖，未晓此意，其义云何？"（《祖》卷二，菩提达摩和尚）

（12）时有卢行者，年三十二，从岭南来，礼觐大师。（《祖》卷二，弘忍和尚）

（13）时有檀越胡公，尽室归依，请住大光山。（《祖》卷九，大光和尚）

以上例（10）、例（11）两例中，"有·人名+VP"构式的核心动词"问"为言说动词，例（12）、例（13）中，"来""住"为位移动词，它们都为施事主语所控制。"有·人名+VP"中的VP与人名组成主谓结构，其陈述的行为事件都是已经发生了的，具有已然性特征。如上述四例中，"问""问师曰""从岭南来""请住大光山"等均为已存在的行为事件。

三 有

"有·人名+VP"中，"人名"指现实中确定的人物，VP为已存在的行为事件，从而"有"的存在义在句中实属多余。在句法结构上，"人名+VP"构成主谓结构，成为句子语义结构的中心，陈述施事所经历的行为事件，而"有"居于句首，脱离了存在句的句法环境，在句中可有可无，整个句子不再描写人或事物所存在的状态（或行为事件导致的结果

状态)。例如:

(14) 有法性禅师,尝扣楞伽门于其中夏,大师事师数年。(《祖》卷十七,嵩严山圣住寺故两朝国师)

(15) 时有琳法师上表得延五年。(《祖》卷二,菩提达摩和尚)

以上例句中,"有·人名+VP"主要表达确定人物经历的已然事件,句子以人和行动为主要因素,"法性禅师尝扣楞伽门"与"琳法师上表得延五年"分别成为句子的结构中心,"有"的存在义淡出,从句法结构看可删除。

在《祖堂集》中我们会看到这种句式的句首常常还有一个词"时"(共有10例),该词在句中具有话题标记的作用,对此已有专文探讨,①本书不再另加讨论。

由以上分析我们似可作出如下推断,句式"有·人名+VP"以"人名+VP"为结构中心表达确定人物发生的已然事件,在句子结构的三个组成部分中,由于VP部分没有规定事件的已然性特征,此特征又非人名产生的,因此我们推断此特征与"有"有直接关系。"有"在构式中脱离了语义中心,其存在义转变为在语气上对人物事件存在的一种认可,使得确定人物控制的行为事件成为一种已然的存在,标明该句行为事件的已然性,虚化成了一个准语法词,句法结构可以视为"有·主语部分+谓语部分"。

第三节 语篇特征

《祖堂集》里的"有·人名+VP"共22例,可以用于小句(8例)和独立句(14例)两个层面,各举一例如下:

(16) 有法空禅师到,问师经中诸义,师答了。(《祖》卷十五,盐官和尚)

---

① 何继军:《〈宝林传〉句首"尔时"研究》,《暨南学报》(哲学社会科学版)2008年第6期。

（17）有王长史问："法师、律师、禅师，阿那个最胜？"（卷十四，大珠和尚）

一 首现重要人物

人名在这里主要是指人的名词词语，其组成部分包括姓名以及由姓氏或称号为主体的各种限制非限制成分的结合形式，一般来说，话语中不为熟悉的人名结构复杂些，例如：

（18）有<u>李万卷</u>，白侍郎相引，礼谒大师。（《祖》卷十五，归宗和尚）

（19）时有<u>期城太守杨衍</u>问师曰："西国五天，师承为祖，未晓此意，其义云何？"（《祖》卷二，达摩）

（20）时有<u>坦然禅师</u>睹让嗟叹，乃命云游，博问先知。（《祖》卷三，怀让和尚）

《祖堂集》里，"有·人名+VP"中的人名基本上是后面动词的主体论元，如例（18）的"李万卷"和例（19）的"期城太守杨衍"分别是"礼谒"和"问"的施事；例（20）的"坦然禅师"是"嗟叹"的感事。几乎是施事论元（计21例）和人名专指的性质说明了人名在句中具备典型主语的条件。

语言符号和外部世界相联系的两种基本形式是指称和陈述，指称形式是与外部世界的实体建立的联系。人名的所指比一般名词更为直接而明确，在语篇中出现可以给人们新鲜而完整的印象，这里的语篇指不受句法规则制约可以表示一定语境中完整意义的句际体。"有·人名+VP"中的人名是语篇中首次出现的人物（包括对话中受话人首次接受的人物），在句首作为未知信息开启后续语篇的新话题，"人名"的另一个特点是在语篇中的地位不容忽视。如例（3）、例（4）、例（5）的"李万卷""期城太守杨衍"和"坦然禅师"，都是语篇里首次出现的人物，相对于主要人物"大师（归宗和尚）""师（佛祖菩提达摩）""让（怀让和尚）"来说，这三个人物是次要人物，但是在语篇推进过程中是一个相当重要的人物，离开这种人物语篇不再延展下去。

二　凸显事态新阶段

"有·人名 + VP"中，VP 都是动作性词语（《祖堂集》凡22见），具有可控性，表明行为者能够独立控制行为事件，并推进语篇的事态进入一个新的阶段。例如：

(21)"我若以羸劣之身而取道者，外道言自饿则是涅槃，故当受食。"太子才起此念时，有难陀波罗柰姊妹二人捧上乳糜，太子又自念言："当将何器而为受食？"（《祖》卷二，菩提达摩）

(22) 师示众云："我寻常道'钝汉'，还有人会摩？若也有人会，出来呈似我，我与你证明。"时有长生出来云："觌面峻？临机俊？"（例3）

动作性词语中以言说类、感知类以及其他日常行为类动词为等常见，如例（16）、例（18）的"问"属于言说动词；例（20）的"睹""嗟叹"属于感知动词；例（15）、例（17）、例（21）、例（22）的"到""礼谒""捧""出来"属于其他日常行为动词。

同指称形式相对，陈述形式与外部世界的过程建立联系，"有·人名 + VP"里的谓语一般表示特殊实体在某阶段所存在的动作、行为或过程。有时候，句首出现"早、时、此时"等一类时间成分加以表明，这类特征词语在句中占有一定的比率（约30%），说明了该句式是与表达某一时间内的阶段性事件密切相关的。如例：

(23)"我若以羸劣之身而取道者，外道言自饿则是涅槃，故当受食。"太子才起此念时，有难陀波罗柰姊妹二人捧上乳糜，太子又自念言："当将何器而为受食？"才起此念时，四天王各捧石钵。（例21）

——? 太子才起此念时，难陀波罗柰姊妹二人常常捧上乳糜

——太子才起此念时，难陀波罗柰姊妹二人捧上乳糜

(24) 师示众云："我寻常道'钝汉'，还有人会摩？若也有人会，出来呈似我，我与你证明。"时有长生出来云："觌面峻？临机俊？"（例22）

——？（当时）长生常常出来云
——（当时）长生出来云

以上例子表明，"有·人名+VP"表示的是现实中已存在的阶段性事态，这种阶段性事态的主体是语篇里的重要人物，从语篇作用上看，这种阶段性事态随着重要人物的出现而成为语篇推进中的新阶段，推动着语篇发展。但是在语篇新阶段里人名是代表语篇发展的方向，推动语篇进程的主要还是后面的述位，我们在一个完整而连贯的语篇中可以利用语境推知进程的阶段性范围。如例（8）根据太子起念"受食"可推知后面的阶段性行为范围是提供食物，"捧上乳糜"就在其内；例（9）的禅师提问特别，会者以行为"出来"示意，由此可推知后面如果有僧徒出来便可作为应答，语篇可获得延展，"长生出来"就是与语篇上文相对应的一种行为。

三 确认事件可信性

从上面分析可知，"有·人名+VP"表达重要人物所发生的事态进入新阶段，"真人实事"本身显示其客观存在，句式的语义结构重心在后面的主谓结构上，"有"的存在义淡化于构式之中，具有传信标记作用。例如：

（25）时有辩和法师，于邺都管城安县匡救寺讲《涅槃经》。是时大师至彼寺门说法，集众颇多。法师讲下人少。辩和怪于师，送往县令翟仲偘说之："彼邪见道人，打破讲席。"翟令不委事由，非理损害而终。（《祖》卷二，慧可禅师）
——？时有辩和法师于邺都管城安县匡救寺讲《涅槃经》吗
——？时没有辩和法师于邺都管城安县匡救寺讲《涅槃经》

以上例子记述慧可禅师遭辩和法师陷害的事件，所变换的语例可以说明"有·人名+VP"用于指陈客观存在的事件，该阶段性事件的存在不容置疑或否定，句式掺入了言说者的主观认定态度，语气缓和而不太强烈。

"有·人名+VP"表达言说者对所述已存在的事件的确信，然而听话人能否接受还需要被认知，据此可把句子分为零事实句、半事实句、事实句三种（如表9-1所示）。

表9-1　　　　　　　　　　不同类型事实句的事件特征

事件类型 \ 事件特征	已然性	被认知
零事实	-	-
半事实	+	-
事实	+	+

"有·人名+VP"表达明确对象所发生的阶段性事件，言说者知道但是听话人不一定知道，是一个言说者确信而听话人尚未被普遍认知的事件，属于半事实句。要使所述的事件被接受为事实，言说者在传递话语信息中需要加入主观认定成分。"有·人名+VP"与一般的存在句式"空间+有+通名（+VP）"不同。例如：

(26) a. 时有一少师普化，出来云："某甲邈得师真。"（《祖》卷十五，盘山和尚）

b. 众中有一人，名波须密，欲求出家。（《祖》卷一，弥遮迦）

从以上例句中可以看出：（1）两种句式功能有别，前者侧重记述已存在事件，后者侧重描述事物状态；（2）例（26）a 的"有"意义淡出，在深层结构上不必有，而例（26）b 的"有"表示存在义，在深层结构上必有；（3）例（26）a 的"有"在命题句外可表示主观认定语气，而例（26）b 的"有"仅表示事物的客观存在或状态。

我们认为，"有·人名+VP"在记述特指人物的阶段性事件中，"有"脱离了语义结构中心，增加了言说者的主观性成分，确信所述事件已存在，可以将命题句外的"有"视为话语信息中的传信标记，表示对所述事件的真实性持信任态度与确信程度。

第四节 语用功能

一 话题引入功能

"有·人名+VP"中"有"引入的专有名称在语篇中都是首次出场的人物（100%），不具有前照应性，该句式一般在叙事性语篇中具有引入话题的作用。例如：

（27）太子才起此念时，有难陀、波罗奈姊妹二人捧上乳糜。（《祖》卷一，释迦牟尼佛）
（28）有李万卷，白侍郎相引，礼谒大师。（《祖》卷十五，归宗和尚）

上面两个例句都出现在叙事性语篇里，专有名词"难陀、波罗奈"和"李万卷"分别是语篇里首次出场的人物，句式作为话题引入句。

有时候"有"与"其"在语篇里同时出现，对比鲜明："有"引入首现人物，"其"指示已现人物。例如：

（29）有康、德二僧来到院，在路上遇师看牛次，其僧不识。（《祖》卷九，涌泉和尚）
（30）有一江州别驾张日用，为行者高声诵偈。行者却请张日用："与我书偈，某甲有一个拙见。"其张日用与他书偈曰：身非菩提树，心镜亦非台。本来无一物，何处有尘埃？（《祖》卷二，弘忍和尚）
（31）偶一日卖柴次，有客姓安名道诚，欲买能柴，其价相当。……其道诚遂与惠能银一百两，以充老母衣粮，便令惠能往去礼拜五祖大师。（《祖》卷二，惠能和尚）

以上语例中，语篇中首次出现的人物"康、德""张日用"之前由"有"引入，后面追踪已出现的人物"张日用""道诚"时用了"其"，两词相互配合，都可以被用来引导人名。当在语篇中引入特定人物时，可以看出这两个特殊词具有明显的语法标记作用。

相比较而言,"有"的作用不限于词,而作用于整个句子,引入或插入首现人物经历的已然事件,对语篇的开启或衔接具有重要作用。该构式在语篇中通常有两个位置:一是出现在语篇开头(共 8 例),二是位于语篇之中(共 14 例)。各举一例如下:

(32)有洪州城大安寺主讲经讲论,座主只观诽谤马祖。(《祖》卷十四,江西马祖)

(33)子至于十载,唯爱佛经。有三藏玄静过舍说法,告光奇曰:"此子出家之后当获上乘,至幽至微,会于佛理。"(《祖》卷三,怀让和尚)

前一例引入已然事件"有洪州城大安寺主讲经讲论,座主只观诽谤马祖"于语篇开头,开启语篇,接下去叙述有关大安寺主的完整故事。后一例在讲述怀让行状的语篇中穿插"有三藏玄静过舍说法,告广奇……"这一已然事件,使怀让小时候"唯爱佛经"与后来成为六祖的传法弟子之间有了一个很好的衔接。

二 传信功能

"有·人名+VP"以人物和行动为中心表达一个独立的事件结构,在叙事语篇中,表明确定人物所控制的行为事件是一个已然性的事实,在叙事进程中对语篇后续内容有了较为可靠的事实基础。例如:

(34)时达摩领众云往禹阿千圣寺,止得三日。时有期城太守杨衍问师曰:"西国五天,师承为祖,未晓此意,其义云何?"师曰:"明佛心宗,寸无差误,行解相应,名之曰祖。"又问:"唯此一等,更有别耶?"师答曰:"须明他心,知其古今;不厌有无,亦非取故;不贤不愚,无迷无悟,若能是解,亦名为祖。"(《祖》卷二,菩提达摩和尚)

(35)有法空禅师到,问师经中诸义,师答了。师云:"禅师到来,贫道总未得作主人。"禅师云:"请和尚作主人。"师云:"日已将晚,且归本位安置。明日却来。"(《祖》卷十五,盐官和尚)

例（34）先叙述达摩往千圣寺的行为事件，后面随着杨衒（即《洛阳伽蓝记》作者杨衒之）的出场开始叙述问法的行为事件，"有期城太守杨衒问师"表明了已然存在事件，为下面展开达摩生前的最后一场传法活动提供了可靠的事实基础。例（35）"有法空禅师到"出现在语篇开头，标明了人物与事件是已然存在的，这样法空禅师到盐官和尚处问法这则公案也就有了可靠的事实基础。

像《祖堂集》一类带有史料性质的文献，宗门中主要事件一般都已具备客观存在的基础，不管是直接的目击，是可信赖的传闻，还是根据自己的识见所作出的推断，其次所述事件要使受众信从其真实性，"有"一类表示主观认定的传信标记就有可能在话语中出现。例如：

（36）高奏纳奕奏书，乃下诏问诸沙门曰："弃父母鬐发。去君臣花服，利在何间？益在何情？损益二宜，请动妙释。"时有琳法师上表得延五年。（《祖》卷二，菩提达摩）

（37）和尚云："……时有小师神会出来，对云：'神会识此物。'……"（《祖》卷十八，仰山和尚）

以上例句中"有·人名+VP"表达的阶段性事件虽然由作者本人或背景人物"和尚"（指仰山）转述，即信息来源是非直接的，但是这些人物是专指的，其行为主要由言说动词、感知动词等都是可控制的，事件是已存在的，加上言说者的主观确信，因此具有一定的可信度，易于被受众接受为事实。

传信是语言的语法范畴之一，"有"的传信功能在句中具体表现为：

其一，肯定现实中的事态已发生，并在一定时间范围存在。句子在客观上表达已存在的事件或状态，主观上表达言说者对现实事件或状态的认定，如：

（38）有法性禅师，尝扣楞伽门于其中夏，大师事师数年。（《祖》卷十七，嵩严山圣住寺故两朝国师）

——？有法性禅师，常扣楞伽门于其中夏（"尝"非"常"）。

——？是有法性禅师尝扣楞伽门于其中夏的。

（39）有洪州城大安寺主讲经讲论，座主只观诽谤马祖。（《祖》

卷十四，江西马祖）

——？有洪州城大安寺主常讲经讲论

——？是洪州城大安寺主讲经讲论的

以上例句的变换表明："有·人名+VP"在时态上不表示惯常行为的事件或状态，也不是表示未然的事态，而是表示已存在的事态；句子非纯客观叙述，在主观上表达了言说者对事实的肯定态度，语气缓和不太强烈，可由句尾的"的"检测比较看出来。

其二，突出事件中的重要人物或次重要人物（含糊人物用普通名词），如：

（40）时有琳法师上表得延五年。（例36）
——当时上表得延五年的是琳法师。
（41）时有小师神会出来，对云："神会识此物。"（例37）
——当时出来的是小师神会

例（40）的琳法师在唐高祖（绝对重要人物）面前自然是次重要人物；例（41）在问答对话中，六祖提问，众僧无对，这时候神会回答自然显示其在语篇中的重要地位，但是当六祖在场时，小师神会也只能算次重要的人物了。

其三，呈现背景信息，作为后续事件的前提、依据、铺垫等作用。汉语小句之间在信息顺序上可以体现出背景与前景信息之别，前景信息与事态的时间进程有关，背景信息与事态的空间联系有关。例如：

（42）有法空禅师到，问师经中诸义，师答了。师云："禅师到来，贫道惣未得作主人。"禅师云："请和尚作主人。"师云："日已将晚，且归本位安置。明日却来。"（《祖》卷十五，盐官和尚）

（43）时有坦然禅师睹让嗟叹，乃命云游，博问先知。至嵩山安和尚处，坦然问西来意话，坦然便悟，事安和尚。师乃往曹溪而依六祖。（《祖》卷三，怀让和尚）

（44）时有期城太守杨衍问师曰："西国五天，师承为祖，未晓此意，其义云何？"（《祖》卷二，菩提达摩和尚）

（45）时有琳法师上表得延五年。(《祖》卷二，菩提达摩和尚)

例（42）的"有"引出事件作为法空禅师问法的语篇背景，后面接着两大段讲述具体的事情经过，按照已知的、可包容的事件作为背景，未知的、被包容的事件作为前景，那么"法空禅师"故事的讲述符合"时间事件"结构中前景与背景的认知原则。例（43）在讲述怀让和尚的故事中出现"有"引出事件，这一事件作为联系坦然禅师与怀让和尚"云游"的语段背景，没有这一句作为依据，坦然的出现就显得突兀，后面两人悟法依祖的事情就失去了基础。同样，例（44）在对话中，问句作为答句的背景，例（45）在连动谓语句中，前面的动词短语作为后面动词短语的背景。

纵观例（38）至例（45），"有"后面的部分不论是句成分、小句，还是独立句，都起到背景作用，后面会出现前景结构成分，整体上构成一个完整的表意单位，或句子或语段或篇章。"有·人名+VP"将首次出场的确定人物及其已然事件引入或插入叙事语篇，并为语篇后续事件的叙述提供事实基础。

第五节　句法化

一　句法化历程

江蓝生指出了语法化的两种主要现象：形态化和句法化，其中句法化指松散的篇章或话语模式变成相对紧密的句法结构，或者从分析型的句法结构变成黏聚型的句法结构的过程。[①]"有·人名+VP"的形成就是句法化的一个典型例子，我们认为其过程大体上可分为两个阶段：

第一阶段：（名词性时间成分）有·人名，VP＞（修饰性时间成分）有·人名+VP。左边句子结构的特点是："有"处于独立的存在句中，但是语义上不完全自足，后续句以省略人名主语的谓语部分VP补足语义，人名的语义范围可以管辖到多个句子，且可以作为后续句的施事成分，但是前后句子在句法结构上是独立的，句子之间的关系属于意合的篇章结

[①] 江蓝生：《"VP的好"句式的两个来源》，《中国语文》2005年第5期。

构。以存在句形式引出的人名起着语篇话题的作用，句子话题与语篇话题并不一致，因此"名词性时间成分+有·人名，VP"是一种语篇结构形式。例如：

（46）昔有飂叔安，有裔子曰董父，实甚好龙，能求其耆欲以饮食之，龙多归之。（《左传·昭公二十九年》）
（47）吴时有徐光者，尝行术于市里。（《搜神记》卷一）

右边句子结构的特点是："有"引入的人名可以直接作为语篇话题，时间作为句子的状语成分出现，这就是说"修饰性时间成分"与"有·人名"在句法上不能构成独立的存在句，"有"后面的"人名"只能与后续的谓语部分VP构成主谓关系，其语义范围可以管辖到多个句子，而且人物更引人注目，语篇话题化的特征显著。例如：

（48）时有周直者，众二千余家，与恭、通外和内违。（《三国志》卷十八）
（49）先时，有张妪者，尝往周家佣赁，野合有身，月满当孕，便遣出外，驻车屋下，产得儿。（《搜神记》卷一）
（50）陈后主时，有张贵妃、孔贵嫔，并有国色，称为妖艳。（《隋书》卷二十三）

以上情况表明，第一阶段存在句与省略的主谓句在结构上由各自独立走向混合，"有"由独立句进入依附句，人名也处于话题化过程中，后续句在语义上由补足前者转而在结构和语义上吸引前者，但是"有·人名，VP"主要用于在特定时间下对所出现的人物进行描写或说明，尚未发展成为主要用来陈述人物的行为活动。

第二阶段：（修饰性时间成分），有·人名，VP > （时）有+（人名+VP）。这一阶段左右两边的句子功能有别。左边结构话题突出，主要用于描述人物，内部各小句之间不显示先后的时间顺序。右边主要用于记叙确定人物发生的事件，内部各小句之间可以显示先后的时间顺序。在语义结构关系上，人名与后续句VP具有直接的句法语义关系，大多数成为后续句动词的施事成分，动词主要是行为动词；"有"在句法语义上可有可无，具有引入语篇新人物及其已然事件的语法功能。例如：

（51）有济尼者，并游张、谢二家，人问其优劣，答曰："王夫人神情散朗，故有林下风气；顾家妇清心玉映，自是闺房之秀。"（《世说新语》卷下）

（52）时有阿私仙来，白于大王，我有微妙法，世间所希有，若能修行者，吾当为汝说。（《敦煌变文集新书·佛说阿弥陀经讲经文》）

（53）有王长史问："法师、律师、禅师，阿那个最胜？"（《祖》卷十四，大珠和尚）

第二阶段的主要变化是："有"的词汇义近乎消失，不充当句法结构成分，但是语法功能不仅引入明确的施事主语，而且标明所发生的事件是一种已然的存在；人名与后续句 VP 之间结构语义关系紧密，"有·人名"与"VP"经意合走向了形合，作为一个句法单位来表达行为事件，主要叙述语篇中确定人物的已然事件，基本上完成语篇结构句法化的过程。

我们从相关的语料统计中发现，先秦两汉时期的文献里出现有"有·人名 + VP"的个别例句，但是一直到唐代之前只是在部分文献里零星地被使用。例如：

（54）有为神农之言者许行，自楚之滕，踵门而告文公曰："远方之人闻君行仁政，愿受一廛而为氓。"文公与之处，其徒数十人，皆衣褐，捆屦、织席以为食。（《孟子》卷五）

（55）武帝时，征北海太守诣行在所。有文学卒史王先生者，自请与太守俱："吾有益于君。"君许之。（《史记》卷一二六）

（56）有汉志吴郡陆绩，幼敦《诗》、《书》，长玩《礼》、《易》，受命南征，遘疾遇厄，遭命不幸，呜呼悲隔！（《三国志》卷五十七）

唐代开始，在一些叙事性文献里"有·人名 + VP"的用例有了增加，尤其从五代开始有了明显的发展（如《敦煌变文集新书》13 例，《祖堂集》22 例），构式倾向开始统一，叙事功能变得突出。例如：

（57）有湿沃县主簿张达尝诣州，夜投人舍，食鸡羹，澈察知之。（《北齐书》卷一）

（58）时有盛道延拥兵作乱，侵扰州境，护兒进击，破之。（《隋书》卷六十四）

（59）时有佳（家）人团座头启相公曰："僧（昨）夜念经，更不是别人，即是新买到贱奴念经之声。"（《敦煌变文集新书·庐山远公话》）

（60）有常州无锡悬（县）令张令将妻及男女于华岳神前过。其张令将妻，洒脯驼马，奠祭岳神求福。（《敦煌变文集新书·叶净能诗》）

（61）有西川黄三郎，教两个儿子投马祖出家。（《祖》卷十四，江西马祖）

清代中叶至现代文献"有·人名+VP"的用例开始萎缩，我们在《红楼梦》里仅检得4例，如：

（62）只因西方灵河岸上三生石畔，有绛珠草一株，时有赤瑕宫神瑛侍者，日以甘露灌溉，这绛珠草始得久延岁月。（《红楼梦》第一回）

（63）有锦衣府堂官赵老爷带领好几位司官说来拜望。（同上，第一〇五回）

据此我们推断，"有·人名+VP"在汉语史上存在了较长的时间，在这期间，唐五代时期是其发展的重要时期，因为从五代开始至清初"有·人名+VP"在叙事语篇中占有很高的比率，而在上古汉语和现代汉语文献里极少出现。

二 句法化条件

首先，语篇结构句法化是"有·人名+VP"的形成途径。根据今天的句法可能是昨天的篇章的观点，"有·人名+VP"是由语篇结构而演变为句法结构的，属于句法化现象之一，其基本过程简化为：名词性时间成分+有·人名，VP ＞（修饰性时间成分），有·人名，VP ＞（时）有·

人名+VP。原来的存在句和主谓句（省略形式）经过偶合、混合、融合的一系列发展过程，时间词语游离于构式之外，"有"的管辖范围由人名扩展至其行为事件，语义泛化而成为语义结构上可有可无的准语法词，"人名+VP"成为语义中心，最终形成"有·人名+VP"，在语篇中表达人名首次出场所经历的已然事件，并随着语用化程度的增强而得以固化。因此我们说"有·人名+VP"是在松散的语篇组织基础上建构起来的语法格式。

其次，叙事性语篇环境是"有·人名+VP"句法化演变的动因。"时间名词+有·人名"在语篇里以表述人物本身状态为主，"有"作为动词。后来随着使用范围扩大，语用表达功能由以人物为中心转向以事件为中心，主要用来表达首现的确定人物所控制的行为事件是一种已然的存在，成为语篇叙事中的一个重要组成部分。"有·人名+VP"的发展也许与语言系统的演变分不开（如文言"者"的消失与现代汉语体标记"了"的出现，须另作讨论），然而句式在语篇里存在并受语篇表达目的制约却是事实，叙事语篇以表达持续性行为事件为特征，该句式在叙事语篇的环境中最终因时间成分脱落，"有"成为一个准语法词（人名前的"其"也可印证），可以说"有·人名+VP"在叙事语篇里最终定型并被运用是功能决定形式选择的结果。

第六节　结语

通过对《祖堂集》中"有·人名+VP"句式的分析，我们认为该句式表达一种已然存在的事件，在语篇中确定人物出场时使用，该句式出现于上古，至迟于唐五代在叙事语篇里发展成熟，其形成是语篇结构句法化的结果。

第十章

"是即(则)是 P"话题承接句

本章从语篇角度主要对唐宋禅录里的"是即(则)是 P"句式进行考察，认为该句式的句式义表示对某种行为事件的保留性肯定，但是还存在某种局限性，具有评判认定、修正补充、语篇衔接等语用功能。"是即(则)是 P"受汉译佛经影响，在唐宋时期的禅籍里产生并常常使用，具有 A 式和 B 式两种具体的表达形式，基本语用功能一致。其中 A 式专用于禅籍文献，是禅家参禅实践活动中一种特殊句式，B 式在南宋后来的世俗文献里也常常可见，反映了佛禅文献的传播对近代汉语的发展演变的影响。

第一节 引言

唐宋禅录里，存在一种固定的同语式"是即(则)是"，使用时后面通常带有一个或若干后续小句。例如：

(1) 僧问忠塔："如何是诸佛？"师答曰："一切人识不得。"有人举似师，师云："是即是，只欠礼三拜。"(《祖》卷十，长庆和尚)

(2) 僧问："如何是西来意。"师曰："是即是，莫错会。"(《景》卷十九，安国弘瑫)

(3) 云门大师是即是不妨赘讹，犹较些子。(《碧岩录》卷七。赘讹：混淆讹误；犹较些子：还算马马虎虎)

(4) 是则是剑刃上事，要且尽法无民。(《虚堂和尚语录》卷九。要且：然而)

在例(1)、例(2)中，"莫错会"意谓"不要领会错了"，"是即是"都是作为复杂句里的前小句形式存在，与后续小句"只欠礼三拜"和"莫错会"分别组成让步性转折关系的复杂句。在例（3）、例（4）中，"是即（则）是"相当于"虽则是，虽然是"，作为关联词形式存在于这类复杂句的前小句中。如果用P代表这种让步性转折关系的复杂句中的变项，那么第一种情况下的P表示复杂句的后续小句，第二种情况下的P表示复杂句。这样"是即（则）是"出现在唐宋禅录里的两种主要形式可以简记为"是即（则）是P"：（1）A式；（2）B式。

袁宾对这一类句式做了精辟分析，认为其中"是"作"对，正确"解，在唐宋禅录的多数用例里，此"是"实际上含有"契合禅机、禅法"的行业意义，"是即（则）是"已渐渐成为禅师答疑解惑和僧人之间交流机锋时的习用语，大抵应作"虽说是契合禅法"，并有逐渐虚化的趋势。①

本章在袁文研究的基础上，拟对唐宋禅录中的"是即（则）是P"做进一步的考察，详细描写其结构特征（视"是即（则）是"为一个凝固结构，不讨论是分句还是单句的问题），揭示其功能用法，最后就其来源与演变机制进行探讨，以期对"是即（则）是P"的结构特征、表达功能、历史演变及其影响有一个较全面的认识。

第二节 句式特征

我们对唐宋时期的《祖堂集》《景德传灯录》《明觉禅师语录》《五灯会元》《虚堂和尚语录》五部禅籍做一穷尽式的检索，发现"是即（则）是P"语例共46次，依次为5例、6例、5例、14例、16例，其中B式仅在《明觉禅师语录》和《虚堂和尚语录》里出现，前者用例1次，后者用例10次。

一 A式

"是即（则）是"充当复句的前小句，"是"是动词，表示肯定，具有评判性的语义特征，在唐宋禅录的多数用例里，实际上含有"契合禅

---

① 袁宾：《唐宋禅录语法研究》，《觉群·学术论文集》，商务印书馆2001年版，第296—310页。

机、禅法"的行业意义。"即"和"则"为副词,两词通用,① 在唐宋禅籍中,以"即"为多见,兼有表示判断与系联作用。"即(则)"与前后两个相同概念的"是"凝固为同语句式"是即(则)是",表达对某种契合禅法的具体行为事件的保留性肯定。例如:

(5)十五日已前,师僧莫离此间;十五日已后,师僧莫住此间。去即打汝头破,住即亦复如然。不去不住,事意如何?是即是,拟即差。(《祖》卷十九,香严和尚)

(6)遵布衲访师,在山下相见。遵问:"韶山路向甚么处去?"师以手指曰:"呜!那青青黯黯处去。"遵近前把住曰:"久向韶山,莫便是否?"师曰:"是即是,阇黎有甚么事?"(《五》卷六,韶山寰普禅师)

(7)世尊一日升座,众集定。文殊白椎云:"谛观法王法,法王法如是。"世尊便下座。师云:"是则是,只是举椎较重些子。"(《虚堂和尚语录》卷一)

从上面的一些例句上看,"是即(则)是"都不仅仅是对一般问题的肯定回答,如在例(6)中对遵布衲言语的保留性肯定,如在例(5)中对行为"不去不住"的保留性肯定,而在例(7)中,则是虚堂和尚对文殊菩萨举椎时言行举止的保留性肯定。

"是即(则)是"既是对某种行为事件的肯定,句首也就会存在一个行为主语,只不过在口语性对话中,主语一般指向受话人,以省略为常见。如上面例(5)、例(6)中"是即(则)是"的主语都是受话人,例(7)中"是即(则)是"的主语指"文殊",另如:

(8)师云:"者老汉是即是,要且未有出身之路。如今拄杖在雪窦手里。"(《明觉禅师语录》卷二)

(9)师云:"二老宿是即是,只知雪峰放行,不见雪峰把定。"(同上,卷三)

---

① 王引之:《经传释词》,岳麓书社1982年版,第183页。

以上两例中,"是即(则)是"的主语都是禅师在举说公案故事里的人,例(8)中"者老汉"指称"云门大师",例(9)中"二老宿"指"保福"和"鹅湖"二人。

后续小句 P 是句子的语义重心,通常由一个小句构成,句首有时候带有关联词"只、惟、将、犹、要且(表示"然而"意思)"等,与前面依附小句"是即(则)是"组成让步转折的语义关系复句。后小句与前小句一样,都以具体的行为事件为基础。A 式的句式义表示在参禅实践活动中对某种契合禅法的具体行为事件的保留性肯定,但是在做法上还存在局限性。例如:

(10)僧问忠塔:"如何是诸佛?"师答曰:"一切人识不得。"有人举似师,师云:"是即是,只欠礼三拜。"(《祖》卷十,长庆和尚)

(11)观和尚见新到来。观作面引次示之,其僧便去。观晚间问第一座:"今日新到在什么处?"第一座云:"当时去也。"观云:"是即是,只得一橛。"(《明觉禅师语录》卷一)

(12)米胡领众来,才欲相见,师便拽转禅床,面壁而坐。米于背后立,少时却回客位。师曰:"是即是,若不验破,已后遭人贬剥。"(《五》卷五,大同济禅师。贬剥:批评,批驳)

以上例句中,A 式的 P 都为陈述句。前两例中,P 由一个小句构成,"欠礼三拜"和"得一橛"都表示对方在对禅法认识或实践中还不是最理想的做法,句首副词"只"等起关联作用,显示与"是即(则)是"存在让步性转折的语义关系,语义结构中心落在 P 上。后一例的 P 由两个小句构成,"若不验破,已后遭人贬剥"是大同济禅师在勘验对方知见后的逆反性设想,与"是即(则)是"也构成事实上的转折语义关系。

二 B 式

B 式的 P 由前后两个含有让步转折关系的小句组成。前小句中,"是即(则)是"凝结成一个固定的关联词语,表示让步语义关系,相当于"虽则是,虽然是",其评价性的语义特征已转移为前小句句式义的主要特征。例如:

(13) 长庆示众云："撞著道伴交肩过，一生参学事毕。"师云："是即是针不劄风不入，有甚么用处？"(《明觉禅师语录》卷二)

(14) 明觉拈云："德山以己方人，者僧还同受屈。"师云："尽谓恒山之蛇，触之则首尾俱应。殊不知一得一失。雪窦是则是傍不甘，要见德山远在！"(《虚堂和尚语录》卷一)

(15) 鲁祖见僧来，便面壁而坐。是则是不挂葫芦醋越酸，但未见有绝消息者。(同上，卷八)

例(14)的大概意思是，雪窦禅师拈举德山的公案，虽然对其言行觉得不满意，加以评价，但是与德山的见识相比还差远了。例(15)的"不挂葫芦醋越酸"意思是，醋店因为质量好，即使门口不挂葫芦幌子也有更多的人来买。以上例句中，"是即(则)是"是作为关联词语使用的，"针不劄风不入""傍不甘""不挂葫芦醋越酸"都是对上文所涉及到的较抽象的行为事件的评价，主观性更强。就以上五部唐宋禅籍的情况来看，"是即(则)是"还不是连词，当前小句带有主语时，一般都位于主语后面，如例(14)。

B式P的后小句也是句子的语义重心，句首可以带有关联词"只、惟、将、犹、要且(表示'然而'意思)"等，不过，这类关联词不是必有的，前后小句的让步性转折关系主要以前小句的"是即(则)是"作为关联词表示。B式P内部前后小句都以较抽象的行为事件为基础，其间的关系更多地表现为事理之间关系。B式的句式义表示对较抽象的行为事件的让步性肯定，但是在事理上还有局限性。例如：

(16) 是则是青出于蓝而青于蓝，若其交锋之际，冰生于水寒于水，则未可也。(《虚堂和尚语录》卷一)

(17) 是则是剑刃上事，要且尽法无民。(同上，卷九)

例(16)的大概意思是，虽然学僧胜于禅师，但是在言辞交锋时一旦出现间隙，双方不能够相应投合却是不行的，前面让步小句先肯定"青出于蓝而青于蓝"这一较抽象的行为事件，后面转折小句指出其存在范围上的局限性。例(17)的大概意思是虽然赞叹用剑刃处理事情，但是完全依法从事就没有百姓(信众)存在了，前面让步小句先肯定"剑刃上事"这一较抽象的行为事件，后面转折小句在事理关系上指出不尽合理的地方。

第三节　语用功能

一　评判认定功能

评判认定是言说者对评价的对象进行是非、优劣的评定。"是即（则）是 P"其前部分小句都无论是 A 式还是 B 式，具有对前述的某种行为事件进行评判认定，起到定性作用。在唐宋禅录里，"是即（则）是 P"多出自对禅法认识较为深刻的禅师之口，要么被用来回答学僧关于某种说法或做法是否与禅法相符的问题，要么对前代禅师公案中行为事件的评判。"是即（则）是"在实际使用过程中已含有"虽说是契合禅机、禅法"的行业意义。[①] 例如：

（18）师与保福游山次，保福问："古人道妙峰顶，莫只这个便是不？"师云："是即是，可惜许。"（《祖》卷十，长庆和尚）

（19）师中夜于僧堂前叫："有贼！"大众皆惊。有一僧从僧堂内出，师把住云："捉得也，捉得也。"僧云："不是某甲。"师曰："是即是，将是汝不肯承当。"（《景》卷一，子湖利踪）

（20）师拈云："明觉一代龙门针劄古今，凌跨前作。是则是顺水张帆，若怎么，其师法何在？"（《虚堂和尚语录》卷九）

从上面例子可以看出，"是即（则）是 P"都是禅师对前述行为事件的评定，例（18）是长庆禅师对保福的说法是否契合禅法的评定，例（19）是衢州利踪禅师对学僧的做法和说法是否契合禅法的评定，例（20）是虚堂老和尚对前代明觉禅师的传法方式是否契合禅法的评定，前二例使用 A 式，后一例使用 B 式。

[①] 袁宾：《唐宋禅录语法研究》，《觉群·学术论文集》，商务印书馆2001年版，第296—310页。

二　修正补充功能

齐沪扬根据语言成分所传达的预期信息的分类，提出了"负预期量信息"的概念，这一概念是相对于一个标准量来说的，标准量可以是言说者、听话人或特定社会一般的预期量，也可以是格式本身表现出来的。[①] 就"是即（则）是P"而言，句式的前半部分用于接续前述话语信息，具有定性评定的功能（见第二节），而后半部分是句子的语义重心，传递负预期信息，其标准量是言说者的预期信息量。因为被评价的对象所提供的信息与言说者预期信息的方向是一致的，但是在量上存在某种程度上的不一致性、偏离性，这种不一致性通过转折由后部分小句表达出来，对前述行为事件起到修正补充的作用。"是即（则）是P"这种前肯定后纠偏的言语表达形式从一个侧面也反映了禅宗话语策略的灵活性。例如：

（21）问："如何是西来意？"师云："如何是不西来意？"又云："是即是，莫错会！"（《祖》卷十，安国和尚）

（22）师来问讯泉，泉举似师，师云："某甲有语。"泉便云："还将得绳索来么？"师便近前蓦鼻便拽。泉云："是即是，太粗生。"（《古尊宿语录》卷十三）

（23）壁立千仞也没交涉，通一线道也没交涉。不近人情，和泥合水，总没交涉。只这没交涉，也则没交涉。是则是，又无佛法道理。（《五》卷二十，开善道谦禅师）

例（21）中，安国和尚对学僧的提问及其反应表示肯定，但是对禅理领会是否深入领会了，却没有完全肯定，"莫错会"意谓不要领会错了，是对前面肯定的修正。例（22）中，南泉认为，赵州和尚的前述做法是合乎禅法的，但是行为太粗野，尚未能算最得力、最自然的禅法。例（23）是道谦禅师上堂时所说的话，"是则是"对前面诸多做法表示肯定，但是在他看来，这却又不合乎最理想的禅法，因为这样又没有"佛法道理"。

---

① 齐沪扬、胡建锋：《试论负预期量信息标记格式"X 是 X"》，《世界汉语教学》2006 年第 2 期。

三 语篇衔接功能

"是即(则)是P"具有评价性的语义特征,以前述话语内容为评价对象的。从语篇衔接的角度来看,"是即(则)是"为语篇衔接标记,所在的小句对语篇前述主要内容的某种行为事件进行保留性肯定,具有承接语篇话题的作用,同时后续小句转向语篇前景,突出其不足的一面,因此"是即(则)是P"在语篇中处于语篇中项的位置,主要表现出语篇衔接的功能。A式与B式中的"是即(则)是"只是承载的语义信息有强弱差异,两者在语篇衔接上功能相同。例如:

(24)遵布衲山下见师乃问:"韶山在什么处?"师云:"青青郁郁处是。"遵云:"莫只者便是否?"师云:"是即是,阇梨有什么事?"(《景》卷十六,韶山寰普)

(25)雪窦据款结案,是则是,只是金毛狮子,争奈不踞地。(《碧岩录》卷八)

(26)僧到桐峰庵主处便问:"这里忽逢大虫时,又作么生?"庵主便作虎声,僧便作怕势,庵主呵呵大笑。僧云:"这老贼。"庵主云:"争奈老僧何?"僧休去。雪窦云:"是则是两个恶贼,只解掩耳偷铃。"(《碧岩录》卷九)

(27)一日,问德山曰:"天皇也恁么道,龙潭也恁么道,未审和尚作么生道?"山曰:"汝试举天皇龙潭道底看。"师拟进语,山便打。师被打归延寿堂,曰:"是则是,打我太煞。"(《五》卷十三,钦山文邃禅师)

例(24)中,"只者(这)是"在禅籍里一般有指向本来面目、真如实相的意思,"是即(则)是P"中的"是"重复语篇前项中的"是",内容同指,表示对遵布衲的说法是否契合禅法的肯定,同时又觉得他似乎"有什么事"是不合理的,"是即(则)是P"在语篇上主要起到衔接作用。例(25)的"据款结案"比喻禅师根据学僧的根性,给予相应的开示,例句的大概意思是,雪窦这种传授禅法的方法固然也对,却像不踞地的金毛狮子一样,没有强劲的气力和沉雄的气韵,"是即(则)是"在语义内容上与"雪窦据款结案"同指,"是即(则)是P"主要具有联系语篇前项的功能。例（26）"是则是两个恶贼，只解掩耳偷铃"，也是位于语篇前项之后，"是即（则）是"起着语篇衔接功能的标记作用，前小句"两个恶贼"是贬斥之语，指前面语篇内容里的庵主和学僧，后小句两人做法的评价。例（27）也是如此，"是即（则）是"与语篇前项在语义内容上同指，前部分小句肯定，后部分小句文邃禅师对前面德山行为"打"表示不满意，因此"是即（则）是P"主要具有衔接语篇的作用。

第四节　演变历史

一　类似结构

在上古汉语出现的同语式里，我们没有看到"是即（则）是P"句式，较早的类似结构出现在东晋至隋唐的汉译佛经里。例如：

（28）是即是证，不当远念，念于十方。（东晋·只多蜜译《佛说宝如来三昧经》卷下）

（29）以是一空相破各各别异相，破已事讫还舍不二相。是即是道是果，何以故？（东晋·鸠摩罗什译《大智度论释七喻品》卷八十五）

（30）只心即是佛，只佛即是心，此心若成，法身则成；法身既成，应身即成，故心是三十二相，是即是佛也。（隋唐·吉藏《无量寿经序》）

根据《唐语林校证》（卷八）对第1023条"李匡义云：'《晋书》称阮咸善琵琶。'是即是矣。"所作的注解："'是即是矣'原书作'此即是也'。"上面例句中，前面的"是"是代词，代替上文出现的事物，在句子中作主语，"即是"后面带的是宾语，如例（28）前一个"是"是实指，后一个"是"表示判断，"证"即证果，就是一般人所说的开悟或得道，意思是，这就是证果了。因此，"是即是"在以上佛经文献里不是同语结构，还只是跨层结构。但是，以上例子很可能说明"是即是"同语式的产生与唐代的佛经译文相关。

二 A式

从唐五代时期开始,禅宗文献里可以常常看到"是即(则)是P"A式的用例了。前面分析已举例介绍,这里再举几例如下:

(31) 是即是,且作摩生是驴马?(《祖》卷十,玄沙和尚)
(32) 是则是,殊不知有际天之洪涛,可以容吞舟之鱼。(《虚堂和尚语录》卷三)
(33) 是则是,犹落化门到这里。(《五》卷二十,开善道谦禅师)

我们在同时期的汉译佛经里也很少见到这类句式,敦煌便文里也没有出现这种句式。这种句式最早在禅籍里使用开来,说明了禅宗文献虽然受佛教的文化思想影响,但是在语言上具有自己的一些独特表达风格,当然与禅籍文献的口语化色彩也可能有关。

三 B式

袁宾在《虚堂和尚语录》里发现"是即(则)是P"B式已有较多用例,并举了较早的一例是在南宋嘉泰年间(1201—1204)成书的《嘉泰普灯录》中,如:[①]

(34) 是则是孤穷,且要自张声势。(《简堂机禅师》卷二十六;转引自袁宾,2001)

袁宾在文中的推断是准确的,我们在北宋初期之后的禅录里发现B式的存在。例如:

(35) 师云:"是即是针不劄风不入,有甚么用处?"(例13)
(36) 是则是七珍八宝一时罗列,争奈相逢者少?(《碧岩录》

[①] 袁宾:《唐宋禅录语法研究》,《觉群·学术论文集》,商务印书馆2001年版,第296—310页。

卷八）

（37）是则是两口金刚宝剑，要且拂掠虚空。（《圆悟佛果禅师语录》卷十八）

B式在南宋、元明的词曲、戏文、小说等世俗文献品里一度得到运用，到了清代才逐渐走向消失。例如：

（38）是则是一般弄扁舟，争知道，他家有个西子。（《全宋词·洞仙歌》，辛弃疾）
（39）是则是繁华九市通，奈一番雨过，沾衣泥黑，三竿日上，扑面尘红。（《全宋词·沁园春》，陈著）
（40）是则是有此理，如何便到这田地！（《朱子语类》卷三十三）
（41）想着月下情，星前约，是则是花木瓜儿看好。（《全元散曲·甜水令》，关汉卿）
（42）是则是公文限紧，蒙相委怎敢不？（《全元南戏·荆钗记》，柯丹邱）
（43）（净）是则是三人同结义，（丑）怕只怕半途而废。（《全元南戏·杀狗记》，徐仲由）
（44）叹吁，是则是今生没福，是则是前生合注，无端的分开连理，两下里泪痕枯。（《娇红记》第四十八出）
（45）是则是弟兄朋友，闺门里要你自持筹。（《牡丹亭》第二十七出）

第五节　演变机制

一　语境吸收

由第四节可知，A式有可能是从"是即（则）是P"的类似结构演变出来的，但是，在"是即（则）是P"的类似结构中，"是即（则）是"具有肯定意思，而A式的"是即（则）是"却具有否定意味，这怎么可能呢？

第十章 "是即（则）是 P"话题承接句

在"是即（则）是 P"的类似结构中，P 与"是"是具有同一性关系的，被用来显明"是"的部分属性。而禅宗语言环境下，这种一旦 P 指向禅旨大意的时候，就不能说破，说破了就不是禅悟，因此在禅籍里不使用"是即（则）是 P"的类似结构，而是出现"是即（则）是"形式，这种句法上的变化使句首"是"的指称义淡化，其隐含"契合禅机、禅法"的意义渐渐固化在句式之中，句法结构发生了重新分析，"是即（则）是"由主谓关系变成同语结构关系。

同样在禅宗语言环境下，禅师们是提倡超二元对立的多元思维的，肯定"似即（则）似，是即（则）不是"，意谓"像是像的，对却是不对"，而反对"A 即（则）A"或"A 即（则）非 B"这种二元思维形式。在语言实际使用过程中，使用"是即（则）是"同语式的都是禅界高僧大德，所以"是即（则）是"一般含有否定意味，交际双方在禅法实践活动中的认识上偏差会通过后续小句表达出来。

"是即（则）是"由跨层结构演变为同语式，再演变为一个关联词语，这种语法化过程的完成主要通过语境吸收机制而实现的。语境吸收是词语所处的句法组合在使用过程中发生变化，句式表达的语用义被吸收进来，从而使自身的语义和功能发生变化。[①]

在禅宗语言实践活动中，"是即（则）是 P"的类似结构由独立表意的判断句因失去宾语成分而首先变为依附小句"是即（则）是"，处于前后具有逆反语义关系的复句中，由于语境吸收而使原来表示肯定判断的语义带有否定意味，并通过频繁使用使隐含义凝固下来，"是即（则）是"也就获得了"虽然是契合禅机、禅法"的语用义，演变成"是即（则）是 P"A 式。随着"是即（则）是 P"A 式的频繁使用，一旦脱离谈及禅旨大意的语境，"是即（则）是"的语用义就会模糊，在让步转折复句中吸收了表达事理关系的语境义，[②] 虚化成一个可以表示让步关系的关联词语。这种虚化的用法在南宋后来的世俗文献中也被常常使用，反映了禅宗文化的传播对近代汉语发展演变的影响。A 式和 B 式在禅籍里出现有时间上的差距，但不具有替代关系，句式在不同的语境场合下表述不同的

[①] Bybee, Joan, Revere Perkins, William Pagliuca. *The Evolution of Grammar—tense, aspect, and modality in the language of the world*, The University of Chicago Press, 1994：296.

[②] 蒋绍愚：《词义变化与句法变化》，《苏州大学学报》（哲学社会科学版）2013 年第 1 期。

功能。

二 重新分析

从"是即（则）是 P"形成的两个关键阶段来看，由"是即（则）是 P"的类似结构变为 A 式再演变为 B 式，其句法内部结构都发生了重新分析。

最初，"是即（则）是 P"的类似结构层次分析为"是/即（则）是 P"。前直接成分组成的结构。如第四节的例（30）中，"是即是佛也"的前一个"是"指代"三十二相"，因为三十二相就具有庄严德相了，所以句子的意思表示"这就是佛"，"是即是"在句中不是直接成分组成的结构。

后来，"是即（则）是 P"出现在禅录对话中，"是"在特殊语境下获得了语用义，原来词义淡化，句法功能变化，原有的句法结构发生了重新分析，即"是即（则）是/P"。如前面例（18）"保福问：'古人道妙峰顶，莫只这个便是不？'师云：'是即是，可惜许。'"答句里的"是"不是实指"妙峰顶"，而是获得了一个特殊的语用义，句式只能重新分析为"是/即是，可惜许。"

当"是即（则）是 P"在宋代后来的禅宗文献里使用时，"是即（则）是"失去了在特定语境中所获得的抽象语用义，语义进一步虚化，成为表示让步关系句式的标记，处于 P 内部的前小句之中，从而由 A 式演变为 B 式，"是即（则）是 P"又重新分析为"是即（则）是 P_1，P_2"。如前面例（13）"是即是针不劄风不入，有甚么用处？"是明觉禅师对长庆和尚举说的评价，"是即是"如果是评定举说情况时，句式结构应分析为"是即是，/针不劄风不入，有甚么用处？"但是明觉禅师的用意不是评定前代大师的言行是否契合禅法的问题，而是评论"针不劄风不入"与"有甚么用处"之间的事理关系，故句式只能重新分析为"是即是针不劄风不入，/有甚么用处？"

第六节 结语

以上通过对唐宋禅录里"是即（则）是"句式的共时与历时的动态观察分析，其研究结果表明：

其一,"是即(则)是 P"的句式义表示对某种行为事件的保留性肯定,但是还存在局限性。可分为 A 式和 B 式两种具体结构形式:A 式表示禅宗在参禅实践活动中对某种契合禅法的具体行为事件的保留性肯定,但是在做法上还有局限性;B 式的句式义表示对较抽象的行为事件的让步性肯定,但是在事理上还有局限性。

其二,"是即(则)是 P"句式具有评判认定、修正补充、语篇衔接等语用功能。A 式专用于禅籍文献,具有禅家行业色彩。B 式在南宋后来的世俗文学作品里也常常可见,反映了佛禅文献的传播对近代汉语的发展演变起到一定的影响。

其三,"是即(则)是 P"句式是在唐宋禅宗语言实践活动中产生的,A 式最早见于晚唐五代的禅籍,B 式最早用于北宋初期之后,"是即(则)是 P"的产生可能受到唐代汉译佛经影响。

第十一章

"T且置"话题转移句

本章从语篇角度对"T且置"话题转移句进行考察,认为该句式是禅宗对话语体里转移话题的一种常用句式,带有行业性色彩,表示"某事暂且搁下不问而问其他的事"的意义,具有正向启发的功能,也有负向纠缠意味。该句式萌芽于唐代之前的佛经文献,五代时定型于禅宗文献,其时代性和行业性特征显著。

第一节 引言

禅录里的机语对话是禅宗文献中耐人寻味而又极难识读的部分。"T且置"话题转移句是唐宋禅录中常用的一种话题转移的表达方式,能够较鲜明地反映禅宗语言的行业色彩。例如:

(1) 师示众云:"与摩时且置,不与摩时作摩生?"(《祖》卷十八,仰山和尚)
(2) 问:"诸余即不问,如何是和尚家风?"师曰:"家风即且置,阿那个是汝不问底诸余?"(《景》卷二十四,龙兴裕)
(3) 僧问:"拈槌举拂即且置,和尚如何为人?"(《五》卷十七,衡岳道辩禅师)

以上例句中,"且置"所在的句子一般是一个复句,前小句承接上文的话题,"且置"位于前小句句尾,后小句一般是一个疑问句,为说明方便,本章用"T且置"话题转移句表示。

袁宾对这种句式做了精辟的分析,认为"且置"式疑问复句多数具有承接上文的语气,"且置、且从、且止"等固定地位于前面副句句末,表示排除某项内容，而后面主句对另一项提问，它们虽然仍然含有词汇意义，但也具有语法标志的作用。① 张美兰从语用的角度对《祖堂集》转移式话题问句"且置/且从"等进行详细描写后得到启示：特定的句法位置和典型的话语说解语境赋予这些语法标记新的功能。②

在袁宾、张美兰研究成果的基础上，本章拟对"T且置"话题转移句做进一步的考察，先分析其句式特征，接着分析其语用篇章功能，最后探讨其演变途径与形成动因。

第二节　句式特征

在唐宋时期《敦煌变文集新书》《朱子语类》等口语性较强的世俗文献里，没有出现"T且置"话题转移句里的例句，而在唐宋禅录里却大量存在，如《祖堂集》28例，《景德传灯录》35例，《五灯会元》61例。下面分析主要以这三部禅录为主要语料。

一　T且置

T是上文出现的话题或某语义成分，"且置"支配"T"，表示T被言者搁在一边（不问）的意思。"且置"还有"且从、且止、且致"等不同的书写形式，本章一列以"且置"为代表，其句法性质是一个固定短语的后置成分。例如：

（4）问："诸圣会中，还有不排位者也无？"师云："诸圣会中则且置，唤什摩作不排位？"（《祖》卷十一，齐云和尚）

（5）师曰："眼耳缘声色时，为复抗行，为有回互？"泽曰："抗互且置，汝指何法为声色之体乎？"（《景》卷十三，蒙山光宝）

（6）师曰："此山无路，阇黎从何处来？"洞曰："无路且置，和尚从何而入？"师曰："我不从云水来。"（《五》卷三，龙山和尚）

例（4）中，"诸圣会中"是上文提到的某种语义成分，被搁置一边

---

① 袁宾：《禅宗著作里的两种疑问句——兼论同行语法》，《语言研究》1992年第2期。
② 张美兰：《〈祖堂集〉语法研究》，商务出版社2003年版，第171—177页。

不问,同样,例(5)的"抗互且置"指上文所问及的话题"抗行"和"回互",都被搁置一边不做回答,例(6)的"无路且置"表示上文话题"此山无路"也被搁置一边姑且不谈。

在《祖堂集》《景德传灯录》《五灯会元》中,有一半以上的例句"且置"等前面有"即、则"修饰,"即、则"有让步关联作用,是承上文语义而来的。如:

(7)夹山云:"不似之句,目前无法。"师云:"不似之句则且置,目前无法是何言?"(《祖》卷八,疎山和尚)

(8)师举雪峰塔铭问老宿云:"夫从缘有者始终而成坏,非从缘有者历劫而长坚。坚之与坏即且置,雪峰只今在什么处?"(《景》卷二十五,报恩慧明)

(9)曰:"请和尚鉴。"师曰:"鉴即且置,作么生会法身?"(《五》卷十五,云门文偃禅师)

以上各例中,"且置"前面"即、则"位于前话题之后,使得上下文的语义关系更加紧密,具有承上启下的关联作用。

二 后小句

"T且置"话题转移句的后小句基本上以疑问句形式出现,多数为特指问句,有时是反复问句,少数句子不是疑问句,也与疑问句相关。[①]例如:

(10)师云:"当不当则且置,太傅作摩生会得?"(《祖》卷十,长庆和尚)

(11)师云:"失不失,即且置,是你还趁著也无?"(《祖》卷十一,保福和尚)

(12)师又问一僧曰:"姓王姓张姓李俱不是,汝本来姓什么?"曰:"与和尚同姓。"师曰:"同姓即且从,本来姓个什么?"(《景》卷二十,含珠审哲)

---

① 袁宾:《禅宗著作里的两种疑问句——兼论同行语法》,《语言研究》1992年第2期。

(13) 问："诸余即不问，向上宗乘亦且置，请师不答。"师曰："好个师僧子。"(《景》卷二十五，永明道潜)

(14) (僧) 曰："随与不随且置，请师指出东西南北。"(《五》卷五，仙天禅师；转引自袁宾，1992)

例 (10) 和例 (11) 中的"T且置"话题转移句是特指问句形式，例 (9) 的"是你还趁著也无"是反复问句形式，例 (13) "请师不答"和例 (14) "请师指出东西南北"，都是祈使句，虽然不是疑问句，但从某种意义上说也是要求对方作答的。

三 句式语义关系

"T且置"话题转移句在通常情况下是由前后两个小句组成的，前小句承接上文话题或某语义成分，后小句在前小句基础上发生语义转折，问及另一话题或其他问题上，形成一个转折关系复句，后小句是句式的语义结构重心。句式的基本义表示"某事暂且搁下不问而问其他的事"。例如：

(15) 有僧从曹溪来，师问："见说六祖在黄梅八个月踏碓，虚实？"对曰："非但八个月踏碓，黄梅亦不曾到。"师曰："不到且从，从上如许多佛法，什摩处得来？"(《祖》卷六，洞山和尚)

(16) 主云："如何是粗？"师竖起锄头。主云："如何是细？"师作斩蛇势。主云："与么则依而行之。"师云："依而行之即且置，你什么处见我斩蛇？"(《景》卷七，归宗智常)

(17) (僧) 曰："磨与未磨，是同是别？"师曰："同别且置，还我镜来。"(《五》卷十六，智海本逸禅师)

上面例句中，例 (15) 前小句承接上文话题"不到"，指六祖不曾到黄梅的事，被搁置不问，而转向其他问题上"从上如许多佛法，什摩处得来"。其余二例也是如此。

第三节 语用功能

一 话题转换功能

认知语用学的关联理论认为，言说者要传递最佳相关的期待，听话人则以有效的认知努力获取足够的语境效果，推导出言说者的交际意图。禅语对话主要围绕对禅法义理的认识问题交换彼此的体验与感悟，既要达到参禅悟禅的目的，又必须遵守关联原则。如果对话中 T 的信息不利于机语对话进行，言说者就会即时截断其思路，消除对方的误区。有时候 T 的信息已较为熟知或影响禅悟，言者认为当下不必关注。因此，言说者的话题要么与受话者的认知信息相关，要么与情景（话题）信息相关。[①] "T 且置"句式转移话题就是禅侣们在遵循关联原则下所采用的一种对话策略。例如：

(18) 师云："第一义何在？"进云："和尚莫通三教也无？"师云："三教且致，老君什摩时生？"对云："混沌未分时生。"师曰："混沌未分前事作摩生？"道士无对，师便打之。(《祖》卷八，钦山和尚)

(19) 问："如何是庵中主？"师曰："苍天！苍天！"泉曰："苍天且置，如何是庵中主？"师曰："会即便会，莫忉忉。"泉拂袖而去。(《景》卷九，大慈寰中)

例（18）中针对道士对禅旨大义（第一义）反映"和尚莫通三教也无"，禅师没直接回答，而是把话题转移到了"老君什摩时生"这一问题上，表面上看答非所问，但是实际上却遵守了最佳关联原则，因为"老君"属于道士的认知信息，可以使对方从"迷头认影"中认清本心自性，获得最佳的语境效果。例（19）中南泉和尚在寰中和尚回答了"如何是庵中主"之后又转移到原话题，虽然重复了信息，倒也是关联原则的极端

[①] 赵艳芳：《认知的发展与隐喻》，《外语与外语教学》1998 年第 10 期。

表现形式①，因为南泉不满足这一回答，怀疑有拾人牙慧之嫌，所以进一步勘探对方是否真正地识取妙心自性，这是禅宗对话要达到彻见心性的最终目的。

二 正向启发功能

言谈事件中当言说者针对语境中谈及的某一事物或事态提出一种与受话人的预期相反或相背离的断言、信念或观点时，那么该言说者就表达了一种反预期信息。"T且置"话题转移句的后面小句是表义重心，表达句子新信息。这种新信息对于听者来说，是一种反预期信息，即指与听者预期相反的话语信息。② 在禅语对话中，由于双方觉悟存在差异是不可避免的，对话中出现频繁的话题转换应该说是常有的事情。

一方面，禅师考测、点化僧徒，回避正面谈法议理。为此对话中涉及禅旨一类问题时禅僧们总是避免直接交谈，问语明明确确是有关禅旨义理的严肃话题，而答语可以使用"T且置"句式表示一些毫不相干的话或干脆拒绝回答。使用句式产生的信息增量可以解除对方已存在或可能存在的疑惑，让其思维转入悟性的通道，有正向的启发性意义。例如：

（20）问云："夜中树决定信有。其树影，为有为无？"仰山云："有无且置，汝今见树不？"（《祖》卷十八，仰山和尚）

（21）问："诸余即不问，如何是和尚家风？"师曰："家风即且置，阿那个是汝不问底诸余？"（例2）

例（20）中在仰山看来，把本质"树"与现象"树影"分开，执着于"有无"分别，都落入了虚妄的见解，因此他搁下学僧的问题不答，先截断其二元分别妄心，然后直指真如本体"汝今见树不"，激发其悟性思维，具有启发性。例（21）中，学僧问"和尚家风"，禅师避而不答，却反过来问学僧自己不问的问题"阿那个是汝不问底诸余"，其目的是告诉对方心外无法，要领悟禅法就必须心空无住方能清除事相概念的污染，同样具有启发功能。

---

① 吴福祥：《试说"X不比Y·Z"的语用功能》，《中国语文》2004年第3期。
② 同上。

另一方面，有些禅僧在对话中也常常局限常理逻辑，难以摆脱语言的局限性，陷入从常识出发思考问题的僵化思路，这时候执着于自己的问题，使用"T且置"转移式，通常不利于机语对话顺利进行，所提供的新信息价值也低于听者所预期的价值，体现为信息减量，具有表达上的负向纠缠意味。例如：

（22）师与归宗同行二十年，行脚煎茶次，师问："从前记持商量语句，已知离此，后有人问毕竟事，作摩生？"归宗云："这一片田地，好个卓庵。"师云："卓庵则且置，毕竟事作摩生？"（《祖》卷十六，南泉和尚）

（23）又问僧："张王李赵不是汝本来姓，汝本来姓个甚么？"曰："与和尚同姓。"师曰："同姓即且从汝，本来姓个甚么？"曰："待汉水逆流，却向和尚道。"（《五》卷十三，含珠审哲禅师）

例（22）中，归宗用"这一片田地，好个卓庵"暗示佛性人人自有，可是同行二十年的南泉不明白其中包含的禅机，执着于所谓"毕竟事"，归宗将话题转移开，南泉再次重提，具有负向纠缠意味。例（23）中，审哲禅师考测学僧的佛性，由于学僧尚未彻底明了自性"与和尚同姓"，所以用"且置"式问句再追问"本来姓"，也有负向的纠缠意味。

第四节 历史演变

一 演变途径

《汉语大词典》解释：置，搁置，放下；从，盘桓逗留；止，停止，终止。据此"置""从""止"都可以看作位置动词，其共同语义特征可提取为"停放下来"。从古代到现代的本土文献里，动词"置""从""止"都可以与副词"且"连用，后面带名词性宾语，并且"且止"在后面的宾语不出现的情况下常位于句尾。例如：

(24) 天子且犹如此，况人臣乎！愿明公且置是怒而思预之言。(《晋书》卷六十一)

(25) 小婢不须催柘弹，且从枝上吃樱桃。(《全唐诗》卷六七七，郑谷)

(26) 凶竖悖乱，诚合诛夷，然圣躬不豫，虑有惊动。公等且止，以俟后图。(《旧唐书》卷八十二)

(27) 负心为炉复为火，缘木求鱼应且止。(《全唐诗》卷二十五，贯休)

尽管"且置/从/止"可以表示暂且停放下来某一事件，但是几乎不见有表示"暂且搁在一边（不问）"意思的语例。

相对于中土文献，在南北朝至五代之前的佛经文献里"且置"可以以非短语结构形式位于句首，含有"暂且搁在一边（不问）"的意思，用例集中于对话体。例如：

(28) 舍利弗言："且置此事，我近问汝，文殊师利如来三十二相有形段无？"(北凉·法众译《大方等陀罗尼经》卷二)

(29) 佛告婆罗门："且置汝年少弟子知天文，族姓，我今问汝，随汝意答，婆罗门，於意云何？色本无种耶？"(南朝宋·求那跋陀罗译《杂阿含经》卷二)

(30) 问："且置《余经》，净名既云不来相来，此就何义？释之。"(隋唐·吉藏《中观论疏》卷四)

以上例句中的"且置"并没有构成疑问句的组成部分，其语篇上的话题转换作用尚不具备，"且置"所在的句子与后面疑问句是事理关系上的衔接，但可以视为处于萌芽时期的"且置"式表达结构。另外，我们在《大正藏》里还发现一则元魏时期出现的类似"且置"式问句的语例"去来且置，愿说现在，解我疑结"(北魏·慧觉等译《贤愚经》卷三)，虽然主句以祈使句结构出现。

从五代起，在禅宗文献里"且置/从/止"具有在疑问句中转移话题的用法，语义趋同，以固化的短语词形式位于"且置"式疑问复句中的前分句之后，表示"暂且搁在一边（不问）"的意思，句子语气由祈使转变为疑问。① 例如：

（31）师示众云："与摩时且置，不与摩时作摩生？"（《祖》卷十八，仰山和尚）

（32）洞山云："无路且置，和尚从何而入？"（《景》卷八，潭州龙山）

（33）愚云："那个且从，者个作么生？"（《古尊宿语录》卷二十六）

（34）林曰："不受栽且止，你曾见他枝叶么？"（《五》卷十三，石门献蕴禅师）

从目前相关的文献检索情况来看，该句式萌芽于五代以前的佛经汉译文献，定型于五代并在禅宗文献中被普遍使用，而在佛教禅宗以外的文献（不论五代以前还是以后）几乎见不到用例。我们统计唐宋时期口语性较强的几种文献用例情况：《敦煌变文集新书》0 例，《祖堂集》28 例，《景德传灯录》35 例，《五灯会元》61 例，《朱子语类》0 例。这些用例结果表明，"且置/从/止"虽然没有完成词汇化语法化，但是在特定句式中以固化的短语词形式出现，对于整个句式的形成有重要意义，佛经文献提供了其语法和语义基础，禅语对话体提供其特殊的使用环境，其演变过程可简化为如下两个阶段：

且置 T（祈使句）……　　> T 且置，T_2C（疑问句）
（佛经译文）　　　　　　　　（禅宗对话）

二　形成动因

语言是思维和感知的工具，汉语的词序体现知性思维的顺序。② 在参禅活动中，交际双方以"自心是佛"为旨归交换信息与观点，言者认为不必要的信息总是会被搁下而将其注意力转移到如何除障的信息上，这种思维顺序在大脑中会凝固成"已知信息→疑问信息"认知图式，在语言

---

① 袁宾：《禅宗著作里的两种疑问句——兼论同行语法》，《语言研究》1992 年第 2 期。
② ［德］洪堡特：《论人类语言结构和差异及其对人类精神发展的影响》，姚小平译，商务印书馆 1997 年版，第 73—115 页。

结构映射为"且置"式问句。例如:

(35) 问:"达摩未来此土时,还有佛法也无?"师曰:"未来时且置,即今事作么生?"(《景》卷四,天柱崇慧)

上例中,僧问达摩未来此土时的过去事情,崇慧禅师用肯定现世的思想给以教化,搁置已知信息,而提问当下之事,其"且置"式结构体现了知性思维顺序。

在佛经文献里,表达祈使语气的"且置"句与后面疑问句是事理关系上的衔接,后来"且置"用于禅僧参禅究禅的对话中,虽然要围绕禅旨大意进行,但是交际双方因识见差异需要即时交换话题追问对方,句子表达功能由祈使转向疑问。在隐喻和类推的作用下,"且置/从/止"的概念义最后都可以用来表达话题转换关系,原来存在事理关系上的两个行为事件合成一个有让步关系的复合句,内部语义结构关系调整为"已知信息+且置,疑问信息"。随其句法位置从句首移到句尾,"且置/从/止"对句中所支配成分的控制性减弱,语篇功能增强,具有承上启下的作用。例如:

(36) 师问黄檗、定慧等学:"明见佛性,此理如何?"黄檗云:"不依一物。"师云:"莫便是长老家风也无?"檗云:"不敢。"师云:"浆水钱则且置,草鞋钱教阿谁还?"(《祖》卷十六,南泉和尚)

例(36)中句式表达的具体意思是:浆水钱(饭钱)就暂且不问了,草鞋钱(行旅费)教谁还呢?南泉不赞同黄檗"不依一物"的看法,交际话题发生了变化,语用表达的需要使得"且置"移至句尾,在语篇话题之间起转换作用,形成"且置"式问句。

综上,"且置"式疑问句是禅门僧侣在参禅究禅实践中使用语言认识世界的结果,其形成的主要动因是禅宗对话体的特殊语用环境。

第五节 结语

以上我们主要从表达功能和历史演变两方面对"且置"式问句进行

考察，得出结论如下：

其一，"且置"式问句萌芽于唐代之前的佛经文献，五代时期在禅宗口语中使用开来，但始终没有越出禅宗文献范围，其时代性和行业性特征显著。

其二，句式形成的主要动因是禅宗对话体的特殊语用环境，语言的隐喻和类推机制起着至关重要的作用。

其三，"且置"式问句是禅宗对话体中一种转移话题的表达方式，表达反预期信息功能，既有正向的启发作用，也有负向的纠缠意味。这种前后话题不相一致，实质上是实现识禅悟禅的有效的语言表达方式。

第十二章

"与么则 Q"语篇推论句

本章从语篇角度对近代汉语里的推论句式"与么则 Q"进行考察,认为该句式是一种表示推论关系的紧缩句,表示言说者在某种语境下根据已知情况推断出所体认到的未知情况,与语篇前项组成对话语篇模式 IRF(M)"问题—应答—推论—(验证)",具有语篇后续(终止)和认知推导两项主要功能。"与么则 Q"形成于晚唐五代,由假设复句发展而来,其同源句演变过程中的主要机制是重新分析。

第一节 引言

在近代汉语里,存在一种表示推论关系的紧缩句,句首以"与摩/恁么(则、即)"结构形式出现。"与摩/恁么"相当于"那么、这么","则、即"等相当于"就",后面引出的是推论的结果。例如:

(1)药山在一处坐。师问:"你在这里作什摩?"对曰:"一物也不为。"师曰:"与摩则闲坐也。"对曰:"若闲坐则为也。"(《祖》卷四,石头和尚)

(2)问:"如何是学人自己?"师曰:"如汝与我。"僧曰:"恁么即无二去也。"师曰:"十万八千。"(《景》卷二十二,功臣道闲)

(3)(僧)问:"观身无已观外亦然时如何?"师云:"热发作么?"进云:"与么则冰消瓦解去也。"(《古尊宿语录》卷十五)

以上例句可以将句首的词语统一标记为"与么则",后面推断内容用 Q 表示,这样,句式可简记为"与么则 Q"。

目前的研究表明,关于"与么"类词语的研究较为充分,如梅祖麟、志村良治、吕叔湘、冯春田、曹广顺、梁银峰等,[①] 然而,以句式为研究对象的文章稀见[②],下面我们将以唐宋禅籍为基本语料,从构式角度对句式特征、语用功能、演变过程及其动因等方面进行较全面的考察。

第二节 句式特征

一 句法特征

在句式"与么则Q"中,"与么"类词语的语法地位是一致的,《祖堂集》里以"与摩"为常见,其他唐宋禅录里以"恁么"为常见。"则/即"紧接其后,用作副词,表示推断关系,"即"和"则"在当时口语里实际上是同一个词,只是存在方音差异或用字习惯不同而已[③]。例如:

(4) a. 师曰:"与摩则当头脱去也。"(《祖》卷五,道吾和尚)
 b. 道吾云:"恁么即当头脱去也。"(《景》卷八,江西椑树)
 c. (僧)曰:"与么则同安门下,道绝人荒去也。"(《五》卷六,同安常察禅师)
(5) a. 师曰:"家破人亡,子归何处?"(学人)曰:"恁么即不归去也。"(《景》卷十四,药山惟俨)
 b. 师曰:"家破人亡,子归何处?"(学人)曰:"恁么则不归去也。"(《五》卷六,洛浦元安禅师)

统计《祖堂集》《景德传灯录》《五灯会元》三部禅籍,"与么则Q"的全部例句,计有673例,依次为145例、110例、418例。其中《祖堂

---

① 梅祖麟:《敦煌变文里的"熠没"和"虱(举)"字》,《中国语文》1983年第1期;[日]志村良治:《中国中世语法史研究》,江蓝生、白维国译,中华书局1995年版,第268—288页;吕叔湘:《近代汉语指代词》,学林出版社1985年版,第272—302页;冯春田:《近代汉语语法研究》,山东教育出版社1991年版,第262—263页;曹广顺、梁银峰等:《〈祖堂集〉语法研究》,河南大学出版社2011年版,第162—163页。

② 祁从舵:《〈祖堂集〉框架句研究》,上海师范大学博士学位论文2012年,第133—146页。

③ 袁宾:《唐宋禅录语法研究》,《觉群·学术论文集》(第1辑),商务印书馆2001年版,第296—310页。

集》里用例使用"与摩",《景德传灯录》里用例使用"恁么",《五灯会元》里,"与麼"用例 25 例,"恁么"用例 393 例。三部禅籍里用"则"和"即"的比例依次为 132∶8、2∶103、392∶18,直接使用"与么"类词语连接的例句依次为 5 例、5 例、8 例。

吕叔湘认为这种句子在句法上已经省略了前面小句的连词,于是"与么"类词语就兼有连接的作用,不妨算是一种连词,志村良治称这类词为"指代副词",具有连接或回指前文的作用。① 我们调查了朱子语类、宋词等其他俗文献里面的"与么"类词语,尽管连接作用突出,但没有发现到作为连词使用的例子,考虑到经常与"则/即"结合在一起,句子本身在语法上又不能脱离语篇前项而存在,视为副词较合适,在"则/即"等副词脱落的极少数情况下(见上段统计数字),有可能作为连词。例如:

(6) a. 岩曰:"作摩是你幞头痕子尚犹在,有这个身心?"吾曰:"启师兄,莫下这个言词。佛法不在僧俗。"岩便问:"与摩理长则就,师弟作摩生?"吾曰:"非不生不灭处,亦不求相见。"(《祖》卷四,药山和尚)

b. 师与洞山到村院向火次,洞山问师:"水从何出?"师云:"无处来。"洞山云:"三十年同行,作任摩语话!"师云:"理长则就,老兄作摩生?"洞山云:"只见湎湎,不知从何出。"(《祖》卷六,神山和尚)

(7) a. 师问僧:"一切声是佛声,一切色是佛色。拈却了与你道。"对云:"拈却了也。"师云:"与摩驴年去。"(《祖》卷十一,云门和尚)

b. 师唤侍者,侍者应诺。师曰:"驴年去。"(《景》卷十四,道吾圆智)

c. 问:"不犯锋芒,如何知音?"师曰:"驴年去!"(《五》卷七,安国弘瑫禅师)

例(6a)中,句式"与么则 Q"表示的意思是"这样的话,也要领

---

① 吕叔湘:《近代汉语指代词》,学林出版社 1985 年版,第 272—302 页;[日]志村良治:《中国中世语法史研究》,江蓝生、白维国译,中华书局 1995 年版,第 268—288 页。

悟禅理才行，师弟怎么样"；例（7a）中，句式"与么则Q"表示的意思是"这样的话，你永远收不到效果"。与相关例句比较可以看出：使用"与么"类词语，句子有显性的推论关系，不用"与么"类词语，句子的推论关系虽然隐含，但是句子结构本身不表示推论关系。因此可推断，"与么"类词语与"则/即"近乎形成一个固定结构，[①] 但"与么则"仍是一个跨层结构，句式是一个具有推论关系的紧缩句，"与么"类词语为推论前件，依附于推论后件Q，Q是句子的结构重心。

句式"与么则Q"以省略主语成分为常见。例如：

（8）僧曰："与摩则古人作一头水牯牛去也。"（《祖》卷九，九峰和尚）

（9）师曰："在彼中多少时？"对曰："经冬过夏。"师曰："与摩则作一头水牯牛去也。"（《祖》卷四，药山和尚）

（10）师曰："如何是黄龙。"曰："滔滔地。"师曰："忽遇金翅鸟来，又作么生。"曰："性命难存。"师曰："恁么即被他吞却也。"曰："谢阇梨供养。"（《景》卷二十一，鼓山智岳）

（11）丹霞山义安禅师，僧问："如何是佛？"师曰："如何是上座？"曰："恁么即无异去也。"师曰："谁向汝道？"（《五》卷五，丹霞义安禅师）

以上例句中，例（9）与例（8）句式表达的意义相近，但是在主语明确的情况下，省略"你"，指道吾和尚；后两例分别指谈论的话题主语"黄龙"和"二者（"佛"与"上座"）。

二 语义特征

句式"与么则Q"表示是言说者在某种语境下根据已知情况推断出所体认到的未知情况，其内部语义关系由"则"等副词显示，"与么"类副词承接前项缘由，Q为推论的结果。由于表示前提与结论之间推论的语义关系主要建立在言说者认知经验的基础上，这种紧缩句的主观性较强，

[①] 曹广顺、梁银峰等：《〈祖堂集〉语法研究》，河南大学出版社2011年版，第162—163页。

属于主观认识的知域范畴,[①] 是根据言说者的认识能力所做出的推断。例如:

（12）曰:"如何是向上事?"师曰:"云从龙,风从虎。"曰:"怎么则龙得水时添意气,虎逢山则长威狞。"（《五》卷十六,栖贤智迁禅师。向上事：禅人领悟妙法,进入无上至真的境界）

（13）问:"奔马争球,谁是得者?"师曰:"谁是不得者?"曰:"怎么即不争是也。"师曰:"直得不争,亦有过在。"（《景》卷十七,新罗清院）

例（12）是学人在禅师的提示下对禅境的理解,认识到"云从龙,风从虎"的自在解脱状态,"添意气""长威狞"表现学人的主观认识;例（13）是学人自己用禅宗逻辑推出的认识,但仍然起分别执见,所以后面禅师进行了修正。这类例句多出自禅僧之口,表示对佛法禅理的理解,具有主观体验性,是在与禅师的对话中根据自己可理解的信息进行推断的结果。

该句式的推论关系以客观事实或事理关系为前提,而不同的主体在认识上存在深浅差异,因此句式立足当下,反映言说者实现的某种行为意图具有即时性、自觉性的语义特征。

（14）良久之间,问大众:"如今是什摩时?"对云:"未时。"师曰:"与摩则打钟。"打钟三下便告寂。（《祖》卷五,道吾和尚）

例（14）中,和尚敬钟如佛,"未时打钟"反映道吾和尚对这一客观事实的即时性的自觉认识。

第三节 语篇特征

一 语篇模式

语篇模式是语篇的宏观结构。辛克莱和库尔特哈德（1975）为对话

[①] 沈家煊:《复句三域"行、知、言"》,《中国语文》2003 年第 3 期。

语篇提供一个宏观结构模式。① 按照这一模式，一次对话常常由三个必要性话步组成，其基本结构为 IRF，其中 I 是诱发话步，R 是应答话步，F 是反馈话步。这里的话步是与话语分析中话轮相近的一个概念，是对话结构的基本单位，指对话双方在不同时间里轮流发话过程中由言说者一次从开始到结束连续说的话。"与么则 Q"句式是一种答语，总是以后话论形式出现在对话语篇中。志村良治在对《祖堂集》和《景德传灯录》两部文献中的"与摩"类词语用例调查过后，曾作出这样的判断："'与摩、任摩、怎么'等都在会话中使用，但不出现于文言体的句子里，这一点通过对照可以看到。"② 本章对伯明翰模式做适当变化，修改师问生答对话的单一性方向，教师诱导性提问可能由禅僧主动提问发起，修改后的对话语篇模式为 IRF（M）"问题—应答—推论—（验证）"。例如：

（15）师问云岩："马有角，你还见也无？"对曰："有，要见作什摩？"师曰："与摩则好马也。"对曰："若是好马，则将出去。"（《祖》卷四，药山和尚）

（16）又问："你名什摩？"对曰："佛日。"师曰："日在什摩处？"对曰："日在夹山顶上。"师曰："与摩则超一句不得也。"（《祖》卷七，夹山和尚）

（17）有一紫衣大德到礼拜。师拈帽子带示之云："这个唤作什么？"大德云："朝天帽。"师云："怎么即老僧不卸也。"（《景》卷十二，陈尊宿）

（18）问："苦海波深，以何为船筏？"师曰："以木为船筏。"曰："怎么即得渡也。"师曰："盲者依前盲，哑者依前哑。"（《景》卷十四，潮州大颠）

（19）谓云岩曰："与我唤沙弥来。"岩曰："唤他来作甚么？"师曰："我有个折脚铛子，要他提上挈下。"岩曰："怎么则与和尚出一只手去也。"（《五》卷五，药山惟俨禅师）

---

① Malcolm, Coulthard. *Advances in Spoken Discourse Analysis*, Routledge, 1992: 1-34.
② ［日］志村良治：《中国中世语法史研究》，江蓝生、白维国译，中华书局1995年版，第268—288页。

以上五例的语篇结构模式依次为 IRF（M）、（IR）IRF、IRF、IRF（M）、（I）IRF，其中"与么则 Q"句式充当反馈话步。预料显示，"与么则 Q"句式在禅录对话中充当反馈话步，语篇结构模式以 IRF（M）为最常见，IRF 和（IR）IRF 次之，其中 IRF 是必有的三个话步，M 等为不必有的话步。

二 句际关系

韩礼德和哈桑在讨论语篇衔接关系时，曾将句际关系分为增补、转折、原因、时间四大类，推论关系归入增补类。[①] 黄国文从逻辑意义上把语篇中的句际关系概括为 11 类，分别是列举、增补、转折或对比、解释、等同、结果、推论、总结、替换、转题、原因。[②] 廖秋忠在分析现代汉语篇章中的三类逻辑关系时，也把推论列为顺接连接成分中一个小类。[③] 根据这些学者的研究，我们选择韩礼德和哈桑的分类，认为句式"与么则 Q"是一种推论句，以语篇前项为推论的前提，句际之间构成推论关系，归入增补类。这种推论关系在性质上是一种语用推理，推论结果的真值性虽然离不开语篇前项提供的事实，但是主要与特定语境下言说者本身的认知能力有关，更重视理据性，更强调对禅法的判断领悟能力。[④] 如果言说者的认知能力高于听话人，则推论结果一般具有真值性；否则，不一定具有真值性，甚至是不确定性的。例如：

（20）问："如何是迦叶顿领底事？"师曰："汝若领得，我即不吝。"僧曰："怎么即不烦于师去也。"师曰："又须著棒，争得不烦？"（《景》卷二十二，海会如新）

（21）问："古佛道场，如何得到？"师云："更拟什摩处去？"学云："与摩则学人退一步？"师云："又是乱走作摩？"（《祖》卷十三，招庆和尚）

[①] Halliday, M. A. K, Hasan. *Cohesion in English*, Longman, 1976：216-234.
[②] 黄国文：《语篇分析概要》，湖南教育出版社 1988 年版，第 128—141 页。
[③] 廖秋忠：《现代汉语篇章中的连接成分》，《廖秋忠文集》，北京语言学院出版社 1992 年版，第 62—91 页。
[④] 邢福义：《汉语复句研究》，商务印书馆 2001 年版，第 38—41 页。

以上两例中，句式"与么则Q"都出自觉悟低下的禅僧之口，与语篇前项之间存在结果与前提的推论关系。例（20）中，学僧以"汝若领得，我即不吝"为真，推出结论"恁么即不烦于师去也"，根据后面禅师对这一推论的反问"又须著棒，争得不烦？"，则知推论为假。同样，例（21）中，从招庆和尚的反应"又是乱走作摩"可知学僧的推论不具有真值性，且推论"与摩则学人退一步"表现为疑问句，显然推论的内容是不确定性的。

第四节　语用功能

我们曾对唐宋时期的诗词、散文、小说等其他各种形式的文献以及佛经译文做过较广泛的调查，仅发现句式"与么则Q"用于禅录问答对话中，[①] 因此该句式具有禅宗语言的行业色彩。在禅录对话问答中，推论句式"与么则Q"表达禅僧对当下语境下对佛法禅理的认识，其语用功能主要表现为语篇延展功能和认知推导功能。

一　语篇延展功能

由前面第三节分析可知，在禅录对话语篇中，句式"与么则Q"作为后话轮处于语篇后项，"与摩/恁么"等回指语篇前项的内容，由"则、即"等引出后面推论的结果，可以作为语篇后续句或终止句，[②] 具有语篇内容修正或总结的延展功能。例如：

（22）子问曰："诸圣从何而证？"师云："廓然，廓然。"子曰："与摩则无圣去也。"师曰："犹有这个纹彩在。"（《祖》卷二，道信和尚）

（23）僧问："如何是南源境致。"师曰："几处峰峦猿鸟啸。一带平川游子迷。"问："如何是南源深深处？"师曰："众人皆见。"曰："恁么即浅去也。"师曰："也是两头遥。"（《景》卷十七，南源

---

① ［日］志村良治：《中国中世语法史研究》，江蓝生、白维国译，中华书局1995年版，第268—288页。

② 吴为章：《关于句子的功能分类》，《语言教学与研究》1994年第1期。

行修）

（24）问："万丈悬崖撒手去，如何免得丧于身时如何？"师曰："须弥系藕丝。"曰："是何境界？"师曰："刹竿头上仰莲心。"曰："怎么则湛湛澄澄去也。"师曰："须弥顶上再翻身。"曰："怎么则兢兢切切去也。"师曰："空随媒鸽走，虚丧网罗身。"（《五》卷六，洛浦元安禅师）

例（22）中，"与摩则无圣去也"处于第三个话轮位置上，用来结束话题"诸圣"。"子"指五祖弘忍，当时还是小孩子，在四祖道信禅师面前还是学僧，由于所做出的推断结果犹有"纹彩"，所以还是他的推断受到道信禅师的批评。这里的"纹彩"是指对"诸圣"的领悟还存留强生区分的痕迹，并不透彻。因此句式"与么则Q"在语篇中属于语篇后续句，具有语篇内容修正的作用。后两例类似，这些例句基本上出自学僧之口，因见识觉悟问题，后面一般由禅师做补充。

句式"与么则Q"也时常出自禅师之口，句式基本上位于话段（语篇）结尾，一般都是在前文话题进展的基础上进行针对性的总结，同样具有延展语篇的功能。例如：

（25）师拈帽子带示之云："这个唤作什么？"大德云："朝天帽。"师云："怎么即老僧不卸也。"（《景》卷十二，陈尊宿）

（26）师问："大夫去彼，将何治民？"曰："以智慧治民。"师曰："怎么则彼处生灵尽遭涂炭去也。"（《五》卷三，南泉普愿禅师）

以上例句中，句式"与么则Q"都出自禅师之口，例（25）中，"怎么即老僧不卸也"是针对紫衣大德的回答所作出的推断，位于语篇的结尾，具有总结语篇内容的作用。例（26）中，"怎么则彼处生灵尽遭涂炭去也"是南泉禅师的推论，在陆大夫关于"治民"问题的回答之后，同样具有总结语篇的作用。与前面相同的是，禅录对话中的这种句式绝大多数位于语篇后项，语篇前项的话轮以三个或三个以上为常见，语篇后项的话轮一般是在僧徒们的回答之后增加的，是禅师们的修正性话语。

二 认知推导功能

句式"与么则Q"是在语篇前项内容的综合认识下，由言说者个人做出的推断或推测结果。言说者以事实或事理关系为基础，根据自己对禅法领悟的程度，遵循禅宗逻辑思维，表达在某种语境中对禅法义理认识的见地，具有认知推导功能。禅师们用来可以引导僧徒消除智障、明白禅法义理，僧徒们用来可以与禅师切磋禅法义理、体悟本心自性。例如：

（27）问："如何是实见处？"师云："丝毫不隔。"僧曰："与摩则见也。"（《祖》卷十二，报慈和尚）

（28）又问："教中说幻意是有邪？"师曰："大德是何言与？"云："恁么，幻意是无邪？"师曰："大德是何言与？"云："恁么即幻意是不有不无邪？"师又曰："大德是何言与？"（《景》卷十，长沙景岑）

（29）问僧："甚处来？"曰："崔禅处来。"师曰："将得崔禅喝来否？"曰："不将得来。"师曰："恁麼则不从崔禅处来。"（《五》卷十一，兴化存奖禅师）

以上例句谈论的内容是日常生活中的事物或现象，禅宗要求从这些具体而又常见的事象中禅证禅悟出其本性。例（27）中的句式"与么则Q"为学僧所说，落于知见，而例（29）的句式"与么则Q"为禅师所说，在推测学僧对禅法的把握程度。例（28）对话的内容对禅旨教义的认识，紫衣大德用三证法探其究竟，然而"幻意"不等同任何具体事物，不能用具体的语言表述，最终其推论的结果没有得到禅师的认可。

第五节　演变过程

根据目前的文献资料调查，"与么则Q"的演变过程大致可分为如下三个阶段。

一　A式

吕叔湘指出，两个音节的指代词"熠没、异没、任麼、恁麼、与摩"等主要见于禅宗语录，这些不同形式的形成当然与方言有关，而竞争的结果，胜利属于"任摩""即恁么"，宋代文献里几乎只有"恁（么、地）"。[1]

---

[1] 吕叔湘：《近代汉语指代词》，学林出版社1985年版，第272—302页。

志村良治探讨了唐宋时期"恁么"的变化过程：异没（yi-muat） > 舆摩·伊摩（yi-ma） > 任摩（yim-ma） > 恁么（yim-ma），认为"异没、与摩、任摩、恁麼"是同一来源而标写形式不同的词。①

我们遍检了唐代早期的文献，没有发现"与摩/恁么"类词语，但是在中晚唐时期禅籍里开始出现了一些用例，其中已有数例用于假设复句中，即"若与么，则 Q"，包括"与摩时 Q"在内，统一标记为假设复句 A 式。例如：

（30）异没时作勿生？（《敦煌出土神会录》；转引自吕叔湘，1985）

（31）云："若如此，则都不要求觅也。"师云："若与麼，则省心力。"云："如是，则浑成断绝，不可是无也。"（《传心法要》）

（32）师云："终日吃饭未曾咬著一粒米，终日行未曾踏著一片地，与摩时无人我等相。"（《黄檗断际禅师宛凌录》）

（33）溪曰："若恁麼，从头举来，共你商量。"（《庞居士语录》）

在这一时期，也出现了两例紧缩句式"与么则 Q"：

（34）师云："羚羊无迹汝向什么处寻？"云："与麼则死羚羊也。"（《黄檗断际禅师宛陵录》）

（35）士曰："比来拆你一下。"霞曰："恁麼则痖却天然口也。"（《庞居士语录》）

从以上例句可知，"恁麼"与"与麼"出现不晚于中晚唐，② 两者的年代差异不是很明显，主要具有谓词性特征，"与摩/恁么"等词语开始用来表示假设复句前件。

二 B 式

晚唐五代开始，紧缩句式"与么则 Q"（简记为 B 式）在禅录文献里

---

① ［日］志村良治：《中国中世语法史研究》，江蓝生、白维国译，中华书局1995年版，第268—288页。

② 同上。

开始大量出现，不过同时期的敦煌变文仍无一用例。与 A 式相比较，从《祖堂集》到《五灯会元》B 式的用例在数量上远远超过 A 式。我们遍检了唐宋时期的禅外文献以及大藏经，我们发现在《朱子语类》等极少数俗世文献里也出现一些用例。例如：

(36) 若只去其皮壳了，不管里面核子，亦不可，恁地则无缘到得极至处。(《朱子语类》卷十八)

(37) 恁地则人心、道心不明白。(《朱子语类》卷七十八)

结合前面第 3、4 节的用例分析可知，B 式是一种功能较为稳定的句式，"与摩/怎么"等词语频繁地在句首出现获得语篇上的连接功能，在回指语篇前项较为明确的情况下，指代义淡化，"则/即"虽然是句子内部的关联词，但是始终位于推论后句的主语之前，"与摩则"似乎成了一种较固定的结构，连接性作用明显增强。

三 C 式

唐宋以后的禅宗文献里，B 式的语例并不见继续增加，而是逐渐减少，这大体上与禅宗的发展趋势同步。B 式在"则/即"等脱落的情况下，"与么"类的关联功能加强，相当于表示推论关系的连接成分。例如：

(38) a. 岩便问："与摩理长则就，师弟作摩生？"(《祖》卷四，药山和尚)

b. 师云："理长则就，老兄作摩生？"(《祖》卷六，神山和尚)

(39) a. 师又云："汝木石如不？"对曰："无二如。"师云："与摩则大德共草木何别？"法师无对。(《祖》卷十四，大珠和尚)

b. 师曰："大德如同木石如否？"曰："无二。"师曰："大德与木石何别？"僧无对。(《景》卷第六，大珠慧海)

由上述例句的比较可知，"与摩"类词语在句中已失去了指代性质，虚化后几乎与连词用法相同，起到推论关系的连接作用，具有连接语篇的功能。

这种情况在此后的世俗文献里语例却有所增加，出现了以"恁"为主的各种形式。例如：

（40）寓录云："恁地收敛做去。"（《朱子语类》卷第六十九）

（41）恁地天下骚然不宁，把几多心力去做！（《朱子语类》卷第九十）

（42）李庆安云："恁的呵，多谢姐姐，我到多早晚来。"（《关汉卿戏曲集·王闰香夜月四春园》）

（43）既是哥哥酒後愈有本事时，恁地先教两个仆人自将了家里好酒，果品淆馔，去前路等候，却和哥哥慢慢地饮将去。（《水浒传》第二十九回）

（44）你写他姓刘，是和我同姓，恁的我便放了他！（《水浒传》第三十四回）

另外，"那么"开始在元代出现，吕叔湘认为：元明以后，特别是到了现代汉语，"这么""那么"普遍出现是清代以后的事，"恁么"等词语被取代已成为书面语用上的迫切要求，故能实现文字上的取代：恁麽—那麽—那们—那么。① 例如：

（45）那般着，客人们歇息，我照覷了门户睡也。（《老乞大谚解》上）

（46）林之孝家的因问平儿道："雪姑娘使得吗？"平儿道："使得，都是一样。"林家的道："那么姑娘就快叫雪姑娘跟了我去。我先去回了老太太和二奶奶去。"（《红楼梦》第九十七回）

（47）巡捕头道："那么你就仍旧叫他给你拿了去罢。"（《二十年目睹之怪现状》第五十七回）

（48）丁主任是如此，丁主任带来的"亲兵"也是如此，那么，别人又何必分外的客气呢？（《老舍短篇小说集》）

（49）如果永远只是一个拥挤的职员市场，永远只是一个新一代华侨的培养地，那么，在未来的世界版图上，这个城市将黯然隐退。（《文化苦旅》）

---

① 吕叔湘：《近代汉语指代词》，学林出版社1985年版，第272—302页。

《红楼梦》里"那么"共出现 49 次,其中"那么 Q"起承接作用 7 次,以"那么"的独立形式出现仅 1 次,而在《二十年目睹之怪现状》"那么 Q"具有承接功能的例子就有 84 例,在 20 世纪的现代作品里,如篇幅较小散文《文化苦旅》(余秋雨)里,起连接作用的"那么 Q"例句就有 41 例,且有 6 例为复句连词。

以上不同历史时期的文献用例情况表明,"与么则 Q"在禅宗文献里是表示推论关系的紧缩句式,"与摩/怎么"等从原来明确的谓词性指示功能发展到语篇承接功能,从以具体事物为对象发展到事物之间关系,由对话中使用发展到各种运用场合,从联结语篇结构发展到连接句法结构,在后来的世俗文献里其连词用法最终被现代汉语里的"那么"所取代。

综上,句式"与么则 Q"的演变过程大致经过 A 式、B 式、C 式三个阶段:A 式是一个假设复句,句子结构重心在假设前件上,"与摩"作为谓词性指代词,区别性作用明显;B 式在禅录中比较稳定,"与么"等词语兼有指代与连接作用,且连接功能更为明显,"则/即"所关联的推论前后件在结构上不平衡,句式结构中心转移在推论结果上,前件"与么"等词语依附于后件;C 式在脱落"则、即"等副词之后形成的单句形式,"与摩"的功能进一步虚化,成为语篇连接标记,相当于推论关系的连词。A 式、B 式、C 式三种句式前后相继,同属一源,在历时发展演变过程中经假设复句到紧缩句到单句三个不同阶段,但具有相似的语义语用功能,属于同源句式。[①]

第六节 演变动因

刘坚、曹广顺等从句法位置的改变、词义变化、语境影响、重新分析四个方面分析了汉语词汇语法化的诱发因素,[②] 我们认为句式"与么则 Q"在演变过程中主要也受到这几种因素的相互影响。

一 语境影响

在日常的禅法实践中,禅僧问答对话是习禅验禅的有效形式,学僧可

[①] 祁从舵:《〈祖堂集〉框架句研究》,上海师范大学博士学位论文 2012 年,第 71—77 页。

[②] 刘坚、曹广顺等:《论诱发汉语词汇语法化的若干因素》,《中国语文》1995 年第 3 期。

以请教禅法问题，禅师要根据具体的问题给予应答或引导，双方都要在不违背禅法意旨的语境下进行，其思维方法依赖于证禅悟禅的目标。禅师应答问题要针对学僧对禅法认识的实际情况灵活点拨，避免言语纠缠，使其彻见本心自性；学僧提出的问题，不必拘于字面，需要随时对禅师的回答有所回应。当言语环境中呈现出某种事态或事理的时候，禅僧们不必在言语上兜圈子，而需要直接感应，不失本心自性。句式"与么则Q"表示推论关系，是言说者在某种语境下根据已知情况推断出所体认到的未知情况，不受语言和思维形式的束缚，体现了禅宗触事即真观，比假设复句更能直接应对当下的内心反应。

（50）师曰："若与摩，则不从，今日去也。"（《祖堂集》卷四，天皇和尚）

（51）曰："怎么则不从，今日去也！"（《五灯会元》卷七，天皇道悟禅师）

上述两例都是天皇和尚说的话，意思是说"你若这样讲，我即不肯。我现在就离开这里"。两相比较，前一例强调假设与推论的关系，后一例直接表示推论的结果。可以看出，随着"与么则"频繁处于应接对方话语之后，导致语境中表示语篇关联功能的作用不断强化，句内假设前件与后件之间的逻辑关系削弱，以至于形成一个固定的习用句式。

二 结构紧缩

语法化演变的内在因素主要包括语义基础和语法结构关系。一旦某个语义成分在句子中的语法结构关系产生变化，而经常出现在某个适于表示某种语法关系的位置上，就会引起意义上的变化，从而逐渐虚化成专门表示这种语法关系或语法功能的虚词。[①]"与么"类词语由于频繁出现在句际之间的后话轮之首，指代意义减弱，语法上连接功能加强，句外管辖范围扩大，以至于后来由代词语法化为语篇连接成分。

句子成分在句子中位置的变化是与意义的变化不可分的。一种语义成分在句法位置上的改变，不仅改变某种语法结构关系，同时也引起意义上

[①] 解惠全：《谈实词虚化》，《汉语语法化研究》，商务印书馆2005年版，第130—151页。

的变化；反过来，一种语义成分在意义上发生了变化，也会影响到其句法功能，使其语法结构关系产生变化。"与么"类词语脱离连词"若"之后，指代功能减弱，由一个自由成分悬垂下来而黏附于后面的推论小句，尽管与"则/即"等在意义上并不相同，但是有可能互相影响而产生彼此相近的意义。[①] 原来复句的结构因小句之间成分虚化黏附，其间界限模糊，逐渐紧缩成一个组块，词义相互沾染，在不出现"则/即"的情况下，"与么"等词语与"则/即"等副词之间的组合意思发展为具有语篇上的连接功能。例如：

（52）a. 师曰："若与摩则你得入门也。"（《祖》卷四，石头和尚）

b. 师曰："与摩则子得入门也。"（《祖》卷六，洞山和尚）

（53）a. 病僧曰："若与摩则珍重。"（《祖》卷六，洞山和尚）

b. 僧曰："怎么则珍重。"（《五》卷七，岩头全奯禅师）

（54）a. 师云："与摩则大德共草木何别？"（《祖》卷十四，大珠和尚）

b. 师曰："大德与木石何别？"（《景》卷六，大珠慧海）

（55）a. 进曰："八方来朝时如何？"云："不受礼。"云："与摩则何用来朝耶？"（《祖》卷八，曹山和尚）

b. 曰："八方来朝时如何？"师曰："他不受礼。"曰："何用来朝？"（《五》卷十三，曹山本寂禅师）

以上例句中，"与么"或"与么则"等在句中都相当于关联词，具有承接前文的语篇功能，在不出现"则/即"等情况下，"与么"等词语可以承担连词功能。

三　重新分析

由第五节分析可知，句式"与么则 Q"的演变其实经过一个句法结构语法化的过程：由假设复句 A 式到紧缩句 B 式到单句 C 式。这一演变过程是在重新分析机制下产生的，重新分析主要指"与么则 Q"经历一个将

[①] 朱庆之：《佛典与中古汉语词汇研究》，文津出版社 1992 年版，第 196 页。

"若与么，则+Q"重新分析为"与么+Q"的过程。Hopper 和 Traugott 认为，"最典型、最常见的重新分析是两个成分间的融合，使得原来的边界消失，使原来两个或者更多的词凝固成了一个单位"①。

在重新分析之前，"与么"等词语在假设复句前项主要具有指代作用，充当假设前件，与"则/即"等副词处于不同的句法结构中。在脱落连词"若"等句法环境下，随着使用频率增多，"与么"等词语处于表示承接关系的句首位置上，逐渐具有了表示语篇连接的作用。"与么"等词语与"则/即"等副词两者之间形成跨层结构，兼有表示两重语义结构关系。在强调假设复句的前件与后件关系时，"与摩/怎么"等词语的指代功能明显，假设复句后件由"则/即"引出。当"与么"等词语所回指的话语内容明确的情况下，"与么"等词语的指代作用不明显，而关联功能加强，假设复句后件得到强调，复句内部的小句之间的邻界关系就会重新分析为句内组合结构关系。

根据具体的语言使用场合，词语的多功能特征只能凸显其中的一种语义结构关系。在禅录口头对话问答中，禅师勘验学僧对禅法大意的领悟，需要学僧表达自己的认识，需要突出推论句的后项，这样假设复句的前后件关系不必强调，"与么"等词语的连接功能加强。因此句式"与么则 Q"中的"与么"等词语由指代所谈及的语篇前项转向直接衔接语篇前项，这是符合人们心理认识的，句式在结构语义关系上重新分析为"与么，则+Q——与么（则）+Q"。例如：

(56) a. 师曰："在彼中多少时?"对曰："经冬过夏。"师曰："与摩则作一头水牯牛去也。"（《祖》卷四，药山和尚）

b. 师曰："怎么，则成一头水牯牛去也！"（《五》卷五，药山惟俨禅师）

c. 赵州问："和尚百年后，向甚么处去?"师云："山下作一头水牯牛去。"（《古尊宿语录》卷十二）

从上述三个例子的比较中可知，例（56）a 中的"与么则 Q"存在两

---

① Paul J. Hopper, Elizabeth Closs Traugott. *Grammaticalization*, Cambridge University Press, 1993：40-41.

种理解，如果强调推论的前提与结果关系，则可以理解成例（56）b，"恁么"与"则"界限分明。如果只强调推论的结果，就可以理解成例（56）c，"恁么"与"则"的语法功能相似，仅仅起着关联作用。因此"与么则Q"推论句是从假设复句发展到简单句（如"那么Q"）之间的过渡句式。

第七节 结语

以上我们以唐宋禅录文献为主要语料，着重从句式特征、语用功能、演变历史三个方面讨论了近代汉语口语化句式"与么则Q"，结论如下：

（1）该句式是一种紧缩句，表示言说者在某种语境下根据已知情况推断出所体认到的未知情况，具有即时性、自觉性的语义特征。

（2）该句式与语篇前项组成对话语篇模式"问题—应答—推论—（验证）"，主要具有语篇后续（终止）和认知推导两项功能。

（3）该句式形成于晚唐五代，其历时演变轨迹遵循句子语法化的斜坡：A式（假设复句）→B式（紧缩句）→C式（单句），禅宗语境和语言结构紧缩是其演变条件，重新分析是该句式形成的主要机制。A式、B式、C式三种句式具有相似的语义语用功能，都出现于唐宋禅录里，属于同源句。

结　　论

在前面各章的基础上，我们对唐宋禅录句式探讨的情况进行了总结，包括论文的主要结论、创新之处以及存在的问题。

一　唐宋禅录句式体系

唐宋禅籍主要以语录体形式存在，记录禅僧们的机语问答，其中一些句式不仅有较高的使用频率，而且只见于或主要见于禅宗文献，而不见于或极少见于其他非禅宗文献，这些句式无疑使用于禅宗内部的具有行业色彩的句式。

禅录句式的特征不仅体现在结构形式上，而且体现在语义语用功能上。根据本书分析，将句式在宏观层面上分为单句式、复句式和句际式三种类型，对每一类类型的句式按功能范围进一步区分，得出三大类十八个小类，从而初步构建唐宋禅录句式体系。

```
         ┌ 陈述类（叙述句、判断句）
    单句式│ 祈使类（指令句、建议句、请求句）
         └ 疑问类（特指问句、选择问句、是非问句、测度问句）
         ┌ 依附类（比拟句、条件句）
    复句式│ 偏正类（转折句）
         └ 联合类（选择句）
         ┌ 引入类（语篇引入式）
    句际式│ 衔接类（语篇衔接式、语篇衔接式）
         └ 延推类（语篇终止式）
```

唐宋禅录常用句式示例表

类别	标记	示例
单句式	陈述类	所言果后普贤者，遍行三昧<u>是</u>也。
		师著麻<u>一切了</u>，于天宝初方届衡岳。
	祈使类	倒却门前刹竿<u>著</u>！
		大须努力<u>好</u>！
	疑问类	<u>如何是</u>密传底心？
		<u>莫不</u>辜负摩？
		和尚前日<u>岂不是</u>？
复句式	依附类	须与摩<u>始得</u>。
		师叔用使直下<u>是</u>大虫<u>相似</u>。
	偏正类	来处<u>则不无</u>，和尚从什摩处入此山？
		凡圣不到处<u>即不问</u>，不尽凡圣处如何？
	联合类	悟底<u>是</u>，不悟底<u>是</u>？
		只这个，<u>别更有</u>？
句际式	引入类	<u>有</u>西川黄三郎，教两个儿子投马祖出家。
	衔接类	<u>只如</u>黄檗后与摩祇对，南泉还得也无？
	延推类	<u>是即是</u>，错打我。
		不假上来也<u>且从</u>，汝向什摩处会？
		<u>与摩则</u>不假修证<u>去也</u>。

二 本书的主要观点

（1）唐宋禅录保留了唐宋时期的口语面貌，出现一批新的语法表达格式，具有结构固定性、语义（语用）规约性、习见性（禅籍里）特点。如"什么处去来"就常常用于禅师在学僧请教问题的时候，不要求学僧回答"上哪去了？"的内容，而是带有讥斥或喝断的语气，是口语中经过习用而成的禅家机语。本书在全面唐宋禅录里句式的基础上，初步建构这一历史时期的禅录句式系统。

（2）禅录句式的形成主要与禅宗语言交际环境密切相关，在构式化过程中语境义常常内化为句式义。如"（须）X 始得"条件句是从"（须）X，始得 Y"条件句省略而来，"只 X 别/更有"选择句是从"只 X，别/

更Y"选择句省略而来。省略部分"Y"由于在语境中经常涉及禅法意旨,受禅僧探讨禅旨问题的不可说习惯而被省略,因此Y就通过语境赋义而逐渐凝固在省略句"(须)X始得""只X别/更有"等里面。

(3)提出了"同源句"概念,将具有同一发展源头其间具有衍生关系的一族句子称为同源句。同源句有基本的句法成分和语义关系,但是语用功能不尽相同。如"V好"规劝句式,在先秦汉语里,"好"用为形容词,常充当直陈句里的独立谓语,表示事态或事理具有令人满意的特征,具有客观的评价义,即A式。汉末以后,在佛经文献里形容词"好"在表述事态或事理特征的客观性用法中渗入了个人主观性因素,一般出现在非直陈句中,即B式。在佛教文献以及后来的禅宗文献里,开始出现表达祈使语气的"好",具有宗教行业色彩,句法格式逐渐固定下来,即C式。我们将"A式(先秦)＞B式(汉末以后)＞C式(东晋以来)"三式统称为同源句。

(4)禅宗语言句式中的成分后置现象较明显,是语言接触现象的一种反映。如"X则/即不无""T且置/且从""如X相似"等。"是"字后置判断句初见于上古汉语,在中古时期的佛经译文和元明白话著作里使用频率激增,唐宋禅录反映了早期近代汉语这种语言现象的实际情况,其演变与语言接触以及社会语言环境的影响是联系在一起的。

(5)禅宗语言既受到佛经文献语言影响,又影响后世语言文学。一些句式并非首见于禅宗典籍,也并非禅籍专有,而是先萌芽于佛教译经里,如"X即(则)不问"转折句、"好"字规劝句等,最先用于佛经,后来禅僧们受其影响,频繁使用以致发展成熟。又如"是即(则)是P"最初受唐代汉译佛经的影响,在唐宋时期的禅籍里产生并被频繁使用,具有A式和B式两种表达结构形式,基本语用功能一致。A式专用于禅家参禅实践活动中,具有禅家行业色彩。B式在南宋后来的世俗文学作品里也常常可见,反映了佛禅文献的传播对近代汉语的发展演变起到一定的影响。这都说明了禅宗语言在汉语白话发展史上起着重要的过渡作用。

三 创新之处

本书创新之处主要有:

(1)运用构式语法理论,选取国内外研究比较薄弱的禅录句式研究,一改过去禅籍研究中偏重词汇、对句子研究较少的局面。而且立足于原典禅籍，从整体上对禅录句式进行全景式的分辨考量，提出识别标准，界定禅录句式，第一次建构禅录句式系统。

（2）鉴于构式语法研究绝大多数局限在共时方面展开的个案研究，而且结构式语法化研究又是当前汉语语法化研究中尚未引起足够重视的领域之一，我们结合构式语法理论和语法化理论方法对代表着近代汉语开端的禅宗语录中的句式进行研究，这在方法上也是一种新的尝试。

（3）以语言研究为基础，突破禅宗语言研究单向度考察的局限，加强语言学研究与禅学研究之间的联系，并尝试进行跨学科研究，在禅宗会话语境下对句式做更广泛、更深入的挖掘，探究了禅宗语言的特殊表达形式所蕴含的语用意义，对禅宗语录句式的研究范式有所突破。

（4）在对禅语句式进行历时研究时，提出了"同源句"概念，并加以探讨，这也是本书的创新之处。

四　理论价值和学术价值

随着认知语言学、语用学的发展，语言学界对语言的认识和研究越来越深入。语言研究的重点由形式转到功能、由静态移向动态、从语言内部扩展到语言外部的跨学科领域。

选择国内外研究比较薄弱的禅录句式作为研究对象，在性质认定、体系建构等方面，均有自己的见解，一改过去禅宗语言研究中偏重词语、对句式研究零散而较少的局面，填补禅录句式体系研究的空白，对禅录句式乃至现代汉语的句式研究具有开创之功。

语法化理论是当代最新的历史语言学分支，但是结构式语法化研究在当前汉语语法化研究中尚未引起足够重视。构式语法研究绝大多数仍局限在共时方面展开，涉及语篇的汉语句式研究也很少见。本书运用构式语法理论，兼顾共时与历时两个平面展开对汉语发展史上重要时期的句式探讨，并结合语用学领域的理论方法对其产生的动因和机制做出较为合理的解释，探寻其与佛经文献以及后世文献语言的联系，将句式研究引向深入，在方法上对汉语发展史研究有一定的启发作用。

禅宗语言是研究语用、认知、文化之间关系的有效途径，本书以语言研究为基础，克服禅宗语言与禅宗思想各执一端的局限，加强语言学研究与禅学研究之间的联系，并结合文献学、宗教学、文化学、认知科学等拓宽研究视野，结合语篇、语境对禅语句式做更广泛、更深入的挖掘，探究了禅宗语言的特殊表达形式所蕴含的语用意义，对禅宗语录句式的研究范式有所突破，也扩展了以往禅宗语录句式研究的狭窄范围。

五　尚存在的问题

主要表现在两个方面：

（1）本书对唐宋禅录里的句式进行较全面的定量与定性分析后，主要按功能标准分为三大类十八个小类，但是由于我们对禅学的认识很肤浅，对禅语句式的大量语用信息把握很有限，分类标准尚不具有完全的一致性，所确立的二十多个常用禅录句式还需要进一步论证。

（2）本书将禅录句式关注的范围由句法层面扩展到语篇范围，在结合语境、语篇、认知等因素对句式形成与发展的影响上挖掘得远远不够，对禅录句式本质及其规律的认识仍有待深化。

参考文献

一 论著部分（含工具书）

曹广顺、梁银峰、龙国富：《〈祖堂集〉语法研究》，河南大学出版社2011年版。

宋·陈彭年等：《宋本广韵》（影印本），中国书店1982年版。

（释）慈怡：《佛光大辞典》，书目文献出版社1989年版。

冯春田：《近代汉语语法研究》，山东教育出版社2000年版。

何绵山：《闽文化概论》，北京大学出版社2004年版。

江蓝生、曹广顺：《唐五代语言词典》，上海教育出版社1997年版。

蒋绍愚：《汉语词汇语法史论文集》，商务印书馆2001年版。

蒋绍愚、曹广顺：《近代汉语语法史研究综述》，商务印书馆2005年版。

（释）静、筠：《祖堂集》（上、下册），孙昌武、[日]衣川贤次、[日]西口芳男点校，中华书局2007年版。

李如龙：《汉语方言的比较研究》，商务印书馆2003年版。

林新年：《〈祖堂集〉动态助词研究》，三联书店2006年版。

刘大为：《比喻、近喻与自喻——辞格的认知性研究》，上海教育出版社2001年版。

刘丹青：《语法调查研究手册》，上海教育出版社2008年版。

吕叔湘：《汉语语法论文集》，科学出版社1955年版。

钱冠连：《汉语文化语用学》，清华大学出版社2002年版。

申小龙：《汉语句型研究》，海南人民出版社1989年版。

石毓智：《语法化的动因与机制》，北京大学出版社2006年版。

石毓智：《语法化理论——基于汉语发展的历史》，上海教育出版社2011年版。

孙锡信：《汉语历史语法要略》，复旦大学出版社1992年版。

孙锡信：《近代汉语语气词》，语文出版社1999年版。

［日］太田辰夫：《中国语历史文法》，蒋绍愚、徐昌华译，北京大学出版社2003年版。

［日］太田辰夫：《汉语史通考》，重庆出版社1991年版。

谭伟：《〈祖堂集〉文献语言研究》，巴蜀书社2005年版。

王力：《汉语史稿》，中华书局1980年版。

王力：《中国现代语法》，商务印书馆1985年版。

王云路、方一新：《中古汉语研究》，商务印书馆2004年版。

邢福义：《汉语复句研究》，商务印书馆2001年版。

许宝华、宫田一郎：《汉语方言大词典》，中华书局1999年版。

杨伯峻、何乐士：《古汉语语法及其发展》，语文出版社2003年版。

杨曾文：《唐五代禅宗史》，中国社会科学出版社1995年版。

叶建军：《〈祖堂集〉疑问句研究》，商务印书馆2010年版。

游汝杰：《汉语方言学导论》，上海教育出版社2000年版。

俞理明：《佛经文献语言》，巴蜀书社1993年版。

于涛：《〈祖堂集〉祈使句研究》，中国国际文化出版社2007年版。

袁宾：《近代汉语概论》，上海教育出版社1992年版。

袁宾（于谷）：《禅宗语言和文献》，江西人民出版社1995年版。

袁宾、徐时仪等：《宋语言词典》，上海教育出版社1997年版。

袁宾：《禅录译注》，语文出版社1999年版。

袁宾：《名家谈禅：禅的精神》，湖北人民出版社2000年版。

袁宾、徐时仪等：《二十世纪的近代汉语研究》，书海出版社2001年版。

袁宾、康健：《禅宗大词典》，崇文书局2010年版。

张伯江、方梅：《汉语功能语法研究》，江西教育出版社1996年版。

张美兰：《禅宗语言概论》，五南图书出版公司1998年版。

张美兰：《〈祖堂集〉语法研究》，商务印书馆2003年版。

张谊生：《助词与相关格式》，安徽教育出版社2004年版。

周碧香：《〈祖堂集〉句法研究——以六项句式为主》，佛光书局2001年版。

周碧香：《〈祖堂集〉研究》，佛光山文教基金会2004年版。

周裕锴：《禅宗语言》，浙江人民出版社1999年版。

周裕锴：《禅宗语言研究入门》，复旦大学出版社2009年版。

二　论文部分（含论文集）

艾振刚：《论禅宗的思维方式》，《江西师范大学学报》1991年第4期。

鲍鹏山：《语言之外的终极肯定——谈禅宗的语言观》，《江淮论坛》1995年第4期。

［日］北畠利信：《〈祖堂集〉连词鸟瞰》，《阪南论集》1997年第32期。

曹广顺：《〈祖堂集〉中与语气助词"呢"有关的几个助词》，《语言研究》1986年第2期。

曹广顺：《〈祖堂集〉中的"底（地）""却（了）""著"》，《中国语文》1986年第3期。

曹广顺：《试说近代汉语中的"——那？作摩？"》，《语言学论丛》（第二十辑），商务印书馆1998年版。

常青：《〈祖堂集〉副词"也""亦"的共用现象》，《天津师范大学学报》（社会科学版）1989年第1期。

陈宝勤：《〈祖堂集〉总括副词研究》，《学术研究》2004年第2期。

陈海叶：《禅宗与维特根斯坦语言哲学的语用诠释》，《四川大学学报》2007年第1期。

陈荣波：《禅宗五家宗旨与宗风》，《佛光学报》1981年第6期。

邓绍秋：《本心之悟与存在之思——禅宗与海德格尔美学》，《学术交流》2003年第2期。

刁晏斌：《〈景德传灯录〉中的选择问句》，《俗语言研究》1997年第4期。

段观宋：《禅宗语录疑难词语考释》，《东莞理工学院学报》2001年第1期。

冯春田：《试说〈祖堂集〉、〈景德传灯录〉"作么（生）"与"怎么（生）"之类词语》，《俗语言研究》1995年第2期。

冯焕珍：《于有限中体认无限之境——试论慧能禅的境界追求》，《宗教学研究》2000年第1期。

高长江：《性灵之美：自然、冲淡、率野——禅宗语录美学札记》，《修辞学习》1994年第2期。

高名凯：《唐代禅宗语录所见的语法成分》，《燕京学报》，1948年。

刁晏斌：《〈祖堂集〉正反问句探析》，《俗语言研究》1994年第1期。

何继军：《〈祖堂集〉"有"起首的"有NP+VP"句研究》，《安徽大学学报》（哲学社会科学版）2010年第3期。

何继军：《〈祖堂集〉"底"字关系从句初探》，《宁夏大学学报》（人文社会科学版）2010年第3期。

何明：《试论禅宗的思维方式》，《学术探索》1993年第4期。

何小宛：《禅录词语释义商补》，《中国语文》2009年第3期。

洪波、董正存：《"非X不可"格式的历史演化和语法化》，《中国语文》2004年第3期。

侯兰笙：《近代汉语里副词"好"的两种特殊用法》，《中国语文》1996年第5期。

江蓝生：《从语言渗透看汉语比拟式的发展》，《中国社会科学》1999年第4期。

蒋绍愚：《〈祖堂集〉词语试释》，《中国语文》1985年第2期。

蒋绍愚：《也谈汉译佛典中的"NP1，NP2是也/是"》，《中国语言学集刊》2009年第2期。

金军鑫：《禅宗语言的几个特点》，《修辞学习》2002年第4期。

［韩］金银淑：《〈祖堂集〉研究》，东国大学校博士论文，2008年。

［韩］金知见：《祖堂集并论集》，大韩传统佛教研究院，1987年。

鞠彩萍、王莉娟：《试析〈祖堂集〉中的"了"字句》，《贵阳金筑大学学报》2002年第4期。

康健：《〈祖堂集〉中的"岂不是"》，《西南民族大学学报》（人文社会科学版）2010年第11期。

阚绪良：《〈五灯会元〉里的"是"字选择问句》，《语言研究》1995年第2期。

阚绪良：《〈祖堂集〉中的疑问副词"还"、"可"》，《第三届近代汉语研讨会论文集》，1988年。

李明：《说"即心即佛"——唐宋时期的一类特殊焦点格式》，《历史语言学研究》（第一辑），商务印书馆 2008 年版。

李如龙：《泉州方言的"体"》，《第四届国际闽方言研讨会论文集》，汕头大学出版社 1996 年版。

李思明：《〈水浒〉〈金瓶梅〉〈红楼梦〉副词"便""就""来"》，《语言研究》1990 年第 2 期。

李思明：《〈水浒全传〉中的虚词"便"与"就"》，《安庆师院学报》1991 年第 1 期。

李思明：《〈祖堂集〉中"得"字的考察》，《古汉语研究》1991 年第 3 期。

李思明：《晚唐以来的比拟助词体系》，《语言研究》1998 年第 2 期。

李志峰：《"心"的传播——《碧岩录》公案"顿悟"策略探》，《中国文化研究》2008 年第 2 期。

梁晓虹：《禅宗词语辨析（一）》，《禅学研究》（第三辑），江苏古籍出版社 1998 年版。

梁银峰：《〈祖堂集〉中多功能副词"却"的综合研究》，《21 世纪的中国语言学》，商务印书馆 2006 年版。

林新年：《谈〈祖堂集〉"动_1＋了＋动_2"格式中"了"的性质》，《古汉语研究》2004 年第 1 期。

林新年：《〈祖堂集〉"著"的语法化等级研究》，《福建师范大学学报》（哲学社会科学版）2004 年第 3 期。

林新年：《〈祖堂集〉"还（有）……也无"与闽南方言"有无"疑问句式》，《福建师范大学学报》（哲学社会科学版）2006 年第 2 期。

刘勋宁：《〈祖堂集〉反复问句的一项考察》，《中国文化研究与教育汉文学会会报》1995 年第 53 期。

刘泽民：《禅宗机语之研究》，《同愿月刊》1940 年第 1 期。

柳田圣山：《祖堂集之本文研究》，《禅学研究》1964 年第 54 期。

卢烈红：《禅宗语录词义札记》，《中国典籍与文化》2005 年第 1 期。

卢烈红：《禅宗语录疑难词语考释》，《东莞理工学院学报》2001 年第 1 期。

陆永峰：《禅宗语言观及其实践》，《扬州大学学报》（人文社会科学版）2001 年第 6 期。

吕幼夫：《〈祖堂集〉词语选释》，《辽宁大学学报》（哲学社会科学版）1992年第2期。

马国强:《禅宗妙喻漫谈》,《修辞学习》1999年第6期。

梅祖麟:《〈祖堂集〉的方言基础和它的形成过程》,《中国语言学报》1997年第10期。

孟庆章:《"好不"肯定式出现时间新证》,《中国语文》1996年第2期。

耐冬:《禅宗论义问答》,《海潮音》(第14卷)1933年第12期。

欧阳骏鹏:《禅宗语言障文字障的修辞学分析》,《云梦学刊》1998年第2期。

欧阳骏鹏:《不得体的得体——以禅宗言语交际为例》,《辽宁师范大学学报》(社会科学版)1998年第3期。

欧阳骏鹏:《禅宗语言观初探》,《船山学刊》2003年第2期。

朋星:《禅宗论辩方法例谈》,《佛教文化》1993年第4期。

[韩]朴英绿:《〈祖堂集〉意味虚化动词研究》,成均馆大学校博士论文,1997年。

祁从舵:《动词的情状对持续体"着"使用的语义制约》,《淮北煤炭师范学院学报》(哲学社会科学版)2006年第3期。

祁从舵:《"X始得"句式的历史考察》,《澳门语言学刊》2010年第1期。

祁从舵:《〈祖堂集〉中"且置"式问句的历史形成及其动因》,《深圳大学学报》(人文社会科学版)2011年第3期。

祁从舵:《〈祖堂集〉中"有+人名+VP"构式的功能特征与历史演变》,《语文研究》2011年第3期。

祁从舵:《〈祖堂集〉框架句研究》,上海师范大学博士论文,2012年。

屈承熹:《汉语副词的篇章功能》,《语言教学与研究》1991年第2期。

任继愈:《禅宗与中国文化》,《中日佛教学术会议论文集》,中国社会科学出版社1997年版。

任册:《禅录问答的认知语言学观照——以〈景德传灯录〉为中心》,《重庆社会科学》2006年第2期。

[日]入矢义高:《禅宗语录的语言与文体》,李壮鹰译,《俗语言研

究》1994年第1期。

沈家煊：《"语法化"研究综观》，《外语教学与研究》1994年第4期。

沈家煊：《三个世界》，《外语教学与研究》2008年第6期。

疏志强：《浅析禅宗语言的"言有所为"现象》，《修辞学习》2000年第4期。

疏志强：《试论禅宗修辞的非逻辑性》，《浙江师范大学学报》2004年第1期。

疏志强：《禅宗修辞中的特殊问答方式》，《修辞学习》2004年第3期。

疏志强：《试论禅宗修辞的机趣性原则》，《语文研究》2005年第4期。

石毓智：《判断词"是"构成连词的概念基础》，《汉语学习》2005年第5期。

史金生：《表反问的"不是"》，《中国语文》1997年第1期。

宋寅圣：《〈祖堂集〉虚词研究》，中国文化大学博士论文，1996年。

孙锡信：《〈祖堂集〉中的疑问代词》，《语文论丛》（第2辑），上海教育出版社1983年版。

谭伟：《〈祖堂集〉语词考释》，《中国俗文化研究国际学术研讨会论文集》，2002年。

李崇兴：《〈祖堂集〉中的助词"去"》，《中国语文》1990年第1期。

谭伟：《〈祖堂集〉字词考释》，《南京师范大学文学院学报》2003年第1期。

田春来：《〈祖堂集〉句末的"次"》，《长江学术》2007年第1期。

王灿龙：《"非VP不可"句式中"不可"的隐现——兼谈"非"的虚化》，《中国语文》2008年第2期。

王锦慧：《敦煌变文与祖堂集疑问句比较研究》，台湾师范大学博士论文，1997年。

王锦慧：《〈祖堂集〉系词"是"用法探究》，《中国学术年刊》1998年第19期。

王锦慧：《〈祖堂集〉"得"字句用法探究：兼论"得"字句的演变》，《中国学术年刊》2000年第21期。

王景丹：《〈祖堂集〉中"将"字句研究》，《殷都学刊》2001年第4期。

王景丹：《禅宗文本的语言学阐释》，《云南社会科学》2008年第4期。

王闰吉：《〈祖堂集〉语言问题研究》，上海师范大学博士论文，2010年。

王寅、严辰松：《语法化的特征、动因和机制——认知语言学视野中的语法化研究》，《解放军外国语学院学报》2005年第7期。

魏培泉：《中古汉语时期汉文佛典的比拟式》，《台大文史哲学报》2009年第30期。

吴汉民：《禅宗的哲学认识论玄机》，《浙江学刊》1999年第4期。

伍华：《论〈祖堂集〉中以"不、否、无、摩"收尾的问句》，《中山大学学报》（社会科学版）1987年第4期。

向德珍：《〈祖堂集〉与唐五代前佛典特式判断句比较研究》，《海南大学学报》（人文社会科学版）2005年第4期。

向德珍：《〈祖堂集〉判断句研究》，上海师范大学博士论文，2005年。

向德珍：《〈祖堂集〉疑问判断句研究》，《青海社会科学》2008年第2期。

邢东风：《禅宗言语问题在禅宗研究中的位置》，《俗语言研究》1996年第3期。

邢东风：《禅宗语言研究管窥》，《世界宗教文化》2001年第1期。

徐默凡：《禅宗语言观的现代语言学解释》，《华夏文化》1999年第2期。

徐时仪：《语气词"不成"的虚化机制考论》，《华东师范大学学报》2000年第3期。

徐时仪：《也谈"不成"词性的转移》，《中国语文》1993年第5期。

徐时仪：《略论〈朱子语类〉在近代汉语研究上的价值》，《上海师范大学学报》2000年第2期。

严辰松：《构式语法论要》，《解放军外国语学院学报》2006年第4期。

杨荣祥：《近代汉语否定副词及相关语法现象略论》，《语言研究》

1999 年第 1 期。

杨荣祥：《现代汉语副词次类及其特征描写》，《湛江师范学院学报》1999 年第 1 期。

杨淑敏：《关于"V·不 V"与"VO·不 V"式反复问句的出现时代问题》，《俗语言研究》1995 年第 2 期。

杨永龙：《〈朱子语类〉中"不成"句法语义分析》，《中州学刊》2000 年第 2 期。

叶建军：《〈祖堂集〉中"是"字结构附加问》，《古汉语研究》2007 年第 2 期。

叶建军：《疑问副词"莫非"的来源及其演化——兼论"莫"等疑问副词的来源》，《语言科学》2007 年第 2 期。

叶建军：《〈祖堂集〉中的感叹句》，《云梦学刊》2007 年第 5 期。

叶建军：《〈祖堂集〉中的是非反诘问句》，《宁夏大学学报》（人文社会科学版）2010 年第 1 期。

叶建军：《〈祖堂集〉中复句式疑问句》，《北方论丛》2010 年第 3 期。

[韩]尹锺极：《〈祖堂集〉"把"字句分析》，高丽大学校博士论文，2001 年。

游汝杰：《吴语里的反复问句》，《游汝杰自选集》，广西师范大学出版社 1999 年版。

于涛：《〈祖堂集〉判断句研究》，上海师范大学博士论文，2005 年。

于涛：《〈祖堂集〉中的祈使语气词及其语法化》，《云南师范大学学报》（对外汉语教学与研究版）2005 年第 4 期。

余志鸿：《论古汉语补语的移位》，《语言研究》1984 年第 1 期。

余志鸿：《"宾动"倒句和语言交融》，《民族语文》1988 年第 3 期。

余志鸿：《线性语序和立体语法》，《汉语学习》1988 年第 4 期。

余志鸿：《语言结构"借用"的效应》，《汉字文化》1989 年第 4 期。

余志鸿：《语义跟语法的碰撞》，《语文研究》1991 年第 2 期。

余志鸿：《语言接触与语言结构的变异》，《民族语文》2000 年第 4 期。

袁宾：《近代汉语"好不"考》，《中国语文》1984 年第 3 期。

袁宾：《〈五灯会元〉词语释义》，《中国语文》1986 年第 5 期。

袁宾：《"好不"续考》，《中国语文》1987 年第 2 期。

袁宾：《〈五灯会元〉口语词探义》，《天津师范大学学报》1987 年第 5 期。

袁宾：《疑问副词"可"字探源》，《语文月刊》1988 年第 3 期。

袁宾：《禅宗著作修辞特色》，《修辞学习》1988 年第 2 期。

袁宾：《〈祖堂集〉被字句研究——兼论南北朝到宋元之间被字句的历史发展和地域差异》，《中国语文》1989 年第 1 期。

袁宾：《说疑问副词"还"》，《语文研究》1989 年第 2 期。

袁宾：《禅宗著作词语考释》，《中国语言学报》1991 年第 4 期。

袁宾：《禅宗著作里的两种疑问句型——兼论同行语法》，《语言研究》1992 年第 2 期。

袁宾、徐白：《近代汉语语法札记》，《俗语言研究》1998 年第 5 期。

袁宾：《〈大唐三藏取经诗话〉的成书时代与方言基础》，《中国语文》2000 年第 6 期。

袁宾：《唐宋禅录语法研究》，《觉群·学术论文集》（第 1 辑），商务印书馆 2001 年版。

袁宾：《"蒙"字句》，《语言科学》2005 年第 6 期。

袁津琥：《〈祖堂集〉释词》，《古汉语研究》2001 年第 4 期。

詹绪左、俞晓红：《〈祖堂集〉校读札记》，《汉字研究》（第 1 辑），学苑出版社 2005 年版。

詹绪左：《〈祖堂集〉词语研究》，上海师范大学博士学位论文，2006 年。

詹绪左：《〈祖堂集〉词语札记》，《安徽师范大学学报》（人文社会科学版）2008 年第 1 期。

张华文：《试论东汉以降前置宾语"是"字判断句》，《云南师范大学学报》2000 年第 1 期。

张美兰：《〈祖堂集〉语言研究概述》，《中国禅学》（第一卷），中华书局 2002 年版。

张美兰：《〈祖堂集〉祈使句及其指令行为的语力级差》，《清华大学学报》（哲学社会科学版）2003 年第 2 期。

张美兰：《从〈祖堂集〉问句看中古语法对其影响》，《语言科学》2003 年第 3 期。

张美兰:《〈祖堂集〉选择问句研究》,[香港]《中文学刊》2000年第2期。

张美兰:《从〈祖堂集〉问句看中古语法对其影响》,《语言科学》2003年第3期。

张美兰:《从〈祖堂集〉问句的用法特点看它对中古语法的继承》,《汉语史学报》2002年第3期。

张双庆:《〈祖堂集〉所见泉州方言词汇》,《第四届国际闽方言研讨会论文集》,汕头大学出版社1996年版。

张卫东:《试论近代南方官话的形成及其地位》,《深圳大学学报》1998年第3期。

张谊生:《语法化现象在不同层面中的句法表现》,《语文研究》2010年第4期。

张育英:《谈禅宗语言的模糊性》,《苏州大学学报》(哲学社会科学版)1995年第3期。

朱庆之:《关于疑问语气助词"那"来源的考察》,《古汉语研究》1991年第2期。

三 外文文献

Alice C. Harris, Lyle Campbell. *Historical syntax in cross-linguistic Perspective*, Cambridge University Press, 1995.

Benveniste, Emile. *Subjectivity in language, In Problems in General Linguistics, Translated by Mary Elizabeth Meek*, University of Miami Press, 1971.

Croft, William, D. Alan Cruse. *Cognitive Linguistics*, Cambridge University Press, 2004.

Dahl, Osten. *Grammaticalization and the life cycles of constructions, Keynote lecture at the 17th Scandinavian Conference of Linguist-ics*, 1998 (8).

Fillmore, Charles J. *An alternative to-checklist theories of meaning*, BLS, 1975 (1).

Fillmore, Charles J. *Topics in lexical semantics. In R. Cole (ed.), Current Issuesirz Linguistic Theory*, Indiana University Press. 1977.

Fillmore, Charles J. *Frames and the semantics of understanding, Quader nidiSemantica*, 1985, 6 (2).

Fillmore, Charles J. *The mechanisms of "Construction Grammar"*, BLS, 1988 (14).

Fillmore, Charles J. *Grammatical construction theory and the famili-ardichotomies*, In Rainer Dietrich & Carl F. Graumann (eds.), *Langcage Processing in Social Context*, North-Holland, 1989.

Fillmore, Charles J. Paul Kay, Catherine O´Connor. *Regularity and idiomaticity in grammatical constructions: The case of let alone*, Language, 1988 (64).

Givon, Talmy. *Topic, Pronoun, and Grammatical Agreement, InSubject and Topic*, Li, C (ed.), 1976.

Givon, Talmy. *On Understanding Grammar*, Academic Press, 1979.

Goldberg, Adele E. *Construction at Work: the Nature of Generalization in Language*, Oxford University Press, 2006.

Halliday M. A. K. *Linguistic Function and Literary Style: An Inquiry into the Language of William Goldingps' The Inheritors*, In S. Chatman (ed.), OUP, 1971.

Heine, Bernd, Mechthild Reh. *Grammaticalization and Reanalysis in African Languages*, Helmut Buske, 1984.

Heine, Bernd, Tania Kuteva. *Language Contact and Grammatical Change*, Cambridge University Press, 2005.

Heine, Bernd, Tania Kuteva. *The Changing Languages of Europe*, Oxford University Press, 2006.

Heine, Bernd, Tania Kuteva. *The Genesis of Grammar: A Reconstruction*, Oxford University Press, 2007.

Heine, Bernd, Ulrike Claudi, Friederike Hunnemeyer. *Grammatical-ization: A Conceptual Framework*, The University of Chicago Press, 1991.

Hopper, Paul J., Elizabeth Closs Traugott. *Grammaticalization* (2nd edition), Cambridge University Press, 2003.

Kay, Paul, Charles J. Fillmore. *Grammatical constructions and Linguistic-generalization: The what's X doing Y? construction. Language*, 1999 (75).

Lakoff George. *Women, Fire, and Dangerous Things: What Categories Revealabout the Mind*, University of Chicago Press, 1987.

Langacker. Ronald W *Foundations of Cognitive Grammar* (2vols.), 北京大学出版社 2004 年版.

Malcolm Coulthard. *Advances in Spoken Discourse Analysis*, Routledge, 1992.

Taylor, John. *Cognitioe Grammar*, Oxford University Press, 2002.

四　文献语料

《祖》：《祖堂集》，南唐（952）泉州招庆寺静、筠编写的一部禅宗早期著作，计20卷，约25万字，收集了自印度佛祖至东土六祖、慧能的弟子及青原与南岳两系禅师计246位祖师、禅师行状和代表其各自家风的语录。成书一百多年后在本土失传。20世纪初，日本学者关野贞、小野玄妙等，在韩国庆尚南道陕川郡伽耶山海印寺所藏的高丽版大藏经中发现。20世纪末融入中华古籍，被国内广大读者认识。自重新被发现以来，《祖堂集》格外引人注目，不仅成为史学界、宗教界、文化界研究的珍贵资料，也成为语言学界研究近代汉语乃至汉语史的稀见语料。日本汉学家太田辰夫认为："从语言学的角度看，此书是系统了解早期白话的唯一资料。"

本书依据的版本是中华书局出版的2007年孙昌武、[日] 衣川贤次、[日] 西口芳男点校的《祖堂集》，同时参照以下几种版本：（1）1984年上海古籍出版社据日本花园大学图书馆藏高丽本的首版影印本；（2）1984年日本花园大学禅文化研究所影印的大字本；（3）1996年吴福样、顾之川的点校本（岳麓书社）；（4）2009年张美兰的校注本（商务印书馆）。

《景》：《景德传灯录》，北宋景德年间（1004—1007）东吴道原编撰的佛教禅宗史书，30卷。本书从过去七佛起到历代诸祖系统地述禅宗师徒相承机缘，共1701人传承简历和语录。本书是研究我国禅宗史之根本资料，问世后在佛教内外产生了广泛的影响，为禅宗思想史的研究提供了有价值的资料，也为以后有关学术思想史的撰述提供了可借鉴的样式。本书依据的版本是朱俊红的注本，海南出版社2011年版。

《五》：《五灯会元》，南宋（1252）杭州灵隐寺普济编集的禅宗史书，汇集了宋代《景德传灯录》《天圣广灯录》《建中靖国续灯录》《联灯会要》《嘉泰普灯录》五部禅籍，共20卷，是禅宗灯录体的代表作。本书依据的版本是苏渊雷的注本,中华书局1984年版。

辅助禅宗典籍

《神会语录》(中华书局1996年)、《六祖坛经》(中州古籍出版社2008年)、《古尊宿语录》(中华书局1994年)、《指月录》(巴蜀书社2006年)等。

非禅宗典籍

《左传》(中华书局1980年版)、《论语》(中华书局1980年版)、《庄子》(上海书店影印本1986年版)、《孟子》(中华书局1960年版)、《国语》(上海古籍出版社1988年版)、《战国策》(上海古籍出版社1985年版)、《春秋繁露》(中华书局1996年版)、《史记》(中华书局1982年版)等;《论衡》(上海书店影印本1986年版)、《世说新语》(中华书局1984年版)、《洛阳伽蓝记》(中华书局1963年版)、《三国志》(中华书局2006年版)、《百喻经》(中州古籍出版社2007年版)等;《全唐诗》(中华书局1960年版)、《敦煌变文集》(人民文学出版社1957年版)、《全宋词》(中华书局1965年版)、《朱子语类》(中华书局1994年版)、《全元曲》(河北教育出版社1998年版)、《元刊杂剧三十种》(上海古籍出版社1980年版)、《水浒传》(人民文学出版社1997年版)、《传习录》(上海古籍出版社2000年版)、《红楼梦》(人民文学出版社1996年版)、《桃花扇》(人民文学出版社1959年版)、《长生殿》(人民文学出版社1958年版)、《儿女英雄传》(上海古籍出版社2001年版)、《儒林外史》(上海古籍出版社1984年版)等;《老舍小说集》(时代文艺出版社2009年版)、《鲁迅全集》(燕山出版社2009年版)、《文化苦旅》(东方出版中心2001年版)等。

其余文献用例主要通过电子版以及网站检索获得,不再一一标出出处:《大正藏》(中华电子佛典协会,2010年)、《汉籍》(陕西师范大学,2002年,2004年)、国家语委语料库、北大汉语语料库等。